公共基础课精品系列教材

商务社交礼仪

李丽霞 余文敏 主 编
楚克侠 郭晓靖 袁丽洁 副主编

电子工业出版社
Publishing House of Electronics Industry
北京·BEIJING

内 容 简 介

本书系统地介绍了现代商务社交礼仪的相关知识和运用技巧，力争做到深入浅出、形象生动、翔实具体，集理论性、实践性、知识性和可操作性于一体。部分章节内容之后有商务礼仪训练项目设计，通过"阅读与思考""行为综合训练项目"的内容，强调学、做、行一体化，突出了实践性教学特点。本书紧密联系现代商务活动的特色，能够有效地帮助学生了解最新国内外商务礼仪资讯，深入学习和思考，巩固所学知识。

本书适合高等职业院校各专业学生学习使用，也适合想提升商务形象的各界人士阅读，以及各培训机构开展公关与商务礼仪培训时使用。

未经许可，不得以任何方式复制或抄袭本书之部分或全部内容。
版权所有，侵权必究。

图书在版编目（CIP）数据

商务社交礼仪 / 李丽霞，余文敏主编. —北京：电子工业出版社，2023.9
ISBN 978-7-121-46256-6

Ⅰ．①商… Ⅱ．①李… ②余… Ⅲ．①商务—礼仪 Ⅳ．①F718

中国国家版本馆 CIP 数据核字（2023）第 167685 号

责任编辑：左　雅
印　　刷：三河市龙林印务有限公司
装　　订：三河市龙林印务有限公司
出版发行：电子工业出版社
　　　　　北京市海淀区万寿路 173 信箱　邮编 100036
开　　本：787×1 092　1/16　印张：12.5　字数：320 千字
版　　次：2023 年 9 月第 1 版
印　　次：2023 年 12 月第 2 次印刷
定　　价：45.00 元

凡所购买电子工业出版社图书有缺损问题，请向购买书店调换。若书店售缺，请与本社发行部联系，联系及邮购电话：（010）88254888，88258888。
质量投诉请发邮件至 zlts@phei.com.cn，盗版侵权举报请发邮件至 dbqq@phei.com.cn。
本书咨询联系方式：（010）88254580，zuoya@phei.com.cn。

前 言

夫礼者，所以定亲疏，决嫌疑，别同异，明是非；人有礼则安，无礼则危；故曰：礼者不可不学也。

——《礼记》

我国是具有"礼仪之邦"美称的文明古国，五千年历史文化沉淀下来崇尚礼仪的传统美德。在日新月异的社会时代变迁中，学习礼仪已经形成了一种潮流，礼仪成为现代社会人们必备的素质之一。

商务社交礼仪是商务活动中礼貌、礼节的文化显现，更是仪表、仪式的形象展现，而其核心则体现为人与人之间互相尊重的原则，是一种用以约束和规范的行为准则。良好的商务社交礼仪能够体现文化价值、社会价值和经济价值。无论所处的工作环境是正式的还是非正式的，良好的人际交往能力都是获得事业上成功的必要条件。

在市场经济条件下，商务往来变得越来越频繁，商务社交礼仪在企业的商务活动和对外交流中显得尤为重要，也越来越受到社会各界的重视。

从企业的角度来说，掌握一定的商务社交礼仪不仅可以塑造企业形象，提高顾客满意度和美誉度，而且能达到提升企业的经济效益和社会效益的目的。从商务人员个人发展来说，在不同条件下和环境中知道如何正确地表现自己的礼仪，不但会让同事愉快、合作伙伴信任，而且有助于建立起广泛、牢固的合作关系，获得宝贵的友谊，从而推动事业发展和实现人生目标。因此，我们可以用一种简单的方式来概括商务社交礼仪，它是商务活动中对人的仪容仪表和言谈举止的普遍要求，仪容仪表是指个人的形象，言谈举止是指每个人在商务活动中的职业表现。得体的着装、合理的搭配、优雅的举止、迷人的微笑等将帮助你获得客户的青睐，轻松开启成功之门。所以，学习现代商务社交礼仪，不仅是时代潮流，更是提升每位商务人员职业核心竞争力的现实所需。

为适应当前高等职业教育内涵建设的需要，全面落实"立德树人"的根本任务，我们经过对大量有关商务与礼仪的资料搜集、整理、筛选、分析、提炼后，结合实际工作体会，编写了这本《商务社交礼仪》。本书充分综合了商务社交礼仪所涉及的各个方面，内容新颖，吸取更多新的知识、新的成果，紧密联系现代商务活动的特色，体现出时代性、实用性、创新性的特点，以满足社会各个方面、各个层次的工作人员学习商务社交礼仪知识的需要，同时，结合大量案例讲解商务社交礼仪理论和实践操作，通俗易懂，深入浅出。在每一章节中不仅有相关联的课堂讨论题，而且有行为综合训练项目，以激发学生兴趣，调动学生参与的积极性，很好地起到了解最新国内外商务社交礼仪资讯，深入学习和思考，巩固所学知识的作用。

此外，本书在编写过程中，曾多次听取有关专家、教师的意见，参考了大量有关礼仪方面的书籍、文献及一些刊物上的相关资料，在此谨向有关专家、教师、作者表示衷心的感谢！

由于时间、水平有限，本书在编写中难免有疏漏之处，敬请前辈和同行专家批评指正，以臻完善。

编　者

目 录

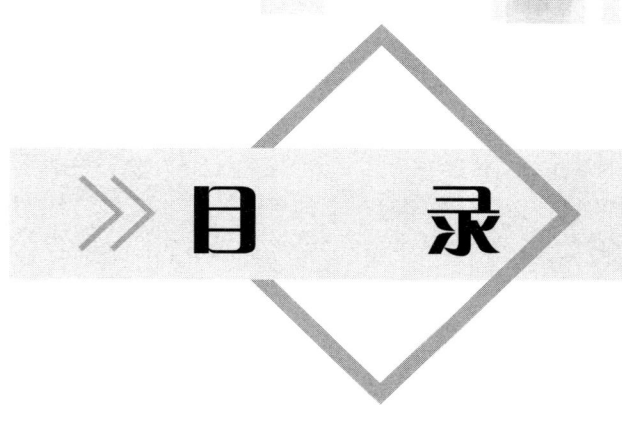

第一章 礼仪与商务礼仪 1

第一节 礼仪概述 2
一、"礼仪"的由来 2
二、礼仪的定义及内涵 5
三、现代礼仪的特征及作用 7

第二节 商务礼仪概述 9
一、商务礼仪的含义与特点 9
二、商务礼仪的原则与作用 11

第三节 商务人员基本素质 17

第四节 商务礼仪训练项目设计 20
一、阅读与思考 20
二、行为综合训练项目 21

本章小结 22

第二章 商务人员个人礼仪 23

第一节 第一印象的塑造 24
一、何为第一印象 24
二、如何获得第一印象 26
三、塑造良好的第一印象 27

第二节 仪容礼仪 29
一、面部 30
二、头发 34
三、肢体 35

第三节 仪表礼仪 36

一、服饰礼仪……………………………………………………………37
　　二、饰品佩戴礼仪………………………………………………………43
　　三、公文包的礼仪………………………………………………………44
第四节　商务礼仪训练项目设计………………………………………………46
　　一、阅读与思考…………………………………………………………46
　　二、行为综合训练项目…………………………………………………46
本章小结……………………………………………………………………………48

第三章　商务语言交际礼仪…………………………………………………49

第一节　语言交际概述…………………………………………………………51
　　一、语言交际的基本原则………………………………………………51
　　二、社交语言沟通的艺术………………………………………………54
　　三、讲究语言交际的策略………………………………………………57
第二节　言谈礼仪………………………………………………………………59
　　一、言谈的含义…………………………………………………………59
　　二、言谈的基本原则……………………………………………………60
　　三、言谈的礼仪…………………………………………………………61
第三节　肢体语言礼仪…………………………………………………………64
　　一、面部表情语言………………………………………………………64
　　二、女士优雅姿态塑造…………………………………………………67
　　三、男士阳刚姿态塑造…………………………………………………69
　　四、体态语言得体塑造…………………………………………………70
第四节　商务礼仪训练项目设计………………………………………………72
　　一、阅读与思考…………………………………………………………72
　　二、行为综合训练项目…………………………………………………73
本章小结……………………………………………………………………………73

第四章　商务人员职场礼仪…………………………………………………74

第一节　公司人际关系礼仪……………………………………………………76
　　一、上下级关系礼仪……………………………………………………76
　　二、同事之间的共事与协作……………………………………………78
第二节　电话礼仪………………………………………………………………81
　　一、电话礼仪四要素……………………………………………………82
　　二、接打电话应遵循的原则……………………………………………83
　　三、接打电话的礼仪……………………………………………………84
　　四、手机礼仪……………………………………………………………90
　　五、传真文件礼仪………………………………………………………92
　　六、电子邮件礼仪………………………………………………………92

		第三节　会议礼仪 94
			一、会议组织人员的礼仪规范 95
			二、会议礼仪规范 96
			三、与会人员礼仪规范 98
			四、会议后勤人员服务规范 99
		第四节　商务礼仪训练项目设计 99
			一、阅读与思考 99
			二、行为综合训练项目 100
		本章小结 101

第五章　商务日常交往礼仪 102

		第一节　见面礼仪 103
			一、问候礼仪 103
			二、介绍礼仪 106
			三、握手礼仪 109
			四、致意礼仪 111
			五、名片礼仪 112
			六、常见的其他见面礼仪 114
		第二节　商务接待拜访礼仪 116
			一、商务接待礼仪 116
			二、拜访礼仪 124
		第三节　商务宴请馈赠礼仪 130
			一、宴请礼仪 130
			二、馈赠礼仪 135
		第四节　商务礼仪训练项目设计 136
			一、阅读与思考 136
			二、行为综合训练项目 137
		本章小结 139

第六章　商务专题活动礼仪 140

		第一节　商务专题活动策划 141
			一、商务专题活动及其策划 141
			二、典型商务专题活动策划 142
		第二节　商务谈判活动 150
			一、商务谈判概述 150
			二、商务谈判过程 153
			三、商务谈判策略和语言技巧 156
		第三节　商务仪式礼仪 161

一、开业典礼的准备 ·· 161
　　二、签字仪式礼仪 ·· 162
　　三、剪彩仪式礼仪 ·· 164
第四节　商务礼仪训练项目设计 ·· 165
　　一、阅读与思考 ··· 165
　　二、行为综合训练项目 ·· 167
本章小结 ·· 168

第七章　涉外商务礼仪 ·· 169

第一节　涉外商务礼仪概述 ··· 170
　　一、涉外商务礼仪的含义 ·· 170
　　二、涉外商务礼仪的基本原则 ·· 170
第二节　东西方文化及礼仪差异 ··· 175
　　一、文化与礼仪的关系 ·· 175
　　二、东西方文化的差异 ·· 175
　　三、东西方礼仪的差异 ·· 177
第三节　各国礼仪风俗及禁忌 ··· 179
　　一、美国礼仪风俗及禁忌 ·· 179
　　二、俄罗斯礼仪风俗及禁忌 ·· 181
　　三、日本礼仪风俗及禁忌 ·· 182
　　四、韩国礼仪风俗及禁忌 ·· 183
　　五、英国礼仪风俗及禁忌 ·· 183
　　六、加拿大礼仪风俗及禁忌 ·· 184
　　七、德国礼仪风俗及禁忌 ·· 185
　　八、法国礼仪风俗及禁忌 ·· 186
本章小结 ·· 188
思考练习 ·· 189

第一章
礼仪与商务礼仪

名人名言

我不喜欢和一个不注重礼仪的人打交道,我相信别人也是这样的。

——杰克·韦尔奇

本章学习目标

知识目标

1. 了解礼仪的由来、定义及内涵。
2. 掌握现代礼仪的特征及作用。
3. 明确商务礼仪的含义和特点。
4. 掌握商务礼仪的原则与作用。

能力目标

1. 掌握商务礼仪应该遵循的基本原则和要求。
2. 明确商务人员形象塑造主体应具备的素质。
3. 充分理解商务礼仪素质培养的长期性。

礼仪是礼节与仪表的有机结合。礼节是指人们在人际交往中能否彬彬有礼地对待他人。而仪表则是指人们在社交活动中，能否以优雅的仪态表现自我。正确的礼仪是人类交流感情、建立友谊和开展业务活动的桥梁和纽带。

掌握并遵行礼仪原则，在人际交往、商务活动中，才有可能成为待人诚恳、彬彬有礼之人，才能受到别人的尊敬和尊重。再者，一个企业的礼仪状况如何，直接折射出这个企业的文化水平和企业形象。

孔子早在2000多年前就说过："不学礼，无以立。"当今社会更是如此。交际范围的扩展、交际关系的复杂、交际频率的加快，使人们迫切需要找到一种有效的工具，以帮助他们清除交往中的障碍，更为顺利地进入各种交际场合，从而为事业的发展打开局面。这一有效的工具就是礼仪。

第一节　礼仪概述

中国素有"礼仪之邦"的美称，礼仪是中华历史文化星空中一颗璀璨的明星。如今，随着国际交流日益增多，礼仪的重要性日益显著。在商务活动中，礼仪更是组织形象的代言。

一、"礼仪"的由来

礼仪作为人际交往的重要的行为规范，它不是随意凭空臆造的，也不是可有可无的。了解礼仪的起源，有利于认识礼仪的本质，自觉地按照礼仪规范的要求进行社交活动。对于礼仪的起源，研究者们有各种观点，大致可归纳为以下几种。

（一）起源于祭祀

有一种观点认为，礼仪起源于祭祀。古代"礼"字写法见上图。东汉许慎的《说文解字》对"礼"字的解释是这样的："履也，所以示神致福也"。意思是实践约定的事情，用来给神灵看，以求得赐福。"礼"字是会意字，"示"指神，从中可以分析出，"礼"字与古代祭祀神灵的仪式有关。古时祭祀活动不是随意地进行的，它是严格地按照一定的程序、一定的方式进行的。我国对礼的讲究颇为细致，从国家制度到寻常百姓的道德教化都有涉

及,仁、义、礼、智、信被称为"五常"。

（二）起源于典章

我国很早就有关于礼的记载,最早记载中国古代礼制的著名典籍有三部:《周礼》《仪礼》《礼记》,统称"三礼"。其中《周礼》主要记载典章制度,《仪礼》偏重规定人们的行为规范,《礼记》则是对古代礼仪的阐释性说明。中国古代礼制不断发展和完善,发展成为中国古代文化的核心内容之一。此外还有《诗·小雅·楚茨》:"献酬交错,礼仪卒度。"《周礼·春官宗伯·肆师》:"凡国之大事,治其礼仪,以佐宗伯。"《史记·礼书》:"至秦有天下,悉内六国礼仪,采择其善。"《北齐书·皇甫和传》:"及长,深沉有雅量,尤明礼仪。"这些礼仪,可以理解为礼节、仪式。

（三）起源于法庭

有一种观点认为,礼仪起源于法庭的规定。在西方,"礼仪"一词源于法语的"Etiquette",原意是"法庭上的通行证"。古代法国为了保证法庭中活动的秩序,将印有法庭纪律的通告证发给进入法庭的每个人,表示持证者入法庭必须遵从相应的规矩或准则。后被英语吸收后,其含义有所变化,有了"礼仪"之意,即指"人际交往的通行证"。随着社会生活的发展,该词逐渐专指礼仪、礼节规范。

（四）起源于风俗

另外还有一种观点认为,礼仪起源于风俗习惯。人是不能离开社会和群体的,人与人在长期的交往活动中,渐渐地产生了一些约定俗成的习惯,久而久之这些习惯成为人与人交往的规范,当这些交往习惯以文字的形式被记录并被人们自觉地遵守后,就逐渐成为人们交往固定的礼仪。遵守礼仪,不仅使人们的社会交往活动变得有序、有章可循,同时也能使人在交往中更具亲和力。1922年《西方礼仪集萃》一书问世,开篇中这样写道:"表面上礼仪有无数的清规戒律,但其根本目的在于使世界成为一个充满生活乐趣的地方,使人变得平易近人。"

从礼仪的起源可以看出,礼仪是在人们的社会活动中,为了维护一种稳定的秩序,为了保持一种交际的和谐而应运而生的。一直到今天,礼仪依然体现着这种本质特点与独特的功能。

现今对于礼仪可以拆字认识,无外乎两点:礼者,尊敬也,即内在的尊重;仪者,仪式也,即外在的表现形式。礼仪二字,顾名思义,即人际交往中人们表达内在尊重的外在表现形式。为了便于记忆,用一个简单的公式表示:

礼仪=礼+仪=内在的尊重+外在的形式

> **【案例 1-1】**
>
> **公司秘书的礼仪素质**
>
> 　　一位来自德国一家大公司的商务经理，在日本东京开展贸易活动期间，经常需要乘坐火车往返于东京与大阪之间。不久，这位经理发现，每次去大阪时，座位总在右窗边，返回东京时，座位又总在左窗边，都能看到日本的富士山。这位经理十分奇怪，就去询问每次负责为他购买车票的贸易公司的秘书小姐，这位秘书笑着回答："我想外国人都喜欢我们日本的富士山，您一路上工作繁忙，可以在乘坐火车的闲暇时间观赏富士山秀美的景色，缓解工作中的疲劳，所以，我替您办理了不同位置的车票。"这位德国经理听了大受感动，他想："这么微不足道的小事，这家贸易公司的职员都能想得这么周到，那么，跟他们做生意还有什么不放心的呢？"于是，他决定把同这家日本公司的贸易额由原定的 400 万欧元提高到了 1200 万欧元。
>
> **【案例评析】** 从这则案例中可以看到，日本贸易公司秘书小姐订票时的礼仪行为，在德国经理心目中形成了该公司认真负责、体贴温情的形象，增强了企业的可信度和亲和度。德国经理增加贸易额正是对这一形象的肯定和回报。良好的礼仪素养与礼仪意识，是形成良好组织形象的关键因素。

知识拓展

一、中国礼仪文化

中国是一个历史悠久的文明古国，素有"礼仪之邦"的美称。

礼仪起源可以追溯到原始社会。人们为生存与发展逐步积累和自然约定出一系列"人伦秩序"，这是最初的礼。远古时代生产力低下，人们无法解释和征服自然，产生"万物有灵"的观念，运用原始宗教仪式等手段来影响神灵，如祭祀、崇拜和祈祷等，祈求自然多赐福少降灾，原始的"礼"便产生了。

随着社会发展，礼便开始向人类生活的具体内容靠拢，逐渐形成一整套包括衣、食、住、行在内的行为规范。西周时出现了中国历史上第一部记载"礼"的书籍——《周礼》。人们通常将《周礼》、《仪礼》与释文《礼记》这"三礼"称为中国最早的礼制百科全书。

二、古代政治礼仪

1. 祭天。又称郊祭，冬至之日在国都南郊圜丘举行，表明君权神授。
2. 祭地。夏至是祭地之日。汉代称地神为母，也称社神，最早是以血祭祀。祭地礼仪还有祭山川、祭土神、祭谷神和祭社稷等。
3. 宗庙之祭。宗庙制度是祖先崇拜的产物。帝王的宗庙制是天子七庙，诸侯五庙，大夫三庙，士一庙，庶人不准设庙。宗庙的位置，天子、诸侯设于门中左侧，大夫则庙左而右寝，庶民则是寝室中灶堂旁设祖宗神位。庙中神主是木制的长方体，祭祀时才摆放，祭品不能直呼其名。祭祀时行九拜礼："稽首""顿首""空首""振动""吉拜""奇拜""褒拜""肃拜"。

4. 相见礼。下级拜见上级时要行拜见礼，官员之间行揖拜礼，公、侯、驸马相见行四拜礼，下级居西先行拜礼，上级居东答拜。平民相见，依长幼行礼，幼者施礼。外别行四拜礼，近别行揖拜礼。

5. 先师先圣之祭。汉魏以来，以周公为先圣，孔子为先师；唐代尊孔子为先圣，颜回为先师。唐宋以后沿用"拜奠礼"作为学礼。各地设孔庙，每年春秋两次行释奠礼。

三、古代生活礼仪

1. 诞生礼。从妇女未孕时求子到婴儿周岁，一切礼仪都围绕着长命主题。高禖之祭即乞子礼仪，设坛于南郊，后妃九嫔都参加。诞生礼还包括"三朝"（婴儿降生三日后接受各方面的贺礼）、"满月"（婴儿满月时）、"周岁"（行抓周礼，预测一生命运、事业和吉凶等）。

2. 成年礼。也叫冠礼，是跨入成年人行列的男子加冠礼仪，是从氏族社会盛行的男女青年发育成熟时参加的成丁礼演变而来的。汉代沿袭周代冠礼制度，魏晋时开始用音乐伴奏，清代废止。

3. 飨燕饮食礼仪。飨在太庙举行，烹太牢以饮宾客，重点在礼仪往来而不在饮食；燕即宴，燕礼在寝宫举行，主宾可以开怀畅饮。节日设宴即由此而来，形成中国特有的节日饮食礼仪。正月十五吃元宵，清明节冷饭寒食，端午的粽子和雄黄酒，中秋节的月饼，腊八粥，辞岁饺子等都是节日礼仪的饮食。

4. 宾礼。与客人往来的馈赠礼仪有等级差别。士相见，宾见主人要以雉为贽；士大夫相见，以雁为贽；上大夫相见，以羊为贽。

5. 五祀。指祭门、户、井、灶和中。周代是春祀户，夏祀灶，六月祀中室，秋祀门，冬祀井。汉魏时按季节行五祀，孟冬三月"腊五祀"，总祭一次。清康熙后，只在十二月二十三日祭灶。

由此可见，"礼仪之邦"不仅是给予我文明古国的一种美誉，同时也是对人类精神建构与其间蕴涵的价值观的认同。

二、礼仪的定义及内涵

（一）礼仪的定义

礼仪是指人们在社会交往中由于受历史传统、风俗习惯、宗教信仰、时代潮流等因素的影响而形成的，既为人们所认同，又为人们所遵守，以建立和谐关系为目的的各种符合礼的精神及要求的行为准则或规范的总和。礼仪是人们约定俗成的以示尊敬的规范。对社会而言，礼仪是正式交往活动中所采取的一种行为、语言等规范；对个人而言，礼仪是人们在社会生活中处理人际关系时约束自己、尊重他人的准则，也是一个人将对自己、对集体、对工作、对自然、对社会、对国家的尊重之意、热爱之情，用得体美好的言谈举止、仪表仪式表达出来。

礼仪虽然是人们交往过程中的外在表现，但实际上它是与一定的思想意识密切相联系的。也就是说，礼仪虽是形式，但一定的形式总是由一定的内容决定的。因此，礼仪是以一定的思想为基础的。

纵观礼仪的产生和发展，我们概括礼仪的定义为：在国际交往、社会交往和人际交往中表示尊敬、善意、友好的方式、程序、行为、规范和惯用形式，以及实施交往行为过程中体现于语言、仪表、仪态、气质、风度等外在表象。

没有对礼仪的正确认识、对礼仪精神内涵的深刻理解和把握，就不可能把握可操作性的礼仪、礼貌、礼节等细节。礼仪不仅需要用心去真正地尊重他人，还需要用外在的礼节性举动去体现。我们应当学会如何理解他人，换位思考，不过分以自我为中心，学习各种礼仪规范，恰如其分地表现出一种对他人发自内心的尊重，建立融洽的商务往来，塑造和谐的人际关系。

（二）礼貌、礼节、礼仪的关系

礼貌，是指人们在交往时，通过言语、动作向交往对象表示谦虚、恭敬和友好的行为规范。它是一个人在待人接物时的外在表现，侧重于表现人的品质与素养。

礼节，是指待人接物的行为规则，是人们在日常生活中，特别是在交际场合相互表示尊敬、问候、祝贺、致意、慰问、哀悼及给予必要的协助与照料的惯用形式。它实际上是礼貌的具体表现方式，与礼貌之间的相互关系是：没有礼节，就无所谓礼貌；有了礼貌，就必然伴有具体的礼节。

如果仅流于形式，无诚心，即是虚礼；有诚心而没有以正确的态度表现出来，也不能说具有礼节。所谓礼节，就是把自己的真心以正确的态度表达出来，具体如下。

（1）动作和表情令人愉快。

（2）姿势端正，服装整洁。

（3）语言准确，语气适中。

（4）反应恰当。

其中礼节又以人的内心、教养、思维方式、感情为基础。

礼仪，是礼节和仪式的总称，是使用在正式场合中有约定俗成的固定程序的一整套仪式，用以表现人们律己、敬人的过程，涉及穿着、交往、沟通、情商等内容。

礼仪是礼节与仪表的结合，它是一系列建立在长期以来形成的善良、高效和逻辑的基础上的传统习俗，它为我们生活中的活动和行为提供了一个准则，如同足球比赛的规则。

【案例1-2】

我不愿意在礼貌上不如任何人

《林肯传》中有这样一件事：一天，林肯总统与一位美国南方的绅士乘坐马车外出，途遇一老年黑人向他鞠躬。林肯点头微笑并也摘帽还礼。同行的绅士问道："为什么你要向黑人摘帽？"林肯答道："因为我不愿意在礼貌上不如任何人。"可见林肯深受美国人民的热爱是有其原因的。1982年美国举行民间测验，要求人们在美国历届的40位总统中挑选一位"最佳总统"，名列前茅的就是林肯。

【课堂思考】林肯向老年黑人脱帽致礼说明了什么？

三、现代礼仪的特征及作用

（一）现代礼仪的基本特征

现代礼仪是时代特征与社会特征的完美结合，以新颖、实用、简单、灵活的形式体现出高效率、快节奏的时代特点。一般说来，现代礼仪具有以下几方面的特征。

1. 规范性

所谓规范性，主要指它对具体的交际行为具有规范性和制约性。礼仪既有内在的道德准则，又有外在的行为尺度，对人们的言行举止和社会交往具有普遍的规范、约束作用。遵循礼仪规范，就会得到社会的认可和嘉许；违反礼仪规范，就会到处碰壁、招致反感、受到批评。正所谓有"礼"走遍天下，无"礼"寸步难行。

现代礼仪的规范性本身所反映的实质是一种被广泛认同的社会价值取向和对他人的态度。无论是具体言行还是姿态，均可反映出行为主体的思想、道德等内在的品质和外在的行为标准。

2. 继承性

礼仪是一个国家、民族传统文化的重要组成部分。每个民族的礼仪文化，都是在本民族固有礼仪文化的基础上，通过不断吸收其他民族的礼仪文化而不断发展起来的。礼仪具有世代相传、共同实践的特点。但是礼仪并非一成不变，而会随着时代发展变化而吐故纳新，随着内外交往日益频繁而互相借鉴吸收。

礼仪的发展变化过程，是继承与创新相统一、差异与交融相伴生的过程。我国的现代礼仪就是在优秀的中华传统礼仪文化的基础上，广泛吸收东西方礼仪文化之长而形成和发展起来的，但是依旧保持和延续着中国特色。

3. 差异性

礼仪规范约定俗成，不同国家、不同地区，由于民族特点、文化传统、宗教信仰、生活习惯不同，往往有着不同的礼仪规范，"十里不同风，百里不同俗。"礼仪的差异性首先表现为民族差异性，这就需要增加了解，尊重差异，不可唯我独尊，我行我素。例如同是见面礼，不同的民族有着不同的表现形式。今天，我们出国之前要了解到达国的习俗，客人一方必须尊重主人一方的礼仪，就是这个道理。同样，外国友人来中国之前，也要学习和了解中国的礼俗，并且要尊重中国人的生活方式和理念，避免做出伤害主人情感的事来。

礼仪的差异性还表现为个性差异，每个人因其地位、性格、资质等因素的不同，在使用同样的礼仪时会表现出不同的形式和特点。例如同是出席招待会，男士和女士要有不同的表现风格。同时，礼仪运用也受时间、地点和环境的约束，同一礼仪会因时间、地点或对象的变化而有所不同。

4. 时代性

礼仪随着时代发展变化而吐故纳新，随着内外交往日益频繁而互相借鉴吸收。世界上任何事物都是发展变化的，礼仪虽然有相对较强的独立性和稳定性，但它也毫不例外地随着时代的发展而发展变化。

社会交往的扩大，各国民族的礼仪文化都会互相渗透，尤其是西方礼仪文化传入中国，使中华礼仪在保持传统民族特色的基础上，发生了更文明、更简洁、更实用的变化。礼仪的发展变化过程，是继承与创新相统一、差异与交融相伴生的过程。

Z 知识拓展

"国民礼仪制度，应该尽可能体现民族特色，必须要与传统接轨，否则就不是中国人的礼仪。《礼记》中多次谈到'礼，时为大'的道理，不要求后人拘泥于古代的仪式，而应该与时俱变。需要说明的是，这种变化，主要指礼的形式，至于它的合理内核，则是始终被传承的。因此，我们在制定当代礼仪规范时，一定要很好地把握中华礼仪的人文内涵"。

——礼仪专家彭林（清华大学历史系教授、博士生导师）

（二）现代礼仪的作用

1. 礼仪是人与人之间的润滑剂

礼仪是"纽带"，是"桥梁"，是"黏合剂"，它可以使人与人相互理解、信任、关心、友爱、互助，营造良好融洽的气氛，维持关系的稳定和发展。礼仪所表现出的尊重、平等、真诚、守信的精神和种种周全的礼仪规范，必然会赢得对方的好感和信任，使对方心理需求得到满足，从而化解矛盾。交朋友的可以成为知己，谈合作的可以达成协议。

2. 有助于塑造良好的公众形象

"形象"是一个人的形体外观，是社交活动中在对方心目中形成的综合化、系统化的印象，是影响交往的重要因素。人人都希望自己在公众面前有一个良好的形象，以受到别人的信任和尊重，使人际关系和谐、融洽，所以，人们非常重视为自己塑造一个良好的公众形象。

3. 礼仪是衡量个人文明程度的准绳

孔子《论语》中说道："质胜文则野，文胜质则史，文质彬彬，然后君子"，这句话的意思是，质朴胜过文雅，就显得粗野；文雅胜过质朴，就显得做作；只有将礼节礼貌和质朴的品格结合在一起，才是君子应有的风范。君子，在古代被称为有教养的人。一般而言，个人在一般场合下交往过程中的行为规范和礼仪规范，都能够反映出个人文明的程度。

4. 有助于培养人们良好的道德品质

礼仪培养是一个长期的过程，是一个学会"做人"的艰难过程，偏重或忽视任何一个方面都是不正确的，强调内在修养、道德，但却缺乏得体的外在形象和言谈举止，甚至衣冠不整、小动作不断，怎么会让人喜欢？而金玉其外，把自己打扮得整洁时尚，却没有较高的道德修养和气质也不会给别人好感。所以，我们提倡的是"内外兼修"，两个方面相辅相成。

古人认为："世事洞明皆学问，人情练达即文章。"这句话讲的就是交际的重要性。一个人只要同其他人打交道，就不能不讲礼仪。运用礼仪，除了可以在交际活动中充满自信，胸有成竹，处变不惊，其最大的好处就在于，它能够规范人们彼此的交际活动，更好地向交往对象表达自己的尊重、敬佩、友好与善意，增进彼此之间的了解与信任。

礼仪同时也是一种信息，通过这种信息可以表达出尊敬、友善、真诚等感情，使别人感到温暖。在商务活动中，恰当的礼仪可以获得对方的好感、信任，进而有助于事业的发展。

【温馨小贴士】礼仪的核心是尊重，尊重对方的3A原则是美国学者布吉尼教授提出来的。3A是由Accept（接受）、Appreciate（欣赏）、Admire（赞美）三个单词的第一个字母组成的。3A原则强调了尊重交往对象的三个途径：第一接受对方，第二重视对方、欣赏对方，第三赞美对方。

第二节　商务礼仪概述

一、商务礼仪的含义与特点

（一）商务礼仪的含义

商务礼仪是企业的工作人员在商务活动中，为了塑造个人或企业单位的良好形象，对商务活动的交往对象表达出尊敬和友好的礼仪规范或礼仪程序，是一般礼仪规范在商务活动过程中的具体体现和运用。

在今天的商业社会里，由于竞争的加剧，行业内部及相近行业间在产品和服务方面趋同性不断增强，使公司与公司之间所提供的产品和服务并无太大差别，这样就使服务态度和商务礼仪成为影响客户选择产品和服务的至关重要的因素。礼仪也体现了企业文化的氛围及员工的素质状况，是企业形象的重要内容，对于商业企业和商务工作者来说，商务礼仪无疑是一张通向现代市场经济的"通行证"。公司员工是否懂得和有效运用现代商务活动中的基本礼仪，不仅反映出该员工自身的素质，而且折射出该员工所在公司的企业文化水平和经营管理境界，所以我们应重视并学习现代商务礼仪。

（二）商务礼仪的特点

随着知识经济和信息技术的快速发展，以及经济全球化的增强，现代商务环境的变化越来越大，商务交流的手段越来越多，商务礼仪也出现了一些不同于以往的新特点。掌握这些新特点无疑会为我们的商务活动提供正确的理念和规范。

1. 特殊性

商务礼仪与一般的社会礼仪有其一致的地方，但有些一般的礼仪并不适用于现代的商业环境。例如，在一些国家女士被人引见时需行屈膝礼，这在商务工作环境中显然是不适用的。又如，在一般的社会礼仪中，当年长的客人走进客厅时，主人应起身相迎，这样做是礼貌，但在商务活动中却未必合适。原因是商务礼仪有其自身的规律，商务礼仪的前提是不论职位高低，人们要互相帮助，互相尊重，充分体现人与人之间的平等。

2. 实用性

随着商务活动节奏的加快与交际的实用性增强，需要商务礼仪放弃某些基于性别、等级等传统文化形成的礼仪规范，而更加趋向于实用化、高效率，更利于商务交际。怎样省时，怎样显得更合情合理，商务礼仪就怎样发展。伴随着实用化的趋势就是简约化，这成为商务礼仪发展的另一个重要特征。简单、方便、高效，成为现代商务礼仪追求的境界，使商务礼仪向着自然主义的方向发展。

3. 趋同性

尽管世界上各个国家的礼仪规范不尽相同，但是随着世界经济一体化趋势的发展，为了沟通的方便，促使世界各国的礼仪规范逐渐向趋同化方向发展。人们在商业交往中，经过不断的磨合与交流，逐渐形成一套得到大家认可的便捷的礼仪规范。所以，我们在学习不同国家的商务礼仪的个性特征时，也应该努力探索一套大家公认的现代商务礼仪的标准规范体系，使各国各商业团体之间关系协调，避免因文化、价值观念和礼仪规范的差异造成冲突，减少这些差异带来的矛盾和阻力，加快业务发展的步伐。例如，日本的一家公司与美国的一家公司谈判，见面时，日本人行的是握手礼，而美国人为了尊重日本人以前的见面礼仪却是将腰弯下去，准备行鞠躬礼，场面特别滑稽。其实，现在日本人在涉外交往中较常用的也是握手礼。

4. 规范性

商务礼仪的基本规范都是约定俗成的，不能随意更改。像什么时候谈判，什么时候举行交接仪式，有着什么样的手续和过程，都有严格的规定，宴会、开会时候的程序也都有着严格的规定，不遵守或没想到相应的礼节就会冒犯对方，这些都是商业领域特有的约定俗成的规范，不能视之为儿戏，更不能随便想当然。商务礼仪有其约定俗成的规范性，作为商务人员应该掌握商务礼仪规范，并在实际的商业活动中严格遵循商务礼仪规范。

二、商务礼仪的原则与作用

（一）商务礼仪的原则

1. 敬人原则

孔子曰："礼者，敬人也。"所谓敬人的原则，就是要求人们在商务交往活动中，与交往对象要互谦互让，互尊互敬，友好相待，和睦共处，要将对交往对象的重视、恭敬、友好放在第一位，充分考虑别人的兴趣和感情，做到入乡随俗，尊重他人的喜好和禁忌。

在现代社会中，人们越来越注重个体的生存状态和质量，与他人的平等交往能够体现出个人的人格主体与魅力。"敬人者人恒敬之，爱人者人恒爱之"，礼待他人是一种自重，不应以伪善取悦于人。保持和谐的人际交往关系，能够促进商务活动双方的深入交往。对待他人的诸多做法之中最要紧的一条，就是要敬人之心常存，不可失敬于人，不可伤害他人的个人尊严，更不能侮辱对方的人格。掌握了这一点，就等于掌握了礼仪的"灵魂"。

【案例1-3】

李鸿章"谬饮"洗手水

外交官的风度体现着整个国家的文化底蕴和尊严。李鸿章以七十高龄出访俄、德、法、英、美诸国。抵达德国，在柏林觐见过德皇以后，李鸿章专程前往汉堡，探看业已退休的俾斯麦。俾斯麦，19世纪后半叶的德国宰相，协助普鲁士国王通过一系列战争实现了德国的统一，人称"铁血宰相"。有外国人恭维李鸿章是"东方俾斯麦"。

史载，东西两"俾""彼此闻声相思，一见如旧识"。俾斯麦遂举办盛大宴会，款待远方贵客。各国驻德使节应邀而来，宴会大厅成了"模拟联合国"。俾斯麦与李鸿章居中而坐，觥筹交错间，侍者以小银盏盛着，给每人送上一盏水，是餐后洗手用的。李鸿章不知西人习俗，遂端起小银盏呷了一口。中堂李大人却"谬"得出彩，把盏呷水姿态之优雅雍容，将"铁血宰相"给镇住了！须知，对于李鸿章的精神风貌，梁启超曾作如此描摹——李鸿章待人接物常带傲慢轻侮之色，俯视一切，与外国人交涉，尤轻侮之！

基于对李鸿章风度的衷心折服，更基于对中国古老文明的真诚敬佩和尊重，俾斯麦照样端起小银盏，把用以洗手指的白开水呷了一口。

宰相引领，心照不宣，朱紫满堂，尽皆把盏。

【案例评析】 李鸿章因为不懂洗手水的正确用途，谬饮洗手水，俾斯麦如果正确地将洗手水用来洗手,此时的优雅不免带有蔑视李鸿章的含义,李鸿章必然在众人面前尴尬至极。大度的俾斯麦选择放下"仪",以"礼"为先,学着呷了一口,这就是对李鸿章发自内心的尊重。虽然此时礼和仪有所冲突,却极大地照顾了李鸿章的尊严,此时仪的"错误"就显得次要了。

2．自律原则

自律就是自我约束,时时处处用礼仪规则规范自己的言行举止。古语云:"非礼勿视,非礼勿听,非礼勿言,非礼勿动""己所不欲,勿施于人",自律就是要在自己的内心树立道德信念和行为准则,无须外界监督,自觉约束自己的行为,形成礼仪的自觉自律。现代商务活动中与他人交往,同样不可随心所欲,更要做到自律。《荀子·劝学》有曰:"故礼恭,而后可与言道之方;辞顺,而后可与言道之理;色从,而后可与言道之致。"自律的原则还反映在不要忽视礼仪细节,因为别人往往是从细微处来观察你的为人和品格的。有时可能一个细节会得到别人对你的尊重和敬佩。

3．诚信原则

什么是诚信？诚,即真诚、诚实；信,即守承诺、讲信用。诚信的基本含义是守诺、践约、无欺。诚信是人类的一种具有普遍意义的美德,是公民道德的基本规范。世界各国均重视国民的诚信教育。我国古代就有"人而无信,不知其可"的说法,把诚信当作立身处世的准则,"一言既出,驷马难追",都极言诚信的重要。几千年来,"一诺千金"的佳话不绝于史,广为流传。诚信是全体公民都应该遵循的基本道德规范。对一个有责任感的公民来说,诚信是为人的基本原则。社会是由个体组成的,每个人都以诚信要求自己,社会就会成为一个诚信社会。

4．平等原则

在具体运用商务礼仪时,应该注意根据不同的交往对象采取不同的方法。但是,与此同时必须强调指出:商务礼仪的核心点,即尊重交往对象、以礼相待,对任何交往对象都必须一视同仁,给予同等程度的礼遇。不允许因为商务交往对彼此之间在年龄、性别、种族、文化、职业、身份、地位、财富及与自己的关系亲疏远近等方面有所不同,就厚此薄彼,区别对待,给予不同待遇。这便是商务礼仪中平等原则的基本要求。

总之,掌握并遵行商务礼仪原则,在人际交往、商务活动中,就有可能成为待人诚恳、彬彬有礼之人,并受到别人的尊敬和尊重。

知识链接

1912年1月1日,孙中山在南京就任临时大总统,举行了盛大的就任典礼后,他亲自把代表送到大堂阶沿。代表们请孙中山先生留步,他却说:"我是人民的公仆,诸位是人民的代表,所以就是主人,我应当送你们到堂阶下。"

> 当"礼"和"仪"冲突时,"礼"为先。最根本的礼在于懂得自尊并尊重他人,尊重为本正是礼仪的核心价值。因此礼仪的运用也有底线,即不影响和伤害到别人。

5．宽容原则

宽容原则要求人们将心比心、互相谅解、互相关心、互不损害、忠恕宽容、体仁而行、并行而不相悖。子曰:"道不远人,人之为道而远人,不可以为道。"《诗》云:"伐柯,伐柯,其则不远。执柯以伐柯,睨而视之,犹以为远。故君子以人治人,改而止。忠恕违道不远。施诸己而不愿,亦勿施于人。"《大学》说:"所恶于上,毋(勿)以使下。所恶于下,毋以事上。所恶于前,毋以先后。所恶于后,毋以从前。所恶于右,毋以交于左。所恶于左,毋以交于右。"人们用爱自己的心去爱他人,用责备他人的心来责备自己,用自己的真诚忠恕去感召人、感化人、塑造人。只要坚持忠恕之道,人们就会相安无事、和平共处。在公关工作中,这种沟通氛围的营造,可以为接下来的其他工作打下良好的情感基础。

6．适度原则

《论语·庸也》:"中庸之为德也,其至矣乎。"战国时期宋玉在《登徒子好色赋》里谈到女子的美,说"东家之子,增之一分则太长,减之一分则太短;着粉则太白,施朱则太赤",他认为东家之子的美恰到好处,是最理想不过的了。这种适度美的思想,也同样可以应用在礼仪中。在商务活动过程中,必须把握与特定环境相适应的交往尺度,特别要注意做到把握分寸,认真得体。这是因为凡事过犹不及。

"君子之交淡如水,小人之交甘如醴",运用商务礼仪时,假如做得过了头,或者做得不到位,都不能正确地表达自己的自律、敬人之意。例如,在一般交往时,既要彬彬有礼,又不能低三下四;既要热情大方,又不能轻浮谄谀;要自尊不要自负,要坦诚不要粗鲁,要信任但不要轻信,要活泼但不能轻浮。在做接待服务时,既要热情友好、谦虚谨慎、尊重客人、殷勤接待,又要自尊自爱、端庄稳重、平等公正、不卑不亢。当然,运用商务礼仪要真正做到恰到好处,恰如其分,只有勤学多练,积极实践,此外别无他途。

7．从俗原则

《礼记·曲礼上》中说:"入境而问禁,入国而问俗,入门而问讳"。由于国情、民族、文化背景的不同,在人际交往中,实际上存在着"十里不同风,百里不同俗"的情况。对这一客观现实要有正确的认识,不要自高自大,以我画线,简单否定其他人不同于己的做法。必要之时,要了解并遵守这些习俗,做到入境问俗、入乡随俗,切忌自以为是、唯我独尊,尤其是在国际交往中,必须主动了解并适应礼仪的差异,为国际交流和合作奠定基础。礼仪的民族性和地域性决定了人们在交往中一般要遵守"客随主便"的原则,遵守从俗的原则,这样对礼仪的应用才会更加得心应手,更加有助于人际交往。

（二）商务礼仪的作用

有资料显示，在国内外的企业中，一个人的发展受他的人际沟通能力的限制比受他的专业技能的限制更多，个人仅凭专业技术难以立足和发展得更好，人际交往的水平和综合素质的高低也是影响个人发展的重要因素。具体地说，商务礼仪有以下五方面的作用。

1. 有助于提高商务人员的自身修养

在人际交往中，礼仪往往是衡量一个人文明程度的准绳。它不仅反映着一个人的交际技巧与应变能力，而且还反映着一个人的气质风度、阅历见识、道德情操、精神风貌。因此，在这个意义上，完全可以说礼仪即教养，而有道德才能高尚，有教养才能文明。这也就是说，通过一个人对礼仪运用的程度，可以察知其教养的高低、文明的程度和道德的水准。商务人员学习礼仪，运用礼仪，有助于提高自身的修养，有助于"用高尚的精神塑造人"，真正提高商务人员的文明程度。

> **【案例1-4】**
>
> **无奈又尴尬的领导**
>
> 王威是一家服装企业的总经理。一次，他和一位某银行的高管在办公室洽谈，恰好到了午餐时间，于是王威邀请客人一起用餐。
>
> 说罢，两人一起走到电梯旁等待电梯。因为是午餐时间，电梯旁同样站着十多个公司员工在候梯，员工们见到公司老总，纷纷地恭敬地打招呼。
>
> 这时，"叮！"一声，电梯到了。
>
> 待到电梯大门一开，员工们争先恐后地朝着电梯挤去，完全不顾总经理带着贵客也在一旁候梯。不一会儿，员工们都抢着进了电梯，独独将总经理和贵客留在了电梯外面，电梯里挤满了人，想再上人已经不可能了。大家你看看我，我看看你，也没有一个人想要从电梯里走出来，让给领导和客人先乘坐电梯下楼。忽然，不知是谁手快，按下了关门的按键，电梯门就这么在他们面前缓缓合上……
>
> 看到这一幕，王威备感无奈和尴尬，心想一定要给员工们补上商务礼仪的培训课。
>
> **【案例评析】**案例中，为什么员工看到王总能够恭敬地打招呼，待电梯到楼层时却"遗忘"了一同等电梯的王总和客人？不是他们存心让王总难堪和尴尬，而是他们不能换位思考，切实顾及王总带着客人一同候梯的感受，如果他们以对方为中心，从内心尊重王总和客人的感受，就能自发地让出位置，请王总和客人先进入电梯。

2. 有助于商务人员开展有效沟通

在商务工作中，组织之间也许平时并无太多交集，但是可以通过商务活动开始交往与沟通。两个国家之间的同行或供货商和经销商，平时很难接触，但是可以通过商务展览展销活动而有所接触，以此开展业务，可以说，商务礼仪就是沟通的桥梁。

因此，对于组织而言，商务礼仪是重要的媒介；对于个人而言，也是一样的。商务礼仪可以是人与人沟通交流的润滑剂，还可以是商务工作人员向外界展示组织形象的窗口。商务礼仪通过直接塑造商务人员良好的个人形象，间接塑造了组织形象。商务礼仪往往借助于一定的外部形式，如问候、握手、邀请、迎送、慰问、预约等，反映组织良好的员工素质，从而塑造良好的组织形象。这对于增进人际关系和情感友谊，增强信任和了解有着重要的作用，可以避免出现交往中的人际障碍和摩擦，使相互之间的关系协调发展，促进组织业务的顺利开展。

3. 有利于展示个人与组织的良好形象

形象，并不是一个简单的穿衣、外表、长相、发型、化妆的组合概念，而是一个综合的全面素质，一个外表与内在结合的、在流动中留下的印象。形象的内容宽广而丰富，它包括你的穿着、言行、举止、修养、生活方式、知识层次、家庭出身、你住在哪里、开什么车、和什么人交朋友等。它们在清楚地为你下着定义，无声而准确地讲述着你的故事：你是谁、你的社会地位、你如何生活、你是否有发展前途……

礼仪的基本目的就是树立和塑造个人及组织的良好形象。企业通过各种商务礼仪活动、商务人员的礼仪展示，可以向外界展示作为一个企业的内在精神、内在文化等，从而在公众面前塑造良好的形象，为组织在公众心中赢得一席之地和一票支持。

美国著名形象设计师莫利先生曾对美国《财富》排名榜前300名公司的100名执行总裁进行过调查，97%的人认为懂得并能够展示外表魅力的人，在公司中有更多的升迁机会；100%的人认为若有关于商务着装的课，他们会送子女去学习；93%的人会由于首次面试中申请人不合适的穿着而拒绝录用；92%的人不会选用不懂穿着的人做自己的助手；100%的人认为应该有一本专门讲述职业形象的书以供职员们阅读。

现代市场竞争除了产品竞争，更体现在形象竞争上。一个拥有良好信誉和形象的公司或企业，更容易获得社会各方的信任和支持，可以在激烈的市场竞争中立于不败之地。所以，商务人员时刻注重礼仪，既是个人和组织良好素质的体现，也是树立和巩固良好形象的需要。

4. 有助于塑造企业形象，提高企业的经济效益

对企业来说，商务礼仪是企业价值观念、道德观念、员工整体素质的整体体现，是企业文明程度的重要标志。商务礼仪可强化企业的道德要求，树立企业的良好形象。商务礼仪是企业的规章制度、规范和道德具体化的固定的行为模式。"世界一流酒店组织"成员白天鹅宾馆的成功经验是：大胆引进外国酒店管理的先进经验，结合本国国情和当地具体环境，制定一整套严格的、切实可行的管理制度和服务规范，并始终不渝地执行。

商务礼仪服务能够最大限度地满足顾客在服务中的精神需求，使顾客获得物质需求和精神需求的统一。以礼仪服务为主要内容的优质服务，是企业生存和发展的关键所在。它将通过商务人员的仪容仪表、服务用语、服务操作程序等，使服务质量具体化、系统化、标准化、制度化，使顾客得到信任、荣誉、感情、性格、爱好等方面的满足，给企业带来

巨大的经济效益。

5. 有助于维护社会组织乃至国家的形象

礼仪是国民素质的体现和国家文明的标志，有助于推进社会主义精神文明建设。一般而言，人们的教养反映其素质，而素质又体现于细节。反映个人教养的礼仪，是人类文明的标志之一。一个人、一个民族、一个国家的礼仪，往往反映着这个人、这个民族、这个国家的文明水平、整体素质、整体教养。古人曾经指出："礼义廉耻，国之四维"，将礼仪列为立国的精神要素之本。荀子也曾说过："人无礼则不立，事无礼则不成，国无礼则不宁"。

反过来说，遵守礼仪，应用礼仪，将有助于净化社会风气，提升个人、民族、全社会的精神品位。当前，我国高度重视社会主义精神文明建设，其中的一项重要内容，就是要求全体社会成员讲文明、讲礼貌、讲卫生、讲秩序、讲道德，心灵美、语言美、行为美、环境美。这些内容与礼仪完全吻合。随着时代的发展，人与人之间的交往增多，礼仪也超越了一地、一国的界限。在国际交往中，必须注重和讲究礼仪，做到"有礼走遍天下"，维护国家的形象。

【案例1-5】

迟来的尊重

（某货运公司财务刘女士口述）我们公司的场地构造有点特殊，进门的玄关旁边有一个座位，因为我是财务，不用和他们项目组的同事坐在一起，所以玄关旁边的位子就是我的座位。我们公司前几个月新来了一个大学毕业生，每次进门首先看见我，招呼不打一声，头也不点一下不说，还直瞪瞪地看我一眼就走进去了。我怀疑她可能以为我只是一个前台的阿姨，所以如此不屑一顾。

后来过了几天，大概她终于搞清楚我并非什么接接电话、收收快递的前台阿姨，而是掌管她每个月工资的"财政大臣"，猛地就开始殷勤了起来，一进门就热情称呼"刘老师"。可是，我心里的感受却不一样了，即使她现在对我再怎么尊敬，毕竟是有原因的，我对她也生不出什么好感来。我就很纳闷，怎么一个堂堂大学生，刚进社会就学会了势利？如果我真的是前台阿姨，是不是她这辈子都不打算跟我打招呼？新人刚进职场，礼貌很关键，人际关系一定要妥善处理，不能以貌取人或者想当然，要记得普通的员工同样也是前辈或长辈。哪怕是打扫卫生的阿姨，如果正好清理到自己的纸篓什么的，也不要忘记说一声"谢谢"，这会给自己平添很多的亲和力和人缘。刚刚毕业的大学生真的要好好树立自己在公司的第一印象，这可不是闹着玩的。

【案例评析】 案例中这位刚毕业的大学生对"前台阿姨"不屑一顾，当得知是"财神"的时候又显得过分亲热。其实，就是不懂得如何尊重他人。虽然是新入职的公司员工，但是否懂得和运用现代商务活动中的基本礼仪，同样反映出该员工自身的素质。

知识链接

管理学家怀利在《公司形象》一书中指出:"如果通过外表、行为和客户的关系,公司的职员能传达公司的价值,这个公司就是成功的企业。"

然而,很多公司却依然不明白这一点。他们把大量的投资放在对产品的宣传、推广上,以及对产品质量精益求精的提高中,但是,他们依然不能成功地在同行中成为卓越者。正如一个英国公司总裁所描述的那样:"一件价值几千英镑的名牌服装能被几个在见客户时穿着随便、挺不起身板、叼着烟卷在门口踱步的小子贬值!"那些漫不经心、破坏职业化的小节和习惯的雇员,会断送公司经过多年努力建立的品牌形象。

【课堂思考】在商务礼仪的交往对象中,我们对谁商务礼仪用得最多?为什么?

第三节 商务人员基本素质

随着中国经济的迅猛发展和快速融入经济全球化的进程,中国的所有企业都迎来了前所未有的机遇和挑战,企业对商务工作的重视也达到了无以复加的程度,商务人员素质和能力更是重中之重。商务人员作为单位或组织对外交往的"名片",要同社会各界公众打交道,担负着形象塑造、协调沟通等职能。公关与商务活动开展得有效与否,在很大程度上取决于商务人员的基本素质。因此,重视商务人员素质的提高对单位或组织的发展至关重要。

(一)礼仪的核心是尊重

礼仪的核心是尊重,即自尊并尊重他人。"无条件地尊重当事人"是美国人本主义心理辅导学派主要代表人罗杰斯的重要理念之一,商务礼仪的核心也是如此。

1960 年当选牛津大学校长的英国前首相哈罗德·麦克米伦曾提出过人际交往的四点建议:尽量让别人正确;选择"仁厚"而非"正确";把批评转变为容忍和尊重;避免吹毛求疵。礼仪专家金正昆教授认为:商务礼仪的核心有其独特的内涵。首先,自尊应处于第一位。尊重不一定是指尊重别人,首先要学会尊重自己。一个人不尊重自己,就不可能得到别人的尊重。这些都是围绕尊重而言的。

因此,所谓尊重就是要求我们在与人交往的过程中放下所有内外条件,以平等的身份,平静、温和、开放、宽容的心态,尽力站在对方的角度与人交往和沟通,而不是用自己的价值观和各种标准来判断他人。

1. 尊重的三个要点

很多情况下,我们对他人的尊重是有条件的,只是每个人的条件多少不一。人们往往因为他人的地位高、权力大、金钱多、外形好、衣着美、学识博、能力强等各种内外条件才尊重对方，否则，可能会轻看、排斥、拒绝、侮辱、攻击没有条件或条件暂时处于弱势的人，让他们体验不到认同感、归属感、价值感、安全感，进而产生冷落感、孤独感、失落感、绝望感。自尊的三要点包括尊重自我、尊重自己的职业和尊重自己所在的单位。

（1）尊重自我。所谓尊重自我，就是要求我们在人际交往中要约束自身的行为，举止有方。例如，有的人在开会时频繁地接电话，对其他与会人员产生干扰，甚至导致因小失大，产生不良后果。

（2）尊重自己的职业。做任何事情都要有一种刻苦钻研、恪尽职守的职业道德约束。一个人要得到别人的尊重，必须先尊重自己的职业。一个人要想被别人真正尊重，就要有一技之长。一位成功人士，不管是学者专家，还是政治家、企业家，他一定有一技之长。一个不思进取、不求上进、不务正业的人，是无法得到别人的尊重的。

（3）尊重自己所在的单位。法国思想家、哲学家萨特说过一句话：选择就是你的命运。我们到一家公司工作，是双向选择的结果，既然选择了公司，就必须爱岗敬业、忠于职守。在外人面前，抱怨单位、抱怨领导、抱怨同事就是贬低自己，这是缺少职业道德的表现。

在商务礼仪中，尊重意味着一种接纳与信任，意味着感同身受，换位思考。想要表达敬意，如果没有好的形式就会失之毫厘，差之千里。这种形式会因为行业不同、地域不同、场合不同发生变化，但是只要抓住"尊重为本"，就能轻松理解与运用商务礼仪的各种规则，以不变应万变，使用更加地灵活。

2. 商务交往中尊重的要求

（1）接受他人。当别人和自己的意见不同时，不要把自己的意见强加给对方，应允许他人表达思想、表现自己。当你和与自己性格不同的人交往时，也应尊重对方的人格和自由。

（2）重视他人。在交往中，要热情、真诚。热情的态度会使人产生受重视、受尊重的感觉；相反，对人冷若冰霜，会伤害别人。

（3）维护他人。每个人都有自尊心，失去自尊心对一个人来说，是件非常痛苦的事。伤害别人的自尊是严重的失礼行为。

【案例1-6】

不同的遭遇

一家公司招聘行政助理，几个应聘者在一楼大厅接待处办好手续后，接待人员让他们一起到三楼人力资源部去面试。在上楼梯时，一位怀抱文件的工作人员急匆匆下来，与他们撞了个正着，文件散落一地，只有一个应聘者停下来帮着捡起地上的文件，而其余的人都毫不犹豫地直奔三楼。结果，这位帮忙捡文件的小伙子被录取了。

一位商务秘书专业毕业的女孩王欣，到一家外资企业应聘总经理秘书，顺利通过了初试、复试，最后一关是总经理面试。王欣凭借自己出色的专业知识和流利的英语口语，赢得了总经理的赞许，当面试快结束时，总经理故意碰了一下桌面上的文件，一页文件掉在了地上。但王欣似乎没有注意到这一动作，她仍在兴致勃勃地说话，总经理这时也似乎没了刚才的兴趣，他对王欣说："面试就到这里吧！"王欣一脸茫然地出去等待结果，一会儿人力资源部的经理来了告诉她面试结果，被录取的是另外一个人，经理遗憾地对王欣说："我们本来很看好你的，但你连捡一张纸都不愿意，又怎么能当个好秘书呢？"

【案例评析】从一件小事、一个细节，就可以看出一个人对他人的尊重程度。其实，做好这一切并不困难，关键是平时要注意修身养性，提高个人的素质，在生活中养成重视细节的习惯，"小处不可随便"。在案例中可以看到，细节决定成败，素质体现教养，如果我们能够处处以礼待人，用礼约束自己的行为，那么，即使招聘者故意设置陷阱，你也会顺利过关，得到施展才华的机会，迈向成功之路。

（二）商务人员应具备的素质

素质是指人的生理、心理方面的个性特征及思想、道德修养状况的总和，表现为一个人的气质、性格、能力和品行，是决定人的行为特征的内在因素。一个人的素质是由先天生理和后天环境相结合造就的，因而既具有稳固性，又具有可塑性。

1. 爱岗敬业，诚信互惠

作为商务人员，必须要有高度的责任心和事业心，爱岗敬业，自觉遵守企业纪律，维护组织利益。任何一个企业都希望得到更多的公众的信任、理解和支持，但企业在自身的发展过程中，诚信是互惠的前提，只有诚信，才能互惠，诚信互惠的意识主要表现在目的、计划、行为和效果上的互惠互利，这也是商务人员开展商务活动的原则，也是企业是否真诚地对待客户的试金石。

2. 良好沟通，有效表达

商务人员应该主动地运用各种传播媒介和沟通方式去建立相互之间的了解、理解、信任与好感，不放弃任何传播的机会去影响、引导大众和争取客户，为事业的发展创造"人和"的舆论气氛。良好的沟通是商务人员开拓市场、过关斩将的主要利器。同时商务人员还应该具有过硬的表达能力，很多人语言表达能力不错，申请促销、汇报工作时滔滔不绝，但形成文字申请方案时，白字不时蹦出一个，文理也时有不通，往往影响方案或文件的批复。因此，商务人员必须具备有效沟通意识和很强的文字表达能力及语言表达能力。

3. 思维缜密，反应敏捷

商务人员活跃在市场的一线，对竞品的市场情况包括重大举措、恶性竞争、新品上市、本司市场现状等信息往往先知先觉。作为商务人员，运用良好的沟通技巧，是做好商务工作的基本功，但一个优秀的商务人员应该在更高的层次上有所突破，那就是具有缜密的思维逻辑、敏捷的现场反应，具有快速的反应和答疑能力。这在现代企业里显得越发重要，例如大公司间专业性的谈判，特别是和有丰富经验的商务谈判高手谈判，谈判工作更显得艰难和重要。

4. 勇于创新，立足长远

商务活动是操作性和时间性很强的工作，作为商务人员，要树立良好的商务形象，所有的商务活动都离不开实践工作，因此，商务人员一定要在熟练掌握基本的商务理论的基础上，不断实践，不断总结，勇于创新，从而塑造有个性的商务形象，只有这样，才能使企业的良好形象打动客户，征服客户。立足长远，是企业实现协调发展、塑造企业形象的重要基础和条件。只有立足长远，企业才能通过商务活动有计划、有措施地完善形象，扩大企业的知名度和美誉度，使企业全面地融入社会、与社会双向交流。

5. 善于总结，及时反馈

商务人员必须善于总结，把工作中的一些经验和精华总结出来，以指导今后的商务工作。无论是成功的经验、失败的教训，还是点滴的积累，都应该成为一种实践上升和提炼后的指南。同时，商务人员应该有敏锐的市场洞悉力，能够及时收集市场的信息，并作以缜密的分析及时上报反馈给上级领导，以利于公司领导及时决策，趋利避害。

C 课堂讨论

1. 思辨讨论：在职场上，个人外在形象与内在形象孰轻孰重？
2. 观察体验：反思自己有何不足？

第四节　商务礼仪训练项目设计

一、阅读与思考

（一）礼仪材料内容

35 次紧急电话

一位名叫基泰丝的美国记者来到日本东京的奥达克余百货公司。她买了一台"索尼"牌唱机，准备作为见面礼，送给住在东京的婆家。售货员彬彬有礼，特地为她挑了一台未启封包装的机子。

回到住所，基泰丝开机试用时，却发现唱机没有装内件，因而根本无法使用。她不由得火冒三丈，准备第二天一早就去奥达克余百货公司交涉，并迅速写好了一篇新闻稿，题目是《笑脸背后的真面目》。

第二天一早，基泰丝在动身之前，忽然收到奥达克余百货公司打来的道歉电话。50分钟以后，一辆汽车赶到她的住处，从车上跳下奥达克余百货公司的副经理和提着大皮箱的职员。两人一进客厅便俯首鞠躬，表示特来请罪。除送来一台新的合格的唱机外，又加送蛋糕一盒、毛巾一套和著名唱片一张。接着，副经理又打开记事簿，宣读了一份备忘录，上面记载着公司通宵达旦地纠正这一失误的全部经过。

原来，当天下午 4 点 30 分清点商品时，售货员发现错将一个空心货样卖给顾客，她立即报告公司警卫迅速寻找，但为时已晚。此事非同小可，副经理接到报告后，马上召集有关人员商议。当时只有两条线索可循，即顾客的名字和她留下的一张"美国快递公司"的名片。据此，奥达克余百货公司连夜开始了一连串无异于大海捞针的行动，打了 32 次紧急电话，向东京各大宾馆查询均没有结果。再打电话问纽约"美国快速公司"总部，深夜接到回电，终于得知顾客在美国的父母的电话号码，接着又打电话去美国，得知顾客在东京婆家的电话号码，终于弄清了这位顾客在东京期间的住址和电话。这期间的紧急电话，合计 35 次！这一切使基泰丝深受感动。她立即重写新闻稿，题目叫作《35 次紧急电话》。

（二）提出讨论问题

1．请结合案例分析，在塑造公司形象过程中奥达克余百货公司做了哪些努力？
2．请结合实际，谈谈商务人员应该从哪些方面入手提高自身礼仪素养？

（三）讨论步骤安排

1．分组讨论，时间约 5 分钟。
2．选出持有不同意见的小组代表在班级交流，发言时间 10 分钟。
3．教师根据学生讨论发言情况总结，时间约 5 分钟。

二、行为综合训练项目

（一）实训目的

1．通过本次实训，了解社会规范对商务人员的要求，体会通过具体礼仪规范处理问题的细节安排。
2．树立商务礼仪意识，学习商务人员的言行规范，展示商务人员的精神风貌。

（二）背景材料

场景一："今天我上礼仪课"——由学生来讲授一堂礼仪课。
授课范围：
1．针对公共关系理论界前沿问题、热点、难点、敏感问题，进行资料搜集。
2．对资料进行了深入、翔实的学习和理解，形成自己的观点。
3．设计丰富多彩的授课形式。
场景二：某家电公司销售部。上午，销售人员正在忙碌，有的在看材料，有的在写计划。这时，一位客户突然推开销售部的门，怒气冲冲地叫道："你们公司产品质量这样差！我买回去没多久，这东西就坏了。我要退货！"

问题：假如你是销售人员，这时，你怎么办？你怎么能平息她的怒气？怎么让她满意而归？

（三）实训设计

1. 采取课堂分组情景模拟表演的形式，自行分配角色，布置表演场景。
2. 表演地点在授课教室，每组表演时间约5分钟。
3. 注意不同场景的商务策略的选择，注意不同角色表演的到位，注意对商务人员言行的设计。
4. 由各小组选出的代表组成评分小组，给每个表演小组评分。
5. 评分标准：小组自我评分占30%，学生互评占30%，教师评分占40%。

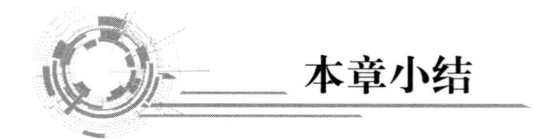

本章小结

礼仪体现一个人的修养，体现一个民族的素质。随着全球经济一体化的进程不断加快，各种商务活动日趋繁多，礼仪也在其中发挥着越来越重要的作用。一个人讲究礼仪，就会在众人面前树立良好的个人形象；一个组织的成员讲究礼仪，就会为自己的组织树立良好的形象，赢得众人的赞赏。现代市场竞争除了产品竞争，更体现在形象竞争上。一个具有良好信誉和形象的公司或企业，就容易获得社会各方的信任和支持，就可在激烈的竞争中立于不败之地。

第二章
商务人员个人礼仪

名人名言

这是一个两分钟的世界,你只有一分钟展示给人们你是谁,另一分钟让他们喜欢你。

——罗伯特·庞德

本章学习目标

知识目标

1. 掌握第一印象塑造的基本原则和个人礼仪的内涵。
2. 掌握仪容、仪表修饰的基本原则和规范。
3. 掌握服饰搭配的原则及男士、女士着装礼仪。

能力目标

1. 能够在社交场合把握好第一印象塑造的基本方法。
2. 能够在日常工作、学习生活中进行必要的形象修饰。

第一节　第一印象的塑造

个人形象包括人的仪容、仪表、姿态、服饰、风度等。我们强调个人礼仪形象，塑造良好的第一印象，倡导现代文明，旨在提高个人礼仪素养，强化公民的文明观念。良好的礼仪风范、出众的形象风采，是我们自尊、尊人之本，更是我们立足、立业之源。

一、何为第一印象

第一印象又称初次印象，即人们对初次相遇的陌生人所获得的印象，具体地说，是对初次相遇的人获得的外貌、衣着、言谈举止等方面的印象，这种先入为主的印象往往会成为一种定式，影响以后对交往对象的全面准确的认知，甚至产生心理偏见。

人们在进行录取面试、开始着手一份新的工作、进入一个新的单位、会见一位重要的人物等时候，总是会竭尽努力，让他人对自己留下一个良好的第一印象。

美国勃依斯公司总裁海罗德说："大部分人没有时间去了解你，所以他们对你的第一印象是非常重要的。如果你给人的第一印象好，你就有可能开始第二步，如果你留下一个不良的第一印象，很多情况下，我们会相信第一印象基本上准确无误。对于寻求商机的人，一个糟糕的第一印象，就失去了潜在的合作机会，这种案例数不胜数。你必须花费更多的时间才能够抹去糟糕的第一印象。"

【案例 2-1】

打开机遇大门的钥匙

英国伦敦大学学院（UCL）一位系主任在谈到一位中国女博士的时候说："从她一进门，我就感到她是我所渴望的人。她身上散发着某种精神，被她那庄重的外表衬托得越发迷人。因为只有一个有高度素养、可信、正直、勤奋的人才有这样的光芒。30 分钟之后，我就让她第二天来系里报到。她没有让我失望，至今她已是最优秀的讲师之一。"这个角逐激烈的讲师的位置就这样由于一个迷人的第一印象落到了这位中国女博士的手中。

硕士研究生还未毕业的苏珊在一次学术会议中遇到了加拿大某咨询公司老总，苏珊那高度职业化的自我展示能力和流利的英语，使这位政治家出身的来自蒙特利尔的公司老总，立刻当场拍板雇用了苏珊，而且还付给苏珊博士生待遇的工资。20 世纪 90 年代初，在经济大萧条的北美，苏珊运用自己"第一印象"的金钥匙，打开了在北美的事业的大门。

【案例评析】由于美好的第一印象，生活会为我们敞开机遇的大门。第一印象在人的社会活动中起着非常大的作用，但常常被人们忽视。如果你不想失去任何成功的机会，别忘记第一印象的作用。人们普遍喜欢那些穿着得体，为人热情、友好、宽厚、祥和的人，而厌恶那些穿着破衣烂衫，表现得缺乏修养，尖刻、好战、征服欲望强烈、自私自利的人。

1. 首因效应

首因效应一般指人们初次交往接触时各自对交往对象的直觉观察和归因判断，在这种交往情景下，对他人所形成的印象就称为第一印象或最初印象。首因效应对人的印象的形成起着决定性的作用。初次见面，我们会根据对方的表情、体态、仪表、服装、谈吐、礼节等，形成自己对对方的第一印象。

心理学家研究发现，七秒钟的第一印象可以保持七年。一旦形成印象，每个人都会自然倾向于找更多的证据来确定他们已形成的结论，而不会去找证据来反驳它。不管你是否愿意，第一印象总会在以后的决策中起着主导的作用，如果第一印象不好，那不要说今后互相合作、出力办事了，即使是见第二面也非易事。

【案例 2-2】

郑林的遗憾

郑林是一家大型国有企业的总经理。一次，他获悉有一家著名的德国企业的董事长到本市访问，并有寻求合作伙伴的意向。于是他想尽办法，请有关部门为双方牵线搭桥。让郑林欣喜的是，对方也有兴趣同他的企业合作，而且希望尽快会面。到了双方会面那天，郑林对自己的形象刻意地进行了一番修饰，他根据自己对时尚的理解，上穿夹克衫，下穿牛仔裤，头戴棒球帽，足蹬运动鞋，希望自己能给对方留下精明强干、时尚、新潮的印象。

然而事与愿违，郑林自我感觉良好的这一身时髦的"行头"，却偏偏坏了大事。他的德国同行竟就此认为：此人着装随意，个人形象不合常规，给人的感觉是过于前卫，尚欠沉稳，与之合作之事再作他议。

【案例评析】糟糕的第一印象能够让千辛万苦的努力化为幻影。在商务交往时，会彼此形成有关对方的第一印象，这种第一印象的好坏会影响到对他人的个性特征的推论，影响到喜欢还是厌恶，是否愿意继续交往，以及交往的深度。当然还会影响到对对方行为的评价，如果是同事的话，还会影响到同事间的团结和一起工作的效率。

尽管我们理直气壮地讲："不要以书的表面来判断其内容。"但是不可否认，全世界范围内人人都在这么做，包括我们自己。别人在根据我们的外表和举动判断我们所包含的内容；我们也通过观察别人的外表，包括长相、身材、服装、言语、声调、动作等来判断他们。

2. 晕轮效应

所谓晕轮效应，又叫光环效应，是指我们在对别人做出评价的时候，常喜欢从或好或坏的局部印象出发，扩散出全部好或全部坏的整体印象，就像月晕（光环）一样，从一个中心点逐渐向外扩散成为一个越来越大的圆圈，所以有时也称为月晕效应或光环效应。多数情况下，晕轮效应常使人出现"以偏概全""爱屋及乌"的错误，产生一个人一好百好的感觉。

【案例2-3】

乔安娜的面试效应

英国某IT公司的项目经理在面试了乔安娜后，由于乔安娜在面试中出色的表现，公司决定雇她，而且付给她相当可观的薪水。但进入公司之后，项目经理逐渐发现乔安娜不适合编程工作。由于经理欣赏她出色的自我展示能力，于是让她转岗到适合她性格的市场部门工作。

【案例评析】在现实生活中，晕轮效应所形成的第一印象常常影响着我们对他人以后的评价和看法。正如中国的俗语"先入为主"，第一印象的建立如同在一张白纸上用墨水笔写字，写下了就难以再抹去。不管人们愿意与否，第一印象总会在以后的决策时，在人的感觉和理性的分析中起主导作用。

为什么第一印象特别重要？因为第一印象常常深刻影响着人们对人对事的看法，并制约着他们对人际关系和人际交往的态度和处理方法。美国心理学家阿希通过实验证明，人际交往中所获得的初期信息对人的判断和理解具有极大的影响，并成为形成第一印象的坚实基础和材料。

二、如何获得第一印象

我们是如何获得第一印象的呢？美国心理学家奥伯特·麦拉比安发现人对你的印象中，55%取决于你的外表，包括服装、个人面貌、体型、发色等；38%取决于你的自我表现，包括语气、语调、手势、站姿、动作、坐姿等；只有7%才是你所讲的内容。

1. 从容貌和服饰上得来的

当初次遇到某人时，我们会从其外表、衣服式样和颜色、举止方式等方面来判断他，如果一个衣冠不整、邋遢的人和一个装束典雅、整洁利落的人在其他条件差不多的情况下，去办理同样的事情，前者恐怕很可能受到冷落，而后者会更容易得到善待。特别是到一个陌生的地方，给他人留下一个美好的印象非常重要。

着装艺术不仅给人以好感，同时还直接反映出一个人的修养、气质与情操，它往往能在别人尚未认识你或你的才华之前，透露出你是何种人物，因此在这方面稍下功夫，就会事半功倍。例如，一名教师的衣着、言谈举止，甚至是其书写的板书给学生的第一印象非常好,学生就会乐于接受他的教育,可见容貌和服饰对个人形象的塑造具有十分重要的作用。

2. 从气质、风度上得来的

气质高雅的人的表现特征有：仪表修饰得体,言辞幽默不俗,态度谦逊,待人接物沉稳,落落大方,彬彬有礼,让人一见肃然起敬。由气质产生的美感是不受服装打扮和年龄制约的,它总是随时随地、自然地流露出来。气质高雅的人很受人尊重、喜欢,大家都认为这样的人办事稳重,有分寸,有高度的责任感。

所以,许多大公司经常委派这样的人员负责公关部的接待工作,用以树立公司的形象,赢得客户的信赖与合作。拥有这种气质的推销员,其工作业绩往往也比较突出。因为这种气质给人的感觉是诚恳、实在、不虚妄,容易让人产生信任感。

三、塑造良好的第一印象

现在,人们的工作节奏越来越快,当你在与客户第一次打交道的时候,客户不会有太多的时间来了解你是一个怎样的人,很多人对你的感觉和认知都是通过短暂的接触来确定的,"以貌取人"是现代多数人的"通病"。俗话说"先入为主",客户从见到你的一刹那,就开始形成印象,并长久烙印在他心上。

由于第一印象的形成往往受认知者的情绪、认知特点、认知对象表现自己的真实程度及认知情境等因素的影响,存在着"首因效应"和"晕轮效应"等效应情绪,所以第一印象尽管鲜明、牢固、印象很深,但不一定准确、可靠,不一定代表真实面貌。那么,我们怎样才能通过有意识的努力,使我们在同别人发生相互作用的最初,就给别人留下一个良好的第一印象呢?

第一,要有礼。人们常说:"美由心生,礼形于外"。个人的礼仪素养和礼貌行为直接影响着任一群体、社会组织乃至整个社会的生存与发展。从此意义看,我们强调个人礼仪,规范个人行为,不仅是为了提高个人自身的内在涵养,更重要的是为了促进社会发展的有序与文明。

"敬人者,人恒敬之",只有尊敬别人,才能赢得别人对你的尊敬。个人礼仪不是简单的个人行为表现,而是个人的公共道德修养在社会活动中的体现,它反映的是一个人内在的品格与文化修养。若缺乏内在的修养,也就不可能自觉遵守、自愿执行个人礼仪对个人行为的具体规定。只有"诚于中"方能"行于外",因此个人礼仪必须以个人礼仪修养为基础。

第二,要有节。个人礼仪是以"尊重他人""有礼有节"为目标的。遵循个人礼仪,按照个人礼仪的文明礼貌标准行动,自信而非自恋,从容而非焦虑,这也是为了更好地塑造个人的自身形象,更充分地展现个人的精神风貌。个人礼仪教会人们识别美丑,帮助人们明辨是非,引导人们走向文明,它能使个人形象日臻完美,使人们的生活日趋美好。

例如,对于刚毕业的大学生来说,最忌讳的是自认为学问多、学历高,高傲自大。在初次步入职场时要注意在同事面前举止文明，落落大方；对自己的介绍要简单明了，实事求是，切忌夸大其词，冒失莽撞；对一些新问题、新情况，要虚心向前辈、同事学习、请教。谦虚的品格会给人留下良好的第一印象，使你在业务上和其他各个方面更快地成长。

第三，要有型。打扮得体比穿名牌重要，肢体动作比语言重要，为了塑造良好的第一印象，首先我们应该注意仪表，衣服要整洁，服饰搭配要和谐得体。例如，初到工作单位，要注意穿着打扮，衣服不一定讲究高档、时髦、追求名牌，但要符合自己的经济状况和现实身份；发型要定期修理，注意生活卫生，始终保持积极向上的良好形象。其次应注意自己的言谈举止，锻炼和提高自己的交谈技巧，掌握适当的社交礼仪。初遇对方时，注意你的眼神、笑容和身体姿势，如果捕捉到对方的眼睛闪着光，请对自己说"好极了"，同时自然地露出微笑，你就能散发出个人魅力。

【案例2-4】

一口痰"吐掉"一项合作

《文汇报》曾有一篇报道，题目是《一口痰"吐掉"一项合作》。说某医疗器械厂与外商达成了引进"大输液管"生产线的协议，第二天就要签字了。可当这个厂的厂长陪同外商参观车间的时候，习惯性地向墙角吐了一口痰，然后用鞋底去擦。这一幕让外商彻夜难眠，他让翻译给那位厂长送去一封信："恕我直言，一个厂长的卫生习惯可以反映一个工厂的管理素质。况且，我们今后要生产的是用来治病的输液皮管。贵国有句谚语：人命关天！请原谅我的不辞而别……"一项已基本谈成的项目，就这样被"吐"掉了。

【案例评析】一个人的举止风度不仅仅代表自己的形象，体现自己的教养，在一定的场合，个人的行为代表组织行为，个人形象代表组织形象。所以，必须养成良好习惯，提高个人修养，从小处做好，商机才不会溜走。

第四，要有心。个人礼仪的确会给人们以美好，给社会以文明，但所有这一切，都不可能立竿见影，也不是一日之功所能及的，必须经过个人长期不懈的努力和社会持续不断的发展，因此，对个人礼仪规范的掌握切不可急于求成，更不能有急功近利的思想。

Z 知识拓展

美国心理学家戴尔·卡耐基在其早期名著《如何赢得朋友及影响别人》一书中，根据大量来自实际生活的成功经验，总结出了给人留下良好第一印象的六条途径：

（1）真诚地对别人感兴趣；

（2）微笑；

（3）多提别人的名字；

（4）做一个耐心的倾听者，鼓励别人谈他们自己；

（5）谈符合别人兴趣的话题；

（6）以真诚的方式让别人感到他自己很重要。

在日常生活中，我们要学会卡耐基总结出来的这些技巧并不难。因为，想到我们每认识一个人就等于多打开了一扇人类世界的窗户，那我们就不难做到真诚地对别人感兴趣，对别人抱有真诚的微笑；如果我们懂得别人需要有自我显示的机会，我们就能耐心做一个倾听者，并鼓励和支持人们表现自己；如果我们知道了人需要别人承认他们的价值，我们就可能处处注意支持他人的自我价值。设身处地地想一想，这些我们自己也同样需要。

总而言之，良好的第一印象是在自己的内在品质和相应的技巧共同作用下树立的，是一个人立足社会、成就事业、获得美好人生的基础。"路遥知马力，日久见人心"，作为新时期的大学生更应当通过长期的不懈努力，从个人形象礼仪做起，努力提高自身礼仪水平，树立和维护良好的自我形象，以自己良好的内在品质、正直的为人和出色的工作成绩去获得他人的尊重和喜爱，去建立更高层次的长期的良好印象。人生需要无数个第一印象，把每个第一次做好了，人生就会精彩十分，成功不断。

知识链接

古罗马学者普洛丁曾说，只有把自己当作一块顽石，用雕刻家的美学眼光和手，凿去不必要的部分，把曲的雕直，把粗的磨光，直到这块顽石成为美的综合体，否则你决不罢休！优化整体印象就应当具有这种矢志不移的雕凿精神。

第二节 仪容礼仪

仪容，就是人的外貌，即容貌。它是一种无声的语言，在人际交往的最初阶段，它是影响"第一印象"的最主要因素，直接影响人际交往的效果。因此，在公共关系实际工作中，要求公关人员在社交场合讲求仪容，力求做到仪容得体、举止大方。

但是，商务礼仪中讲的仪容与日常生活中人们谈论的美丽、漂亮等并不是一回事。美丽、漂亮是人的先天条件，而仪容则是先天条件加上后天努力共同作用的结果。人的先天条件由血缘遗传所致，有的人天生丽质，有的人相貌平平，具有不可选择性；而人的后天努力则具有一定可塑性。在商务实践中，我们认为，这些修饰、打扮的方法是可以学会的。经过学习，了解一些修饰仪容的基本技巧并熟练运用，每个人都可以变得更美丽、更潇洒。

一般说来，仪容包括面部、头发和肢体等部分。下面就简单地介绍一些人们在商务社交场合应注意的基本问题。

一、面部

世界上每个人都有一副独特而不容混淆的脸，它是人体最为动人之处，是人的"门面"。人们相见时，给人印象最深的就是脸。面容虽然有难以选择的先天性，有时会影响人的形象，但在后天是可以改变的，我们可以通过坚持良好的生活习惯和科学的保养，以及得体地修饰化妆来改变我们的面容。

美化面部的基本要求是：端庄、自然、清洁和适当修饰。

（一）男士面部修饰方法

在以往，许多人都以为美容化妆是女士的偏好，堂堂男子不屑于涂涂抹抹，好像越是不修边幅，胡须拉碴就越能显示男子气概。事实上，"爱美之心，人皆有之"，男士当然也不例外，甚至有些男士比女士更加注意自己的仪表，但在习惯上，多数男士不愿公开承认这一点，怕人讥笑。

职业男士美容不外乎四项：洁肤、护肤、剃须、美牙。

第一，洁肤。在清洁方面，男子由于生理因素、活动量大，皮肤比女性粗糙，毛孔大，表皮容易角质化。同时男子的汗液和油脂分泌量多，在室外工作的机会多，皮肤上的灰尘和污垢积聚多，清洁皮肤首当其冲。职业男士也应每日用洁面乳，清除肥皂不能去除的污垢，而且洁面乳不含刺激皮肤的碱，在清洁皮肤的同时不会吸干皮肤本身的油分，洗面后没有绷紧干燥的感觉。

第二，护肤。空调写字间和北方空气干燥，最易令皮肤表面的水分流失，所以整日在写字间工作或经常出差的职业男士皮肤容易缺乏光泽、老化松弛，滋润是唯一解决的方法。滋润皮肤的产品要选择适合自己肤质的护肤霜，万万不可油腻，否则，油光满面，又吸引尘粒，反而不美。若在涂抹时进行自我按摩可使疲倦的皮肤放松。

第三，剃须。男子经常剃须可以使面部清洁，容光焕发，是男子美容的一项重要内容。剃须的程序为：

（1）清洁皮肤。剃须前，洗净脸部。若脸上或胡须上有污物，在剃须时，因剃刀对皮肤会产生刺激，或轻微地挫伤皮肤，污物会引起皮肤感染。

（2）软化胡须。先用热毛巾捂敷胡须，使胡须软化。若用手工剃须刀剃须，应将剃须膏或皂液均匀地涂抹在胡须上，以利于刀锋对胡须的切割和减轻对皮肤的刺激。

（3）正确剃刮。剃须时应绷紧皮肤，以减少剃刀在皮肤上运行时的阻力。年纪大或体弱者，皮肤易起皱，更应绷紧，使之产生弹性。剃须的顺序是，从左到右，从下到上，先顺毛孔剃刮，再逆毛孔剃刮，最后再顺刮一次。千万不要东刮一刀，西刮一刀。

（4）剃后保养。职业男士刮胡须后的护理十分重要，因为刮胡须对皮肤的刺激和损害会令皮肤粗糙，为了在新皮肤膜再生之前保护好皮肤，应在剃后用热毛巾敷上几分钟，然后涂擦护肤品以改善肤质。

第四：美牙。发黑、发黄的牙齿，在启齿谈笑之时，会显得不雅，因此，有的人不敢说话、不敢笑，怕露出牙齿觉得有碍观瞻，还有的人说话、笑时用手掌遮遮掩掩做羞涩状，久而久之，形成了社交心理障碍。所以，职业人员越来越重视自己的牙齿，体会到其重要性，不惜花钱去美容牙齿，以修饰其不足之处。

那么，是什么原因导致牙齿变黑、发黄的呢？通常情况下，是由于长期的吸烟和喝浓茶所造成的，天长日久，牙齿表面就会染上一层"茶锈"和"烟渍"。烟叶中含有大量的尼古丁，它对人体有百害而无一利，长期抽烟不仅损害心肺等内脏器官，同时更会严重影响肤色的健康，嘴唇和牙齿首当其冲，受熏染最直接、最持久。因而嗜烟的人都唇色乌紫，牙齿焦黄，甚至伴有明显的口臭。这样的形象，在公众交往中是很难给人好感的。

（二）女士面部修饰方法

女士平时一定要注意选择适合自己皮肤类型的护肤品。

1. 日常皮肤保养的步骤

（1）清洁。每天早上起床之后及晚上睡觉之前，都要认真清洗暴露在外的面部、颈部等处的皮肤，否则灰尘、细菌和其他有害物质会附着在皮肤上，对皮肤造成伤害，严重时还会损害自身的健康。洗脸的时候动作要轻柔，不要用手掌使劲地搓脸，否则会将皮肤"搓"出皱纹。

（2）爽肤。用温水将皮肤上的清洁剂冲洗干净，再用毛巾轻轻擦干。之后，使用适合自己皮肤类型的爽肤水将皮肤擦拭一遍，这个过程就叫"爽肤"。爽肤水也被称为"保湿水""化妆水"等，是一种液态的化妆品。使用爽肤水的目的是补充皮肤角质层中的水分，同时再次清洁皮肤，并使下一步所使用的保养品易于吸收。爽肤水的使用方法是：将爽肤水滴在化妆棉片上，用化妆棉片轻轻擦拭皮肤。

（3）均衡滋润与保护。护肤的终极目标是保持皮肤表面的水分和油分，并使二者达到理想的平衡状态。不同的皮肤类型有着不同的需求：干性皮肤应当补充油分和水分，中性皮肤需要保湿，油性皮肤在控油的同时也要保湿。在爽肤步骤完成之后，将最适合自己肤质的乳液或面霜，轻柔、均匀地涂抹于皮肤上。

女士在进行户外活动时，一定要使用防晒产品，避免阳光中的紫外线伤害皮肤。选择防晒产品有 SPF 和 PA 两个指标可供参考。SPF 是防止皮肤被阳光晒黑的指标，而 PA+、PA++、PA+++ 则是防止皮肤被阳光晒老化的指标。防晒品中的化学成分比较容易造成皮肤过敏，因此，敏感型肌肤的女士最好不用含化学成分的防晒产品，而选用含物理防晒成分的防晒产品。

2. 化妆的方法

女士化妆之前，应当根据自己皮肤的属性选择适合的化妆品。用中国的"老话"来讲，符合"三庭五眼"比例的脸，看上去会感觉非常"顺眼"。

这里所说的"三庭"是指：一是从额头发际到两眉头连线之间的距离；二是从两眉头连线到鼻头底端之间的距离；三是从鼻头底端到下颌（下巴尖）的距离。这三段距离相等，看上去会感觉比较好看。

"五眼"是指：一是左太阳穴发际处至左眼尾的宽度；二是左眼宽度；三是左眼内眼角至右眼内眼角的宽度；四是右眼宽度；五是右眼眼尾至右太阳穴发际处的宽度。这五段宽度相等会感觉比较好看。我们在化妆时，应使五官布局尽量接近理想的比例。

人的脸型各有不同，面部的立体结构也有区别。女士在化妆前应仔细研究自己的脸部结构，通过化妆技巧来扬长避短。在脸上希望"高起来"或"扩张变大"的部位使用较亮、较浅的色彩，在希望"低下去"或"收缩变小"的部位使用较暗、较深的色彩，就会在视觉上产生平衡和美化的效果。

化妆的一般步骤如下。

（1）清洁面部皮肤：在未涂敷底色之前，必须将面部皮肤的不洁之物除去，才能开始化妆。除去面部油污的方法，一般有油洗和水洗两种。如果条件允许，最好是油洗，即选用洗面霜、清洁霜这类的油质皮肤清洁剂洗面。它的优点是，既能除去面部油污，使面部洁净，又能保护皮肤，免除肥皂等碱性物质对皮肤的不良刺激。

（2）用爽肤水轻按面部和颈部，然后再加一层有色润肤液，使未经化妆的面部洁净、清爽而滋润。这种有色润肤液，不仅对皮肤有益无害，而且能增强化妆品效能，使妆容持久、均匀、细柔，色泽也不易改变。

（3）打粉底：用少量粉底涂在脸上，再用粉扑或粉底刷将粉底仔细地抹匀，一直抹到鬓边，以免出现痕迹。然后用少许油质眼影膏打底，它能将眼影粉的颜色表现得更加纯正；颧骨上也可用少许油质眼影膏打底，用指尖在颧骨上轻轻抹匀。如果要遮盖眼睛上部的黑圈或面部的瑕疵，可先涂上遮瑕膏，并用海绵或刷子抹匀。但应注意，千万不要涂到眼下细柔的皮肤上。

（4）清扫眼影粉：用刷子清扫眼影粉，使不同颜色的眼影粉更加均匀。然后，在眼睑内侧涂上较深的眼影，以衬托出鼻子的线条，这是修饰我们东方人脸型常用的一种技巧。

（5）画眼线：用黑色眼线笔在上下睫毛线上画眼线，这样眼睛就显得炯炯有神，使人增添活力。

（6）扫睫毛：用睫毛卷从上睫毛下侧向上扫两次，待干。当扫下睫毛时，可先用睫毛棒扫一次，再用干净的睫毛刷轻扫。

（7）打腮红：打上腮红，能使整个脸部柔美自然，也能使颧骨显得突出。用同色腮红轻扫太阳穴部位，可使面部色彩显得浓淡和谐。

（8）画唇形：首先在原来的唇线上擦粉底，再打粉，然后用唇笔画出所设计的唇形，在上下唇中加上珠光唇彩，以增光泽。

完成上述几个步骤后，基本化妆就算完成了。化妆完毕的面容应毫无痕迹，并显得典雅大方。这样，就算达到面容化妆的预期效果了。

知识链接

不同脸型的化妆矫正

长脸型的人，在化妆时力求达到的效果应是：增加面部的宽度。腮红，应注意离鼻子稍远些，在视觉上拉宽面部，涂抹时，可沿颧骨的最高处与太阳穴下方所构成的曲线部位，向外、向上抹开去。粉底，若双颊下陷或额部窄小，应在双颊和额涂以浅色调的粉底，造成光影，使之变得丰满一些。眉毛，修正时应令其成弧形，切不可有棱有角的，眉毛的位置不宜太高，眉毛尾部切忌高翘。

圆脸型给人可爱、玲珑之感，若要修正为椭圆形并不十分困难。腮红，可从颧骨起始涂至下颊部，注意不能简单地在颧骨突出部位涂成圆形。唇膏，可在上嘴唇涂成浅浅的弓形，不能涂成圆形的小嘴状，以免有圆上加圆之感。粉底，可选用暗色调粉底，用来在两颊造阴影，使圆脸削瘦一点，沿额头靠近发际处起向下窄窄地涂抹，至颧骨部位以下可加宽涂抹的面积，造成脸部亮度自颧骨以下逐步集中于鼻子、嘴唇、下巴附近部位。眉毛，可修成自然的弧形，可作少许弯曲，不可太平直或有棱角，也不可过于弯曲。

方脸型的人以双颊骨突出为特点，因此在化妆时要设法加以掩蔽，增加柔和感。腮红，宜涂抹得与眼部平行，切忌涂在颧骨最突出处，可抹在颧骨稍下位置并往外揉开。粉底，可用暗色调在颧骨最宽处造成阴影，令其方正感减弱，下颌部宜用大面积的暗色调粉底造阴影，以改变面部轮廓。唇膏，可涂丰满一些，强调柔和感。眉毛，应修得稍宽一些，眉形可稍带弯曲，不宜有角。

三角脸的特点是额部较窄而两腮较阔，整个脸部呈上窄下宽状。化妆时应将下部宽角"削"去，把脸型变为椭圆形状。腮红，可由外眼角处起始向下抹涂，令脸部上半部分拉宽一些。粉底，可用较深色调的粉底在两腮部位涂抹。眉毛，宜保持自然状态，不可太平直或太弯曲。

倒三角脸型的特点是额部较宽大而两腮较窄小，呈上宽下窄状。人们常说的"瓜子脸""心形脸"，即指这种脸型。化妆时的诀窍与三角脸相似，需要修饰部位则正好相反。腮红，应涂在颧骨最突出处，而后向上、向外揉开。粉底，可用较深色调的粉底涂在过宽的额头两侧，而用较浅的粉底涂抹在两腮及下巴处，造成掩饰上部、突出下部的效果。唇膏，宜用稍亮些的唇膏以加强柔和感，唇形宜稍宽厚些。眉毛，应顺着眼部轮廓修成自然的眉形，眉尾不可上翘，描眉时从眉心到眉尾宜由深渐浅。

女士化妆与修饰应注意以下几点。

（1）化妆的浓淡选择。一般情况下，总体宜以淡雅、自然为主，白天（自然光下）略施粉黛即可，不宜厚粉艳妆；晚间社交活动，则多为浓妆。但在公共场所，不能当众化妆或补妆，如确有必要，可在避人的卧室或洗手间操作。

（2）眉眼修饰。修饰描画时，注意眼影的浓淡、涂抹范围应与时间、场合、服饰等相适应。眉部修饰要避免出现残眉、断眉、竖眉、八字眉等。有的人喜欢纹眉、纹眼线，求一劳永逸，但作为公关人员不宜选择此法。眼部还要注意清理，避免眼角出现分泌物（即"眼屎"）。

（3）口腔。保持口腔干净，口气清新。早晚刷牙，饭后漱口。吃东西后，马上擦嘴，并及时清除牙缝中残存的食物，但不能当众剔牙。出席社交场合前不能吃带有强烈气味的食品，如韭菜、大蒜、臭豆腐等。如口腔有异味，可咀嚼口香糖或茶叶来清除。因牙病或其他疾病造成口中有异味的，应及时治疗。不随地吐痰。咳嗽、打嗝、打哈欠时应尽量避开他人，一旦忍不住时，要用手绢或手捂住嘴，并向他人道歉。

（4）颈部。颈部与头部相连，属于面容的自然延伸部分，也是人体最易显现年龄的部位，人称第二张脸。对颈部也要进行营养护理，防止皮肤老化，与面容产生较大反差。还要经常保持颈部的清洁卫生，尤其脖后、耳后易藏污纳垢之处。

二、头发

有一位形象设计专家曾说："在一个人身上，正常情况下最引人注意的地方，首先是他对自己头发的修饰。"在人际交往中，人们注意、打量他人时，往往是从头部开始的。而头发生长在人体的制高点，更容易引起他人注意。所以，修饰仪容应从头开始。整洁的头发、得当的发型会使人显得精神抖擞，容光焕发。

1. 发式

整洁的发式可给人以神清气爽的印象。为保持头发整洁，要勤洗头，至少每周三次，并及时梳理和修饰。发式修饰通常每半月一次，以保持适当的发长。另外，要注意不要当众梳理头发，不可乱扔断发与头屑等物，也不可以手代梳。

2. 发型

发型的选择应考虑工作场所、时间、年龄及个性、体貌特征等因素，基本要求是长短适当、风格庄重。对男士而言，要求是前发不覆额，侧发不掩耳，后发不触领，不可长发披肩或梳起发辫，也不可剃光头。对女士而言，一般以简约、明快为宜，脸长者不宜头发过短，脸短者则不宜头发过长；个高者可留长发，并可梳理蓬松，个矮者宜剪短发，不可梳理成大发式；肤黑或黄者不宜留披肩发。另外，染发不应改变自然本色，也不可过于前卫时髦。发型的选择既要符合美观、大方、整洁和方便工作的原则，又要与自己的发质、脸型、体型、年龄、气质、四季服装及周围环境相协调，这样才能给人以整体的美感。

男女的发型选择要遵循以下原则。

第一，要符合身份。如在工作场合的发型，应当传统、庄重、保守一些。经常出入于社交场合的人，发型可以个性、时尚、艺术一些。怪异的发型会让人产生不信任之感。

第二，要符合个人条件。在选择发型时，应根据个人的脸型、发质、体型、年纪、服装、性格等选择，一定要遵守"应己原则"，使其达到"扬长避短"的效果。如高个子的女子留披肩发就很合适，而矮个子的留长发就会使自己显得更矮。

第三，符合职业。一般白领最好不要留披肩发，应当是前不遮双眼，后不长过肩的直短发，或者是束发、盘发。

总之，头发应清洁整齐，丝丝可见光泽，具有弹性，不打结，发型适合自己的脸型、年龄、职业等。

三、肢体

人的四肢既是劳动的工具，也是在社交场合展示自我风采和魅力的载体。任何优美的体态语言都离不开四肢的和谐运用，因此，在公关礼仪中也非常重视对四肢的合理运用。这就要求人们合理地运用自己的手臂和腿脚，以保持一个良好的整体形象。

1. 手部的保养和修饰

有人说，手是每个人社交中的"第二枚名片"，从某种意义上讲，它甚至比人们常规使用的印在纸上的那枚名片更受重视。如果说，我们的脸是人的第一张脸，脖子是第二张脸，那么手就是第三张脸，所以我们应该在保养脸部皮肤的同时，多关照一下我们的手。

（1）保洁保养。人的手在社交中起着重要的作用，如握手、递名片等，因而也容易引起人们的注意。所以，要勤洗手，确保无泥垢、无污痕，保持清洁，特别场合要按规定戴好手套；要注意保养，避免出现粗糙、破裂、红肿、生疮及伤病创面等。

（2）修饰。手指甲一定要经常修剪。不留长指甲，甲长一般不过指尖；除为养护指甲而涂抹无色指甲油外，不可涂抹彩色指甲油或在指甲上绘画造型，在修剪手指甲时，应同时去除手指甲沟附近的"爆皮"，它们是手指不够卫生的产物，更不能有用牙齿啃指甲的毛病。在任何公开场合下修剪指甲，都是不文明、不雅观的举止。

（3）手臂。手臂上不可刺字、刻画。因温度或某种交际场所而身着短袖或无袖服装时，最好剃去腋毛；若手臂汗毛过于浓密，也应设法去除。

> **【案例2-5】**
>
> **不爱修边幅的小李**
>
> 小李的口头表达能力不错，对公司产品的介绍也得体，人既朴实又勤快，在业务人员中学历又最高，老总对他抱有很大期望。可小李做销售代表半年多了，业绩总上不去。问题出在哪儿呢？原来，他是个不爱修边幅的人，双手拇指和食指喜欢留着长指甲，里面经常藏着很多"东西"。脖子上的白衣领经常是酱黑色，有时候手上还记着电话号码。他喜欢吃大饼卷大葱，吃完后，不知道去除异味的必要性。因此在大多情况下，他根本没有机会见到想见的客户。

【课堂讨论】"礼仪"的真正内涵是什么呢？简单地说，就是让对方觉得舒服，让对方觉得你尊重他。在这个案例中，小李犯了哪些错误呢？

2．腿脚的清洁和美化

（1）清洁。勤洗脚，特别是赤脚穿鞋时要保持趾甲、趾缝及脚跟等处的清洁。要勤换袜子，最好每天换洗一双，不要穿着那些不透气、易生异味的袜子。要勤换鞋，并注意鞋面、鞋跟、鞋底等处的清洁。

（2）美化。注意腿毛，少数女士腿毛十分浓密，又需穿裙子，最好设法去除，或选择色深不透明的袜子。勤剪趾甲，并注意剪除趾甲周围可能出现的死皮，使之洁白无瑕。忌涂艳妆，除可涂抹养护趾甲的无色指甲油外，不可涂彩造型。

【案例2-6】

小伙子的介绍信

张先生要雇一个没带任何介绍信的小伙子到他的办公室做事，张先生的朋友很奇怪。张先生说："其实，他带来了不止一封介绍信。你看，他在进门前先蹭掉脚上的泥土，进门后又先脱帽，随手关上了门，这说明他很懂礼貌，做事很仔细；当看到那位残疾老人时，他立即起身让座，这表明他心地善良，知道体贴别人；那本书是我故意放在地上的，所有的应试者都不屑一顾，只有他俯身捡起，放在桌上；当我和他交谈时，我发现他衣着整洁，头发梳得整整齐齐，指甲修得干干净净，谈吐温文尔雅，思维十分敏捷。怎么，难道你不认为这些是极好的介绍信吗？"

【案例评析】从这位小伙子的个人形象方面可以看出，讲究礼仪对个人的成功是至关重要的，因为它关系到个人的形象。个人形象是一个人仪容、表情、举止、服饰、谈吐、教养的集合，而礼仪在上述诸方面都有详尽的规范，因此学习礼仪，运用礼仪，无疑将有益于人们更好地、更规范地设计个人形象、维护个人形象，更充分地展示个人的良好教养与优雅的风度。

其实，礼仪更深层地表现了一个人对自己和其他所有成熟生命的赞美与尊重，可以说是一个人内在修养和素质的外在表现。"礼貌是外延，谦和是内涵"，这才是礼仪的真正含义。

第三节　仪表礼仪

三国时期曹操曾说过："君子整其衣冠，尊其瞻视，何必蓬头垢面然后为贤？"这句话的意思是说，即使是谦谦君子，也要使自己衣冠整齐，使与瞻视有关的内容看上去令他人感到受尊敬。仪表非常重要，它体现你的礼貌、教养和品位格调。

【案例 2-7】

有一家大型超市，经理发现有个别男员工衣冠欠整洁就上岗，对顾客也欠礼貌。在周末生活会上，她说："我们超市去年营业额在全公司中名列第二位，每人均得到一笔丰厚的奖金。我发现，顾客一走进我们超市，许多顾客都会眼睛一亮，主要是不少姐妹们对自己进行了包装，显得更加靓丽、光彩照人，与我们的商场交相辉映。但是，我发现有几位先生是否把资金上缴'国库'了？还是另有开支？若是上缴了，请跟我说一声，我再追加一点奖金。再就是我们使用的语言应该用水'洗一洗'，再'过滤'一下，更'清洁'一些，与我们的商品一样。"说话后的第二天，那几位男性员工个个进行了"包装"，更潇洒英俊了，而且再也听不到一句粗话和高分贝的声音，个个轻声慢语地与顾客交流，获得社区顾客的欢迎和良好评价，其他社区的顾客也乐意来此购物，超市生意更为红火。

【案例评析】 注重形象是我们自尊尊人之本，更是我们立足、立业之源。我们强调个人形象，倡导现代文明，旨在提高个人礼貌素养，强化公民的文明观念。本案例中超市员工改变仪容仪表，用良好的礼仪风范、出众的形象风采，提高了超市的整体形象。

一、服饰礼仪

（一）服饰穿戴的基本原则

1. 体现自身个性特点原则

选择服装首先应该与自己的年龄、身份、体型、肤色、性格和谐统一。作为个体的每个人，其自身的生理（体型、年龄、肤色等）及性格特征各不相同，服饰的选择也应有所区别。年长者、身份地位高者，选择服装款式不宜太新潮，款式简单而面料质地讲究才与身份年龄相吻合。青少年着装则应着重体现青春气息，朴素、整洁为宜，清新、活泼最好，"青春自有三分俏"，若以过分的服饰破坏了青春朝气实在得不偿失。选择服饰要注意扬长避短，扬美避丑，要体现出自己的个性特征。比如从性别而言，男士要表现阳刚与潇洒，女性要展示柔美与娴雅。从体型肤色来说，身材娇小，宜于造型简洁、色彩明快、小花型图案服饰，"V"型夹克衫较适于双肩过窄的男性，"H"型套裙适于腰腹粗的女性。肤色偏黄或黑者，要避免穿着与肤色相近或较深暗色彩的服装（如黄、深灰、蓝紫色等）。

2. 遵循 TPO 原则

TPO（Time、Place、Occasion 三个单词的缩写）是西方人提出的服饰穿戴原则，被公认为世界服装礼仪的原则，要求人们在着装时要注意时间、地点、场合三项因素。

（1）时间原则——Time。

第一是指应根据每天早、中、晚的时间变化选择着装，如早晨户外运动时，着运动装或休闲装；白天上班时，着工作装、职业装；晚上参加社交活动时，着正式的礼服。

第二是指根据四季的更替，考虑服饰的厚薄、色彩、式样，如冬装、春秋装、夏装。

第三是指着装要与时代的主流风格保持一致，顺应时代潮流的发展，不可过于猎奇，也不要过分落伍。

（2）地点原则——Place。地点原则是指地方、场所、位置不同，着装应有所区别，特定的环境应配以与之相适应、相协调的服饰，才能获得视觉和心理上的和谐美感。一般地讲，休闲时的打扮比较随意，以舒适为基准；上班时着装应当整洁、大方、高雅，无须引人注目，过分暴露；社交场所则衣着可适当新潮、个性化一些，但也不可流于轻佻、浪荡。着装要考虑自己即将出席或主要活动的地点，尽量使自己的服饰与自己所处的环境保持和谐一致。

（3）场合原则——Occasion。不同的场合有不同的服饰要求，只有与特定场合的气氛相一致、相融洽的服饰，才能产生和谐的审美效果，实现人景相融的最佳效应。如公关人员穿着牛仔服去赴商务宴会、参加吊唁活动着装鲜亮就不合要求。上班时间最好穿着打扮职业化些；参加婚礼、宴会、舞会时则应精心打扮，展示出自己的潇洒气质和迷人风采。

我们可以将场合分为三类：公务场合、社交场合、休闲场合。

① 公务场合。公务场合的着装要庄重、保守、传统，不强调性别，不展示女性魅力。工作时间着装应遵循端庄、整洁、稳重、美观、和谐的原则，能给人以愉悦感和庄重感。一个单位职员的着装和精神面貌，便能体现这个单位的工作作风和发展前景。

② 社交场合。广义上讲，社交场合就是上班以外，在公共场合与熟人交往、共处的时间。狭义地讲，是指工作交往中的应酬活动。社交场合的着装应该典雅、时尚、有个性（既不花哨，又有个性）。参加晚会或喜庆场合，服饰可明亮、艳丽些；节假日休闲时间，着装应随意、轻便些，西装革履则显得拘谨而不合时宜。

③ 休闲场合。休闲场合就是个人的自由活动时间，如居家、健身、旅游、逛街等，此时的着装应舒适、方便、自然。家庭生活中，穿休闲装、便装更益于与家人之间沟通感情，营造轻松、愉悦、温馨的氛围。但不能穿睡衣、拖鞋到大街上去购物或散步，那是不雅和失礼的。

3．注重协调性原则

（1）着装要满足担当不同社会角色的需要。人们的社会生活是多方面、多层次的，在不同的场合会担当不同的社会角色，因此要根据情况选择不同的着装，以满足担当不同社会角色的需要。

（2）着装要与肤色、体型、年龄相协调。例如，较胖的人不要穿横格的衣服，肩胛窄小的人可以选择有垫肩的上衣，颈短的人可选择无领或低领款式的上衣。着装应与交往对象、目的相适应。与外宾、少数民族相处时，更要特别尊重他们的习俗禁忌。

4．着装要注意色彩的搭配

色彩搭配的方法有两种，即亲色调和法与对比色调和法。亲色调和法是将色调近似但深浅浓淡不同的颜色组合在一起。对比色调和法是将对比色进行搭配，使之对立，既突出各自的特征，又能相映生辉。

（1）服装色彩搭配中不同的色彩有着不同的象征意义。

暖色调——红色象征热烈、活泼、兴奋、富有激情；黄色象征明快、鼓舞、希望、富有朝气；橙色象征开朗、欣喜、活跃。

冷色调——黑色象征沉稳、庄重、冷漠、富有神秘感；蓝色象征和平、心灵的安静。

中间色——黄绿色象征安详、活泼、幼嫩；红紫色象征明艳、夺目；紫色象征华丽、高贵。

过渡色——粉色象征活泼、年轻、明丽而娇美；白色象征朴素、高雅、明亮、纯洁；淡绿色象征生命、鲜嫩、愉快、青春等。

（2）服装配色的原则。服装配色以"整体协调"为基本准则。全身着装颜色搭配最好不超过三种颜色，而且以一种颜色为主色调，颜色太多则显得乱而无序，不协调。灰、黑、白三种颜色在服装配色中占有重要位置，几乎可以和任何颜色相配。服装的色彩是着装成功的重要因素。

着装配色和谐的几种比较保险的办法：一是上下装同色，即套装，以饰物点缀；二是同色系配色，利用同色系中深浅、明暗度不同的颜色搭配，整体效果比较协调。利用对比色搭配（明亮度对比或相互排斥的颜色对比），运用得当，会有相映生辉、令人耳目一新的亮丽效果。年轻人穿上深下浅的服装，显得活泼、飘逸、富有青春气息。中老年人采用上浅下深的搭配，给人以稳重、沉着的感觉。

着装配色要遵守的一条重要原则，就是要根据个人的肤色、年龄、体型选择颜色。如肤色黑，不宜穿颜色过深或过浅的服装，而应选择与肤色对比不明显的颜色，最忌用色泽明亮的黄橙色或色调极暗的褐色、黑紫色等；皮肤发黄的人，不宜选择半黄色、土黄色、灰色的服装，会显得精神不振和无精打采；脸色苍白不宜穿绿色服装，会使脸色更显病态，而肤色红润、粉白，穿绿色服装效果会很好；白色衣服对于任何肤色效果都不错，因为白色的反光会使人显得神采奕奕。体型瘦小的人适合穿色彩明亮度高的浅色服装，这样显得丰满；而体型肥胖的人用明亮度低的深颜色则显得苗条。大多数人体型、肤色属中间混合型，所以颜色搭配没有绝对的原则，重要的是在着装实践中找到最适合自己的配色。

（二）着装礼仪

1．男士着装礼仪

（1）色彩。男士着装要体现庄重、俊逸，色度上不求华丽、鲜艳，色彩变化上不宜过多，一般不超过三种颜色，以免显得轻浮。

（2）帽子与手套。戴帽子与手套一般在室外，但与人握手时应脱去手套以示礼貌，向人致意应取下帽子以显尊重。室内社交场合不要戴帽子和手套。

（3）鞋袜。在正式场合中，以穿黑色或深棕色皮鞋为宜，娱乐场所可穿白色或浅色皮鞋。袜子的颜色以单一色调为好，而着正装时的袜子颜色要与西裤颜色相近，白色运动袜忌穿于正式场合。

（4）衣裤。一般场合可以穿着便装，即各式外衣、牛仔裤等日常服装；而正式场合则应着礼服或西装，如典礼、仪式、会见等。在男式服装中，比较普通或典型的服装就是西装。西装穿着看似简单，其实也要遵从一定的规范，要注意"八忌"：一忌西裤过短或过长（裤脚盖住皮鞋为基准），二忌衬衫不扎于裤内，三忌不扣衬衫纽扣，四忌西装袖子长于衬衫袖子，五忌衣裤袋内鼓鼓囊囊，六忌领带太短（一般以领带下端盖住皮带扣为宜），七忌西装配便鞋（休闲鞋、球鞋、旅游鞋、凉鞋等），八忌衣裤皱皱巴巴、污渍斑斑。

2．女士着装礼仪

（1）帽子与手套。只要是正式场合（无室内外之分），女士均可戴帽，但帽檐不能过宽；与人握手时可不必脱去手套。

（2）鞋袜。社交场合穿鞋要注意鞋子与衣裙色彩和款式的协调，但不可穿凉鞋、拖鞋等，如布鞋配套裙就不恰当。穿袜着裙装时，应配长筒或连裤丝袜，袜口不得短于裙摆边；颜色以肉色或黑色为主，不能穿着挑丝、有洞或缝补过的袜子，也不要当众整理自己的袜子。

（3）衣裙。正式场合（如会议、庆典等）应着典雅大方的套装（以上衣、下裙为宜），或民族性、古典性服装。一般的基本要求是：避免过"露"，商务活动中过于性感的装扮，如袒胸露背、露脐、露肩等，都是不太适合的；避免过"透"，透明外衣需配内衬；避免过"短"，裙边要稍长、摆边至少长及膝盖。

（三）正式场合着装技巧

1．男士西装着装技巧

男士在社交场合最常见最受欢迎的是西装。因为西装既正统又简练，且不失气派风度，已经发展为当今国际最标准通用的礼服，在各种礼仪场合被广泛穿着。男士穿上合体的西装会显示一种庄重与潇洒。俗话说："西装七分在做，三分在穿"，西装的穿着有相当统一的模式和要求，只有符合这种模式和要求的穿着才被认为是合乎礼仪的。

（1）讲究规格。西装有二件套、三件套之分，正式场合应着同质、同色的深色毛料套装。二件套西装在正式场合不能脱下外衣。按国外习俗，西装里面不能穿毛背心或毛衣。在我国，至多也只能加一件V字领羊毛衫，否则会显得臃肿，破坏西装的线条美。西裤的裤线任何时候都应熨烫得挺直。

（2）衬衫。男性配西装的衬衫必须是长袖的，即使在夏天也不例外。衬衫通常为单色，一般多用蓝色、白色，不能过于花哨。领子要挺括、干净。衬衫下摆要掖进裤子，不能露在外面。系好领扣和袖扣。衬衫衣袖要比西装衣袖稍长 0.5~1 厘米，衬衫领子要比西装领子高出 1~1.5 厘米，以显示衣着的层次。非正式场合可不系领带，此时，衬衫领口的纽扣应解开。

（3）领带。西装脖领间的 V 字区最为显眼，领带应处在这个部位的中心。领带的领结要饱满，与衬衫的领口吻合要紧凑。领带的长度以系好后下端正好在腰带上端为最标准。如穿背心，领带要放入背心里面。领带结的大小应与所穿的衬衫领子的大小成正比。领带夹一般应夹在衬衫第三粒与第四粒纽扣之间，西装系好纽扣后，领带夹不能外露。选择领带时，色彩很重要，要根据个人的肤色、脸型及着装环境，尤其是衬衣和西装的颜色来选择。

（4）衣袋。西装上下衣的口袋很多，但不能随便装东西。一般上装外面左胸口的衣袋是专门用于插装饰性手帕的，下面的两个口袋只作装饰用，一般不放物品，否则会使上装变形。上装左侧内袋可装记事本、钱包，右侧可放名片、香烟等。背心的四个口袋用于存放珍贵的小物件。西裤前面的裤兜亦不可装物品，可用于插手（站立时可将手插在裤兜内，行走时却一定要把手拿出来）；右边后裤袋用于放手帕，左边用于存放平整的零钱或其他轻薄之物。穿西裤要保持臀位合适，裤形美观。

（5）纽扣。双排扣的西装要把纽扣全部扣上，以示庄重；坐下时也可将最下面的纽扣解开。单排两粒扣的上装，只扣上面一粒纽扣是正规穿法；三粒扣的，则扣中间一粒。单排扣的西装纽扣也可以全部不扣，显得潇洒；如将全部纽扣都扣上，则显得土气。

（6）皮鞋。穿西装一定要穿皮鞋，裤子要盖住皮鞋鞋面。男性的皮鞋最好是黑色或与衣服同色的，正式场合还应当是黑色、无花纹、系带的。不能穿旅游鞋、轻便鞋或布鞋、露脚趾的凉鞋，也不能穿白色袜子、色彩鲜艳的花袜子和半透明的尼龙或涤纶丝袜。男性宜着深色线织中筒袜。

（7）腰带。要选择纯皮的腰带，颜色应为黑色、棕色或暗红色，并与包和鞋的颜色一致。皮带扣要简洁。

（8）袜子。袜子要长一些，到小腿中部最好，以免坐下后露出腿上的皮肤和汗毛。选择薄棉袜即可，袜子的颜色应为黑色、棕色或藏青色，也可选用与长裤相同或相近颜色的袜子。

2. 女性职业服装着装技巧

女性着职业服装既要彰显个性，表现出自己的风格，也要遵守一些规则。

西装套裙是职业女性的标准着装，可塑造出端庄、干练的形象。西装套裙分两种：一种是配套的，上衣和裙子同色同质地；一种是不配套的，上衣与裙子色彩、质地不同，但要搭配协调。着单排扣西装套裙，上衣可以不系扣；双排扣的，要将纽扣全部扣上（包括内侧的纽扣）。

颜色的选择：西装套裙的最佳颜色是黑色、藏青色、灰褐色、灰色和暗红色。

面料的选择：西装套裙要选择质地和垂感好的面料。

衬衫的颜色和面料：衬衫的颜色没有严格限制，只要与服装相匹配、色彩协调即可。最常见的是白色、黄白色和米色，因为它们与大多数套装都能相配。衬衣应浆过，并烫熨平整。

女士选择套裙的注意事项：

（1）套裙的质地——上乘。除了女士呢、薄花呢、人字呢、法兰绒等纯毛面料，还可选择高档的丝绸、亚麻、府绸、麻纱、毛涤面料来制作西装套裙，也为人们所认可。应当注意的是，用来制作西装套裙的面料应当匀称、平整、滑润、光洁、丰厚、柔软、挺括，其弹性一定要好，而且要不易起皱。

（2）套裙的色彩——淡雅、清新、凝重。不宜选择过于鲜亮"扎眼"的色彩，同时，与"流行色"也应当保持一定的距离。藏蓝、炭黑、烟灰、暗黄、紫红等色彩，都是很好的选择。

（3）套裙的图案——朴素、简洁。除素色面料外，各种或明或暗、或宽或窄的格子与条纹图案，以及规则的圆点所组成的图案的面料，也都可以选择。以格子呢精心制作的西装套裙，穿在身上使人静中有动，充满活力，一直为许多商界女士所喜爱。

（4）套裙的造型——简约。强调上衣不宜过长，裙子不宜过短，以裙下摆达膝盖略下位置为标准裙长。

（5）套裙穿着六不准。不允许过大或过小，不允许衣扣"不到位"，不允许不穿衬裙，不允许内衣外现，不允许随意自由搭配，不允许乱配鞋袜。

总之，不同场合有不同穿着要求，这是一种礼仪礼节。缺乏这样的素养很难取得他人的信任，更谈不上事业的成功。

Z 知识拓展

衣服搭配技巧

衣服搭配技巧一：掌握主色、辅助色、点缀色的用法

（1）主色是占据全身色彩面积最多的颜色，占全身面积的60%以上，通常是作为套装、风衣、大衣、裤子、裙子等的颜色。

（2）辅助色是与主色搭配的颜色，占全身面积的40%左右，通常是作为单件的上衣、外套、衬衫、背心等的颜色。

（3）点缀色一般只占全身面积的 5%～15%，通常是作为丝巾、鞋、包、饰品等的颜色，起到画龙点睛的作用。

衣服搭配技巧二：自然色系搭配法

（1）暖色系。除黄色、橙色、橘红色以外，所有以黄色为底色的颜色都是暖色系。暖色系一般会给人华丽、成熟、朝气蓬勃的印象。适合与这些暖色基调的有彩色相搭配的无彩色系，除了白色、黑色，最好使用驼色、棕色、咖啡色。

（2）冷色系。以蓝色为底的颜色都是冷色。与冷色基调搭配和谐的无彩色系，最好选用黑色、灰色；彩色系，避免与驼色、咖啡色搭配。

衣服搭配技巧三：有层次地运用色彩的渐变搭配

方法一，只选用一种颜色，利用不同的明暗搭配，给人和谐、有层次的韵律感。

方法二，不同颜色、相同色调的搭配，同样给人和谐的美感。

二、饰品佩戴礼仪

（一）项链

项链中，最流行的为金银项链、象牙项链和珍珠项链。金项链有松齿链、串绳链、马鞭链、花色链、方线链等。其中，方线链是最常见的款式，由金或银精制而成，这种项链的直径较细，脖子细长的人佩戴，可达到纤细柔美的装饰效果；年龄较大的女性则可选择马鞭链，以突出稳重、端庄的气质；双套链和三套链雅致美观，立体感强，适合于少女佩戴，更添风采；珠宝项链高雅华丽，适合于中年女性佩戴。项链的选择还要根据不同脸型进行不同搭配。尖脸型的女性，可选用细幅的项链，项链不宜过长，否则会显得脸更长；方脸型或圆脸型的人，体态大多比较丰腴，可选用较长些的项链，以达到调和脸型的作用。

（二）戒指

戒指的种类繁多，常见的有线戒、嵌宝戒、钻戒、方板戒、板戒等。诸多戒指各具特色，因此在选择戒指时，要考虑适合自己的特点。选戒指应与手指的形状相符，例如，手指较短小或骨节突出的女性，应戴比较细小的戒指，款式最好是非对称式的，以便分散别人对手指形状的注意力；手指修长纤细的女性，应选择粗线条的款式，如方戒、钻戒，这样可使手指显得更加秀气；手掌较大的女性，要注意所戴的戒指的分量不要过小，否则会使手掌显得更大。

戒指的佩戴方法，不同民族因习惯不同而有所区别。

现今，当代男女戒指戴在哪个手上都已随便。但通常说来，戴在左手为宜。因为右手经常要拿笔、拿文件，还要跟人握手，若是把戒指戴在右手，给自己造成不便不说，还可能在握手时硌到对方。你若是注意到了这些细节，对方自然会觉得你是一个细心的人，能够设身处地地为他人着想，是个值得深交和合作的朋友。哪怕你是左利手（习惯用左手拿东西做事，俗称"左撇子"），也应用右手跟人握手。

（三）耳环

耳环的种类很多，按其形状可分为两大类，一类是纽扣式，一类是悬垂式。耳环的花色更是多种多样，有花形、圆形、心形、梨形、三角形、方形、多棱形、大圈形、剪刀形、蛇形等。

每个人应根据自己的脸型选戴合适的耳环。脸型较大的女性不宜用圆形耳环，但可用较大一些的几何形耳环，佩戴时要紧贴耳朵；脸型小的女性宜用中等大小的耳环，以长度不超过两厘米为佳；圆脸型的人宜戴长而下垂的方形、三角形、水滴形耳环；方脸型的人宜戴有耳坠的耳朵，以使脸型显得狭长些；长脸型的人最好戴紧贴耳朵的圆形耳环，以增加脸的宽度。

（四）手镯与手链的选择与佩戴

手镯作为女性腕臂装饰由来已久，早在盛唐时期，宫廷仕女和闺秀小姐们就时兴戴手镯，那时，手镯多为宝石精雕细琢而成。常用来制作手镯的宝石有翡翠、玛瑙、碧玉、孔雀石、松石、珊瑚等，这类手镯统称玉石手镯。

手镯和手链，一般只戴一种。手镯的佩戴应视手臂的形状而定。手臂较粗短的应选小细形的手镯；手臂细长的则可选宽粗的款式，或多戴几只细小型的来加强效果。一只手上一般不能同时戴两只或两只以上的手镯和手链，因为它们之间相互碰撞发出的声响并不好听。若非要戴三个手镯，则要一齐戴在左手上，切不可一只手上戴两个，另一只手戴一个。戴三个以上手镯的情况比较少见，即使要戴也应都戴在左手上，以造成强烈的不平衡感，达到不同凡响、标新立异的目的。不过这种不平衡应通过与服装的搭配求得和谐，否则会破坏手镯的装饰美。手链是手镯的换代产品，多用金、银、包金编花丝等制成，比起较粗犷的手镯来，更是纤细精巧。另外，戴手镯时不应同时戴手表。

三、公文包的礼仪

（一）男士公文包的选择

公文包是男士的隐形名片，不同职业的男士都有适合自己的公文包。一款适合自己的公文包是品位的象征，不论细节怎样变化，它们优质的选料和大方的设计，都能凸显男性的阳刚之气和优雅内敛的风貌。公文包并不是越名贵越好，适合自己才重要。

商务男士选择公文包如同他们对服装的需求一样，着重强调上乘的品质及设计的现代感，并且以质地考究、做工精良为标准。时至今日，男士手包、挎包、公事包，在类别上逐渐丰富，造型感变化微妙。日常工作中，一个成功的职场男士不能像女士选择服装时那么多样，但是可以在配件的选择上多多注意，拥有几个称心的公文包就是一个不错的选择。

（1）职业男士的公文包应选择更多地趋向传统的方正型公文包，但是包型尺寸不能太大，日常使用中材质可以不局限于皮质，更多地趋向于环保型。

（2）注意选择有坚实手柄的公文。为了搭配多种服装，黑色、灰色、棕色等深色系成为公文包的主角。

（3）设计简洁但品质上乘的公文包不但能体现主人的严谨，还能不失品位。

（二）女士公文包的选择

职业女性在包的选择上，应从"上"而为。如果你所在的公司或行业要求在你这个层次的人员使用某种特定类型的提包，那你也应当这样做。

（1）女士公文包不应显得过于男性化，不要买过大的提包。

（2）棕色或茶色的公文包为女士公文包的基本色。

（3）一个公文包内里的设计工艺比其外观要重要得多。购买公文包之前，最好把你日常用到的所有用品都带上，看看是否合适。

（4）不要买一个容易被常人误看成大书包的公文包，公文包一定要使人看上去显得职业化。

（三）使用公文包的礼仪

（1）用包不宜多。出外办事，有时可以不带公文包。如果要带的话，则应以一只为限。

（2）用包不张扬。使用公文包前，一定要先行拆去所附的真皮标志。在外人面前，切勿显示自己所用的公文包的名贵高档，不要给人以张扬之感，落下不好的印象。

（3）用包不乱装。外出之前，随身携带之物均应尽量装在公文包里的既定之处。这样使用时方便，也不至于装在别处不好找。但应切记，无用之物千万别放在包里，尤其是别使之"过度膨胀"。放在包里的物品，一定要有条不紊地摆放整齐，尽量不要把私人物品放入公文包。

（4）用包不乱放。进入别人室内后，即应将公文包自觉地放在自己就座之处附近的地板上，或指定之处，而切勿将其乱放在桌、椅之上。在公共场所里亦须注意，不要让公文包放得有碍于他人。

C 课堂讨论

1. 用心思考：服饰礼仪的基本原则是什么？
2. 思辨讨论：饰品的佩戴是否越贵越好？

第四节　商务礼仪训练项目设计

一、阅读与思考

（一）礼仪材料内容

小李同学的面试经历

北京伟华贸易公司公关部招聘工作人员，由于待遇优厚，应聘者如云。中文系毕业的小李同学前往面试，她的背景材料可能是最棒的：大学四年中，在各类刊物上发表了3万字的作品，内容有小说、诗歌、散文、评论等，还为六家公司策划过周年庆典，一口英语表达也极为流利，书法也堪称佳作。小李五官端正，身材高挑、匀称。面试时，招聘者拿着她的材料等她进来。这时，小李穿着迷你裙，上身是露脐装，涂着鲜红的唇膏，轻盈地走到一位考官面前，不请自坐，随后跷起了二郎腿，笑眯眯地等着问话。孰料，三位招聘者互相交换了一下眼色，主考官说："李小姐，请你回去等通知吧。"她喜形于色："好！"挎起小包飞跑出门。

（二）提出讨论问题

1. 你对小李同学的面试经历有何评价？
2. 请结合实际，谈谈商务人员的服饰应该怎样修饰？

（三）讨论步骤安排

1. 分组讨论，时间约3分钟。
2. 选出小组代表在班级交流，发言时间5分钟。
3. 教师根据学生讨论发言情况总结，时间约3分钟。

二、行为综合训练项目

（一）实训目的

1. 通过本次实训，学生能够综合了解个人仪容仪表存在的问题。
2. 树立形象意识，能够正确理解仪容仪表的基本要求和操作规范。

（二）背景材料

项目：仪容仪表状态自测

仪容仪表状态自测表

1）坐下时，大腿跷二郎腿，摇来晃去。	有（　）偶尔有（　）没有（　）
2）随地吐痰。	有（　）偶尔有（　）没有（　）
3）走路时，屁股、腰肢扭来扭去。	有（　）偶尔有（　）没有（　）
4）经常不加掩饰地用手挖鼻孔。	有（　）偶尔有（　）没有（　）
5）交谈时过于频繁地眨眼睛。	有（　）偶尔有（　）没有（　）
6）高兴起来，手舞足蹈。	有（　）偶尔有（　）没有（　）
7）和自己的女朋友（男朋友）一起在公共场所时有过分亲密的举动。	有（　）偶尔有（　）没有（　）
8）当漂亮姑娘从身边走过时，回头直盯盯地目送她的背影。	有（　）偶尔有（　）没有（　）
9）用完餐后，一直用牙签捣来捣去。	有（　）偶尔有（　）没有（　）
10）借用同学的东西，从未主动归还。	有（　）偶尔有（　）没有（　）
11）搔抓头皮。	有（　）偶尔有（　）没有（　）
12）在公共场所，一边听音乐，一边用脚打拍子。	有（　）偶尔有（　）没有（　）
13）走路时把手插进裤袋。	有（　）偶尔有（　）没有（　）
14）抽烟或喝水时嘴里经常发出响声。	有（　）偶尔有（　）没有（　）
15）不择地方，倒头便睡。	有（　）偶尔有（　）没有（　）

训练说明：（选"有"得2分，选"偶尔有"得1分，没有不得分，累计总分）

➢ 分数为0～10分：基本上没有令人讨厌的举止，你给大家的是良好的第一印象。

➢ 分数为11～20分：有些不文明不文雅的举止，但尚属可改正之列。只要你改掉了这些缺点，你将会获得大家的好感。

➢ 分数为21～30分：仪态丑陋，令人生厌。你虽然很渴望得到大家尤其是女性同事的好感，但你难看的举动使大家对你敬而远之。你必须深刻反省，注意自己在社交场合的举止，留给大家一个文明的形象。

（三）实训设计

1．选定一些特定的场合，让学生充分发挥自己的观察能力，寻找身边不符合日常礼仪和商务礼仪的行为，做出记录。

2．组织讨论，归纳出一份"礼仪禁忌"作为未来规范自己行为的准则表。

3．对照上述准则表，检查自己行为是否有不符合标准的地方，提出自己的商务礼仪培训计划。

本章小结

本章介绍了商务人员个人形象中仪容仪表塑造的基本内容和方法。商务人员的形象是由内在形象和外在形象构成的，良好的第一印象是在自己的内在品质和相应的技巧共同作用下树立的，是一个人立足社会、成就事业、获得美好人生的基础。"路遥知马力，日久见人心"，作为新时期的大学生不仅要知晓、了解，更要通过操作、实践掌握这些基本原则，从个人形象礼仪做起，努力提高自身礼仪水平，树立和维护良好的自我形象，并以此来塑造良好的职业形象。

第三章
商务语言交际礼仪

名人名言

在造就一个有修养的人的教育中，有一种训练必不可少，那就是优美、高雅的谈吐。

——哈佛大学前校长 伊立特

本章学习目标

知识目标

1. 了解和掌握语言交际的基本原则。
2. 掌握言谈的含义及言谈的基本原则。
3. 掌握商务礼仪肢体语言的规范礼仪。

能力目标

1. 掌握商务人员社交语言沟通的艺术并灵活运用。
2. 明确商务人员讲究语言交际的策略并熟练掌握。
3. 充分认知语言交际能力的重要性，不断提高语言交际能力。

先导案例

苏轼的对联

传说北宋著名文学家苏轼任杭州通判时，曾在游莫干山的途中进一道观休息。道观主事的老道见苏轼葛衣芒鞋，衣着俭朴，以为他是山野村夫，便指着一个圆凳冷淡地说："坐！"又对道童说："茶！"苏轼见老道态度轻慢，也不在意，与其随意攀谈起来。在攀谈中，老道见来客谈诗论文，头头是道，精通老庄之学，不像凡夫俗子，颇为惊异，趁苏轼起身观景的机会，又指着旁边的黑漆木椅说："请坐！"又吩咐道童说："敬茶！"这时的老道，已经萌生了结识这位不速之客的想法，待苏轼饮完重新奉上的菊花茶，便彬彬有礼地问道："适听高论，妙语如珠，使小道大开茅塞，获益匪浅。不知先生仙乡何处，尊姓大名？"苏轼也不含糊，直言道："在下苏轼，西蜀眉州人氏。"老道一听，方知眼前这位葛衣芒鞋、衣着俭朴的陌生人，就是文才盖世、大名鼎鼎的苏学士，连忙躬身赔礼："适才不知学士驾到，小道有眼无珠，诸多简慢，尚乞恕罪。"说完，亲自端了一把自己日常坐的雕花红漆木椅放在上首，恭敬地说道："请上坐！"又连声吩咐道童说："敬香茶！"最后苏轼起身告辞，老道苦留不住，便请苏轼留下墨宝。苏轼也不推辞，便把老道对自己和道童说的三句话，缀成一联，在纸上一挥而就：

坐，请坐，请上坐；

茶，敬茶，敬香茶。

那老道也是明白人，知道苏轼在联中隐含讽喻，批评自己不该以势利眼看人，不由满脸通红。不过他总算知道是自己错了，惭愧之余，也诚心诚意地对苏轼说道："学士开导，语重情长。小道不才，今后再不敢以衣冠取人了。"

【课堂讨论】
1. 老道人与苏轼间的语言交流什么不当之处？
2. 愉悦的交谈语言应该是以什么为基础的？

语言，是人类特有的用来表达意思、交流思想的工具，是一种特殊的社会现象，是由语音、词汇和语法构成一定的系统的。英国音乐家约翰·瑞曾说："语言是心灵秘密的忠实反应"，语言是人类思维和交际的重要工具。通常人们理解的语言只是声音语，特别是口头语言。广义的语言还包括书面语、体态语这两种无声语言。书面语，是以文字为表现形式的语言；体态语，也称态势语，是指用体态、动作、手势、表情之类的形式表现出来的语言，如点头、摇头、招手、摆手等，它是伴随口语出现的一种补充语言。

第三章　商务语言交际礼仪

第一节　语言交际概述

在当今纷繁复杂的社会生活中，人们的社会交往已不再受时间和空间限制，形成了多渠道、多形式、灵活开放、自由竞争的态势。人们比以往更加需要协作与交流，交际语言这一最基本、最便捷、使用率最高的交际工具，就经常性地担负起了每个人社会交际效率高低甚至成败的重任。较强的语言交际能力也成为每个社会人适应现代社会交际最基本的能力需求。

一、语言交际的基本原则

语言交际的基本原则是人际交往活动中运用语言表情达意、进行信息交流时所必须遵循的准则，它贯穿于交际语言运用的一切方面和每个过程的始终，是一种制约性的因素。在人际交往过程中，只有自觉遵守交际语言的这些原则，才能有效地增加语言交际信息的传递量，融洽人与人之间的关系；反之，如果背离了这些原则，就会削弱甚至破坏交际语言传播的效果，难以达到人际交往的真正目的。

归纳起来，语言交际的基本原则主要有以下几方面。

1. 礼貌原则

礼貌是对他人尊重的情感的外露，是谈话双方心心相印的导线。人们对礼貌的感知十分敏锐。有时，即使是一个简单的"您""请"等字眼，都可以让他人感到温暖和亲切。在人际交往中，可以从以下几个层次达到礼貌待人、沟通情感的目的。

第一层，尊重对方，语言表达要基本满足交际对象自尊、重视的需求。其目的在于利用礼貌文明语言的艺术与技巧，达到快速消除隔阂、沟通感情、拉近距离的作用。在人际交往中，初见面的恰当称呼，寒暄中的礼貌用语，交谈中的言语分寸，分别时的告别祝辞等，都应当体现出尊重对方的主观意向。比如称呼，对干部多以级别相称，像"×局长""×处长""×主任""×书记"等；有的以职业相称，如"×老师""×大夫"；有的笼统地称为"师傅"或"先生""小姐"；更为亲切的是称"大叔""阿姨""大哥""小弟"等；对熟悉的朋友则可称"老张""小李"。

再如，在词语的选用方面，得体使用敬辞和谦辞同样可以体现出对他人的尊重，也是有教养的重要表现。如，与客人初次见面时说"您好"，与客人久别重逢时说"久违了"，求人解答问题时说"请教"，请人协助时说"劳驾"，要帮助别人时说"我能为您做些什么"，看望别人说"拜访"，等候别人说"恭候"，陪伴别人说"奉陪"，不能陪客人说"失陪"，有事找人商量说"打扰"，让人不要远送说"请留步"，表示歉意说"抱歉"，表示感谢说

"谢谢"。像"后会有期""祝你好运""一路顺风""万事如意"等告别用语也都体现出对他人的尊重。

第二层，善于接近，即根据具体环境采用富有亲和力的语言，拉近交往距离，妥善处理问题，缓解对方紧张和戒备心理，联络相互之间的情感，使与交际对象的合作成为可能。其实做到联络情感、尊重他人并不难，有时只需一个微笑、一句问候、一声敬称、一双善于倾听的耳朵……就会给别人的心情带来阳光和温暖，当然也会为您自己带来真挚的友谊与和谐的交际。

【案例3-1】

美国有位著名的女企业家，想在34岁生日那天为自己购买一辆福特牌小轿车。当她向福特轿车经销店的售货员询问轿车情况时，售货员见她衣着普通，认定她无意购买，便随意应付几句，又借口用午餐而离去。女企业家只得出门溜达，准备等售货员用完午餐后再登门。在闲逛时，她发现在附近另有一家轿车经销店，就顺便入内询问。这家经销店的售货员十分热情，不仅认真解答她的询问，还和她聊天、拉家常。当得知她是为自己34岁生日购买轿车后，就非常客气地请她稍等片刻。出门不一会儿，这位售货员拿着一束玫瑰花回来，真诚地说："小姐，您在生日之际光临本店，是本店的荣幸，我代表本店赠您一束玫瑰花，祝您生日快乐。"女企业家十分感动，在进一步询问了该店经销的轿车的品种、性能后，用稍高的价格购买了一辆该经销店的轿车。不久，她周围的许多朋友也在她的推荐下购买了这家经销店的轿车。

【案例分析】古人说："意欲得之，必先予之""敬人者，人恒敬之"。在人际交往中，渴望受到尊重是每个人的基本心理需求，你想要得到他人的尊重，自己先要善于主动接近对方，缩小人际距离，联络相互情感。

第三层，欣赏赞美。欣赏、赞美他人就是要求说话人在语言交流过程中，能够肯定别人的优点、尊重别人的人格，尽量减少对别人的贬损，增加对别人的赞誉。希望得到别人的注意和肯定，这是人们共有的心理需求，而欣赏正是满足这种需求的一种交际方式。

人际关系大师卡耐基说："避免嫌弃人的方法，那就是发现对方的长处。"因此，在交际中我们应抱着欣赏的心态来对待每一个人，时时留心身边的人和事，多发现别人的优点和长处。赞美是欣赏的直接表达。

托尔斯泰说得好："就是在最好的、最友善的、最单纯的人际关系中，称赞和赞许也是必要的，正如润滑油对轮子是必要的，可以使轮子转得更快。"要想获得良好的人际关系，就要学会不失时机地赞美别人。

另外，认真地倾听别人的谈话，也是尊重他人的具体表现。在人际交往中，认真、耐心、仔细地倾听他人的谈话，表现出对他人言谈极大的兴趣，使他人感到自身的价值得到了承认和尊重，这对增强谈话气氛，融洽相互关系有极大的帮助。美国学者赖斯·吉布林指出:"你能给他人的最高赞许之一就是细心听他讲话。你耐心地听就是在向他宣布:'你值得听。'这样,你可以提高他的自尊。"

当代美国企业家阿什就有过这样的体会:"有一次,我同一位销售经理共进午餐。每当一位漂亮的女服务员走过我们桌子旁边,他总是目送她走出餐厅。我对此感到很气愤。我感到自己受了侮辱,心里暗想,在他看来,女服务员的两条腿比我要对他讲的话重要得多。他并不是在听我讲话,他简直不把我放在眼里。"可见,不注意倾听他人的话,会导致心理的不平等,产生很坏的后果。

2. 平等原则

美国语言心理学家多罗西·萨尔诺夫说过:"交流是双行道"。人际交往是主动的、相互的、有来有往的。自尊与受人尊重是人类的普遍需要,相互尊重是对人际交往双方的共同要求。人都有友爱和受人尊敬的需要,都希望得到别人的平等对待。人的这种需要,就是平等的需要。

在人际交往中,我们不仅要尊重他人的人格、他人的个性习惯、他人的权力地位、他人的情感兴趣和隐私,还要尊重彼此存在的外显或内在的心理距离,要有人人平等、一视同仁的谈话态度,切忌给人居高临下、自以为是的印象。只有在人际交往中保持自尊而不盲目自大,受人尊敬而不傲慢骄横,才能得到对方对你个人、对你的组织,甚至对你的国家的尊重,才能谈得上真诚合作,平等合作。

【案例3-2】

赵丽蓉:谐谑笑语留芳菲

"演员是人民给养活的,有艺无德可对不住观众啊。"被誉为"平民艺术家"的赵丽蓉,在她所追求的艺术事业中,始终把"观众第一"放在首位,对来自他人的关爱之情,也常常是以自己谐趣横生的风格,真挚独特的谐趣表达出来。一次大年初一,中央电视台开招待酒会,每个人得到了一个大西瓜的慰问。赵丽蓉一眼瞥见旁边的记者没份儿,便将自己的那个西瓜放在记者座位底下,说:"你大老远赶到北京来采访,不待在家里过年,这西瓜你就带回家去孝敬父母吧。"这"土气儿"十足的言谈,比那些个虚情假意的关怀之类,不知"引人入胜"了多少倍!在她身上,没有了那种司空见惯的矫情、虚饰与浮躁,而多了几分质朴、风趣与豁达。

【案例评析】在人际交往中,尽管人与人之间可能身份地位等方面的情况不同,但是交际双方在人格上是平等的,在心理上是对等的,平等是建立良好人际关系的前提。本案例中,我们从被誉为"平民艺术家"的赵丽蓉老师身上看到的是她那平等友善的态度和语言中的缕缕真情,至今仍令人难以忘怀。

3. 理解原则

理解是对他人表示更高层次上的尊重,是互相之间深入了解、有效沟通的过程。在现实生活中，每个人都处在多维、多层次的关系之中。这种关系和地位直接制约着交际双方对语言的使用。理解重视他人，应该在人际交往的不同场合都要重视与合理使用表达尊重的礼貌语言，以体现出尊重对方的主观意向。

二、社交语言沟通的艺术

语言沟通是人际沟通的重要组成部分。语言沟通的过程也就是人际沟通的过程，是运用一套共同规则和信息的过程。由于社交语言沟通的复杂性，在开始进行语言沟通时，如果我们使用的含义与对方的词语和观点相同，就像他们与我们进行沟通时所做的那样，我们就更有可能成功。社交口语沟通是发生在人们面对面的互动中，需要参加者将谈话的焦点保持在一个特定的话题上，并且运用沟通技巧去提问和回答。

1．良好的开头始于尊重

俗话说，万事开头难，好的开头是成功的一半。与人交谈也是一样，开头的好坏，是决定这次交谈能否顺利进行、能否达到交谈目的的关键因素。

那么，怎样才能开好一次交谈沟通的头呢？

首先，你的开场白若是表示感谢、述说一种希望，或是提出建议，等于告诉对方，你的态度既是尊重他们，也是有建设性的。从对方的角度来看，这就好像是在说："即将听到的可能是坏消息，但至少你是抱着帮忙的心意。"

其次，直接、诚恳、明确地说明你的动机和需求，会扫除对方心头疑虑，不再对你谈论话题的原因感到困惑。迅速切入主题，可以让对方明白你是为了严肃的事情而来，你也可以采用其他方式来展开交谈，例如：

"我知道你对……很关切，我有个想法想说给你听听，也许会对你有帮助。"

"我感觉得出来，你真的很想知道别人怎么想。我可以告诉你一些别人的反应，也许有点用处。"

"我忽然想到，也许你并不知道……"

这些都是很实用的开场台词，可以帮你迅速、漂亮地展开语言交流。注意：如果你在说完前三项的任何一项后稍作停顿，可使对方有接话或打断的机会，这样不仅表示你对他的尊重，也会使对方不再处于被动地位而大大减轻了他的紧张。

态度与语调的诚恳是关系到对方对你的信任的关键。如果你是发乎至诚地进行沟通，对方也比较容易听进你的话。就算对方与你大唱反调，这条定律也仍然行得通。

诚实、衷心的交流沟通听起来大多粗糙甚至笨拙，根本谈不上完美。但也唯有在社交主体不追求表达方式的完美时，他们才会有办法达到真诚流露。对方面对这种自然的真诚，便会感觉出"此人发乎至诚，我应该听听他要说些什么。"

2．了解沟通对象，明确沟通动机

俗话说："见什么人说什么话"，了解沟通对象就是在社交语言沟通中要事先把握对方的个性，了解他们的需求。沟通对象的需求情况决定着他们的兴趣和爱好，当你面对他们，你必须了解他需要什么，必要时随机应变地采用不同的语言沟通方法，才能够做到清楚准确地表达。因此，在语言沟通表达时必须清楚、生动、准确、有较强的逻辑性和感染力。

首先，要切中要领。在沟通交流时，你无须按照特定顺序逐一说出各项，重要的是你能在对话进行到某一程度时，将你的想法传达给对方。

其次，在陈述信息时，切勿采取强制的口吻，最好让对方感觉是一种提议。提议可以引发对方深思，而强制推销的口气只会带来压力。在语言表述中，尽量使用中性色彩的词语叙述已成的事实，不要责难。因为责难无异于使对方拒绝你的建议。卡纳基人际沟通重要原则之一就是：不批评，不责备，不抱怨。

【案例3-3】

有一次，孔子的学生子路问孔子："听到了是不是马上见之于行动？"孔子回答说："有父亲、哥哥在，怎么能不向他们请示就贸然行事呢？"

过了一些天，冉有也向孔子问同样的问题，孔子回答说："听到了当然要马上行动！"

公西华对此十分迷惑，不明白为什么同一个问题老师却有不同的回答。孔子解释道："冉有办事畏缩、犹豫，所以我鼓励他办事果断一些，叫他看准了马上就去办；而子路好勇过人，性子急躁，所以我得约束他一下，叫他凡事三思而行，征求父兄的意见。"公西华听了老师的回答，顿时恍悟过来。

【案例分析】孔子正是由于看到了子路和冉有具有不同的性格（子路是强硬型，冉有是随和型），从而顺其自然选择不同的话，最终达到了不同的语言沟通的效果。

3. 巧用语言环境，关注反馈信息

沟通交流是一个互动的过程，在社交语言表达过程中，你必须时时了解对方需要，关注对方反馈的信息，但不要贸然地根据自己的偏见下任何结论。因为偏见会曲解对方而造成对信息的误解。尤其是在对方有拒绝和抵制心态的情况下，必须注意不要让自己的偏见左右整个沟通互动的过程。

影响社交语言沟通效果有三个环境因素。

环境的封闭性——环境的客观特征，指沟通场所的空间大小、有无遮拦设施、光照强度、有无噪声干扰等。封闭性决定着信息在传送过程中的损失概率及人们的注意力。

环境的氛围——环境的主观特征，它影响着人们的心理接受定势，也就是人们的心态是开放的还是排斥的，是否容易接受信息，对信息如何看待和如何处置。

沟通者的对应关系——不同的对应关系会导致沟通者不同的心理角色、心理压力和注意力的集中度。

因此，在社交沟通过程中，传送者和接受者双方都要善于巧妙利用社交的语言环境，

形成有效的双向沟通。双向沟通意味着你获得反馈，并且显示出你的信息是否被接受和理解。但是，反馈并非总是自动产生的，通常需要你去寻求。

语言反馈包含积极回应—及时提问—重复内容—归纳重点—表达感受几个方面，关注反馈信息，有利于顺利实现沟通目标，提高双方对事物的认识，改进各自的行动，建立起理解和信任的关系。例如：

表示赞同或鼓励对方继续："太好了！真不错！我也是这样认为的！请继续说下去！……"；

表示疑惑不解："怎么会呢？这是怎么回事？你的意思是说……"；

表示对对方的理解或引导："我感觉你是不是有什么心事？你当时一定觉得……""我想你的观点有以下3点……"；

表示对对方语言或行为的看法（赞扬或建设性批评）："你近来经常迟到，是否有特别原因？""你的报告写得很好，我很满意……"。

4．选择合适话题，生动形象表达

决定恰当话题的前提是寻找共同点。尽管社会生活是多姿多彩的，内容丰富的，但是当我们涉入社会，进行社交时，却发现找一个共同的话题，与人交流却又是那样艰难。我们可以利用一些常见的话题，与对方亲近，打开沟通的局面。当然，每一个人都应该知道，让沟通对象所感兴趣的不仅是你本身，更重要的是话题。双方都感兴趣的话题，才是沟通得以进行的关键。

生动形象表达是说语言表达中要以情动人，切忌平平淡淡。俗话说，情动于衷而形于言，写文章如此，语言表达也不例外。我们从网络沟通方式的不断发展就可以看出人们对沟通的需求是逐步增长的。从光是文字聊天—音频聊天—视频聊天—见面，人们沟通常常是从了解信息逐步发展到了解对方的思想与情感，而这种沟通仅仅靠文字是很难实现的。当人们需要了解对方的思想与情感时，面对面的沟通可以提供全方位的交流渠道，可以立刻获得反馈，有语音、语调、表情、姿态的配合，信息的内容更加生动丰富……

【案例3-4】

有一天清晨，在上海国际贵都大饭店大堂，一个市郊农民模样打扮的中年人，拨通了楼上一位住店客人的房间电话，以恳切真诚的语言，邀请客人共进工作性早餐。

住店的贵宾吃了一惊，他不是一般的旅游者，而是世界著名计算机企业巨头，美国某公司的一位高层决策人。他此次来华，是想选择在中国的最佳投资点。几天以来，他已经跑了中国北方和南方的几个大城市，到了上海以后，上海市有关部门已向他推荐了市郊一些工业开发区，当天他就准备去逐一考察。而现在打电话上来的，却是推荐投资点名单上没有的人。

见还是不见呢？贵宾没有拒绝，因为陌生人那种自信而又迫切的"自我推销"已经打动了这位决策人的心，他决定下楼会见客人。

楼下的陌生人是上海申莘工业投资开发总公司总经理吴仲权。他在与朋友的交往中得知了美国这家公司将来华投资一事的宝贵信息后，果断决策，主动上门，争取在贵宾8点半到市郊另一家工业区考察前的短暂时间，向对方介绍闵行工业区的优势和发展前景。决策人听了他的介绍后十分感兴趣，决定当天就去闵行工业区进行实地考察。

离开中国以前，老板向考察过的数家工业区同时提出有关投资的217个"苛刻问题"，让各家回答，然后进行综合比较。当然，其中也包括了原先并不在册的上海闵行工业区。

两年以后，这家美国公司"百里挑一"，决策选址在上海闵行莘庄附近投资建一家高技术的计算机企业。这家占地数百公顷的新型工业区，将源源不断地为市场生产传真机、电脑、空调器及摩托车零配件等。

【案例分析】这是一个真实的故事，吴仲权凭借自己雄辩的口才、出色的言语沟通赢得了巨大的成功。从而说明，在现代社会，要想使组织和公众彼此间圆满地合作，彼此间相互加深了解，都必须借着"诉说"来认识对方，了解对方，同时也要设法让对方来了解自己。有了这种说的努力之后，人们才能达到理想的目标。很难想象，一个不能将自己的目标和观念完满表达出来的组织，将怎样在这个纷繁多姿的大千世界展示机构良好的形象。因此，善说与会讲就成为人们在现代社会交往中迫切需要掌握的一门学问，是开展商务活动必备之术和必经之路。

三、讲究语言交际的策略

用兵打仗需讲究"战略""战术"，交际语言的运用同样需要讲究策略，善于灵活机动，变被动为主动，化不利为有利。讲究策略，灵活机动，同样是交际语言的一项基本原则。在人际交往中，由于现实社会各类情况的错综复杂，往往会遇到一些始料未及的情况，为实现交际目的，弄清"讲什么"和"怎样讲"是十分重要的，否则就会出现尴尬或僵持的局面，甚至影响全局效果。这就要求说话者能够视环境、对象的不同及时调整语言内容、改变表达方式方法，机敏、巧妙地应对意外，获得最佳的交际效果。否则或因措辞不当，或因交际对象缺乏理解，引起误解或反感，语言交际预定的目的则难以实现。

1. 准确切入，创造气氛

"没有回应的谈话是无效的谈话，说话艺术最重要的应用，就是与人交谈。"交际语言是双向互动的，即双向发出，双向互馈，信息共享，达到交流。当交际的一方心存疑惑和戒备，或意见相左、陷入冷场甚至僵局的时候，及时调整话题，寻找新的交流的语言切入点，就显得十分必要了。善于了解交际对象心理，把握交际对象特点，细心观察和分析，根据具体交际场合，选择深入交流的切入点，就可能营造良好的交谈氛围，实现交谈目的。

例如，上海市中学特级教师钱梦龙有一次去苏州讲授公开课，师生互不认识，面对新的学生，在讲课之前，他作了这样一番自我介绍："我想先请同学们猜个谜，谜语是这样的，'虽然已经发了财，但是仍然夜夜想成才，要知他的名和姓，看谁动脑猜得快。'"同学们很有兴趣地猜到了他的姓名——钱梦龙。这一下子就缩短了相互间的距离，活跃了课堂的气氛，树立了自身的良好形象。

2．审时度势，巧于应变

日常生活中常会出现一些不尽如人意的、出人意料的尴尬局面，使人们心理和情绪上产生不快，直接影响到和谐、友好的交际环境的形成。这时能对外来的信息及时做出准确的判断，临阵不惊，沉着应对，巧妙地运用语言应变技术，定会改变面临困境，创造有利于自身交际的环境。

3．讲究方法，因人施语

曾有一位心理学家说过："在造就一个有教养的人的教育中，有一种训练是必不可少的，那就是优美而文雅的谈吐"。交际者总希望得到对方的尊重。因此，在社会交往活动中，如果不是为了某种特殊需要，一般应避免与对方当面发生冲突，使对方当众出丑难堪，要善于选择恰当的语言策略形式，广结人缘。

【案例3-5】

在广州一家著名的饭店，一位外宾用餐之后，见周围没人在意，就顺手把饭店一双精美的景泰蓝筷子悄悄地插进了自己西装内衣的口袋。但这一幕被服务小姐看到了，只见她不动声色地迎上前去，双手捧着一只内装一双景泰蓝筷子的精制缎面小盒子，微笑着对这位外宾说："我发现先生在用餐时，对我国景泰蓝筷子爱不释手，非常感谢您对这种精细工艺品的赏识。为了表达我们的感激之情，经餐厅主管批准，我代表我们饭店将这双图案最为精美，并经过严格消毒的景泰蓝筷子送给您，并按照酒店的'优惠价格'记在您的账上，您看好吗？"

这位外宾自然听出了服务小姐的弦外之音，在表示了一番谢意后，说自己多喝了两杯，头脑有点发晕，误将筷子插入了口袋。然后，外宾聪明地借此下"台阶"，说："既然这种筷子没有消毒就不好使用，我就'以旧换新'吧！"说着，取出内衣口袋里的筷子，恭恭敬敬地放回餐桌上，接过了服务小姐递来的盒子，并不失风度地向付账处走去。

【案例分析】这位服务小姐具有较高的语言素质，在与外宾交往的过程中，采用委婉地暗示对方的交际策略，不露声色，及时地为对方提供一个"台阶"，在不伤客人的自尊的情况下，巧妙地解决了问题。

4．攻心为上，力争主动

格拉西安说过："说得恰当要比说得漂亮更好"。常言说"妙语生花"，就是指灵活运用语言的各种要素，将常用的语言经过个人精心组合，使它达到意想不到的效果。

语言的策略，还要善于摸准对方的心理，一言击准对方神经线最敏感的地方，使对方迅速做出有利于你自己的反应，达到"恰到好处"的效果。

第二节　言谈礼仪

我国古代刘勰曾经说过："一人之辩，重于九鼎之宝；三寸之舌，强于百万之师"，在西方也有"善言可息怒，良言胜重礼"的说法。当今的时代是一个现代传声技术飞速发展的时代，妙语连珠、谈吐不凡已成为社交能力强弱的重要标志之一。社交场上的佼佼者，在言谈中往往闪烁着真知灼见，给人以深邃、精辟、睿智、优雅之感。

一、言谈的含义

言谈，指言语交谈，是相对于书面表达的口头表达。言谈礼仪，就是言语交谈时应该遵循的礼仪规范。言谈举止作为一门艺术，也是个人礼仪的一个重要组成部分。美国心理学家艾伯特·赫拉别恩曾总结过：一个信息的传递效果=7%的文字内容+38%的语音语调+55%的面部表情。言谈是人际交往中最迅速、最直接的一种沟通方式，在传递信息、增进了解、加深友谊方面起着十分重要的作用。谈话中不仅要注意表情、态度、用词，还要讲究交谈的方式及技巧。

谈话，需要相当的经验，当你面临着各种各样的场合，面对着各色各样的人物，想要做得恰到好处，实在不是一件容易的事。自然、亲切的礼仪，言辞得体是很重要的。

在商务交往中，对商务人员的口才有很高的要求。商务人员不一定要伶牙俐齿、妙语连珠，但必须具有良好的逻辑思维能力、清晰的语言表达能力，必须在克己敬人、"寸土必争"的前提下，在谈话之中保持自己应有的风度，始终以礼待人。有道是，"有'礼'走遍天下"，在谈话之中也是如此。

【案例3-6】

金先生的投诉

金先生入住一家五星级酒店，头天晚上11点左右曾委托总台李小姐叫醒，但李小姐未能准时叫醒客人，从而耽误了航班，引起了客人的投诉。下面是大堂安副经理与金先生的一段对话：

安：金先生，您好！我是大堂副经理，请告诉我发生了什么事？
金：什么事你还不知道？我耽误了飞机，你们要赔偿我的损失。
安：您不要着急，请坐下慢慢说。
金：你别站着说话不腰疼，换你试试。
安：如果这件事发生在我身上，我肯定会冷静的，所以我希望您也冷静。
金：我没你修养好，你也不用教训我。我们没什么好讲的，去叫你们经理来。

安：叫经理来可以，但您对我应有起码的尊重，我是来解决问题的，可不是来受您气的。

金：你不受气，难道让我这花钱的客人受气，真是岂有此理。

安：……

【案例评析】叫醒服务是饭店的服务项目，金先生因未被叫醒而耽误航班是饭店方的责任，不仅投诉是正确的，甚至要求赔偿损失也在情理之中。大堂副经理在了解事情的真相后，首先应向金先生赔礼道歉，然后按有关规定妥善处理此事。但他没有站在同情金先生的角度，相反还含有教训客人的口吻，这是绝对不能允许的。

二、言谈的基本原则

（1）目的性。它是言谈交流的首要原则。言谈作为一种有意识的社交活动，要围绕一定的社交目的进行。言谈的目的有：一是传递信息或知识，二是引发注意或兴趣，三是获得了解或信任，四是激励或鼓励，五是说服或劝告。因此，言谈必须目的明确，言随旨意。

（2）对象性。言谈不是"独白"，而是指向特定对象。因此言谈交流时出言要因人而异，有的放矢，灵活应对，不可千篇一律。

（3）适应性。言谈交流时的出言和表达要切合相应的具体场合，即时间、地点、交际情景，否则就会不合时宜。

（4）真诚性。言谈时要态度诚恳、内容实在、言辞优雅、通俗易懂，避免曲意逢迎、装腔作势、浅薄粗俗。

【案例3-7】

清朝张之洞新任湖广总督时，抚军谭继洵在黄鹤楼设宴为张接风，并请了鄂东诸县父母官作陪。席间，大家聊起了长江，没想到谭张二人为了长江到底有多宽的问题争论起来。谭说五里三，张说七里三，两人各执己见，争得面红耳赤，谁也不肯承认对方是对的。这时，坐在末座的江夏知事陈树屏站了起来，于是二人便让陈作答。陈略作思考，朗声答道："长江的宽度，水涨七里三，水落五里三。二位大人说得都对。"一句话说得谭、张二人均抚掌大笑，赏了陈树屏20锭大银。

【案例分析】虽然这是一则清朝的故事，但是却蕴含着商务礼仪的哲学，陈树屏站在谭张二人之间，充当了我们现在所说的"商务"形象，缓解了两人的尴尬，教会了我们作为下级如何巧妙调解上级的纷争。首先，陈树屏的回答不仅平息了谭张的争议，还维护了两人的面子，不会形成让其中一人下不了台的局面。其次，陈树屏能够随机应变，在适当的时候出面，不会抢了上级的风头，又能够互不得罪地打了圆场。这是作为商务人员非常重要的一个能力。最后，陈树屏的话并不是为了奉承而凭空捏造的，而是具有事实依据的，这样一来不会使自己也陷入矛盾纠纷中，又能够使两人都能心满意足地接受。

三、言谈的礼仪

（一）空间语的使用

空间语又称界域语，是指交际者间以空间距离或方位来传递信息的语言形式，包括距离语言和位置语言两种类型。不同的空间距离可传递不同的信息，不同的位置安排也会表达不同的意图。

每个人都具有一个心理上的个体空间，并且会竭力地维护它，一旦有人靠得太近，就会感到不舒服或不安全，就会试图做出调整。如在一辆空的公共汽车上，最先上车的两位陌生乘客肯定不会挨坐在一起；公园的一张可以坐 10 人的长凳上，陌生的游客甲和乙也会分坐两头，如果丙试图打破这一平衡，紧挨着其中的一人如甲坐下，那么，甲多半会起身走人或坐到乙和丙的中间去。

在与人交流时应注意保持"安全距离"，即在谈话时让双方都感到自在的合适距离。不同文化的人们所认同的"安全距离"有很大差异。一般西方人士在交谈时习惯与对方保持较大距离，而在我国则不是这样，许多人不太注意这个问题。但随着国际交往日益频繁，注意保持让对方感到自在的"安全距离"也应成为"礼仪课堂"的必修课。

按照美国的爱德华·T·霍尔博士的研究，空间距离可分为四个层次。

（1）亲密距离。互相距离在 0～46cm，一般限于恋人间、夫妻间、父母间及至爱亲朋间。其中，0～15cm 是近位亲密距离，仅限于恋人或夫妻之间，表达亲密无间的情感色彩；15～46cm 是父母与子女间、兄弟间、姐妹间及非常亲密朋友间的交往距离，即远位亲密距离，表示可说悄悄话，谈私事。

（2）私人距离。互相距离约在 46～122cm。其中，近位私人距离约在 46～76cm，一伸手即可触及对方，表达热爱友好；远位私人距离在 76～122cm 之间，双方把手伸直方可互相触及，表示一般朋友、熟人的交往距离。

（3）社交距离。近位社交距离约在 1.22～2.13m，适合于存在工作关系或业务关系的交往距离，如领导对下属布置工作时等。远位社交距离约在 2.13～6.1m，适用于比较正式、庄重的社交场合，如政府官员的正式会谈和谈判等。

（4）公众距离，又称公共距离。近位公众距离在 6.1～8m，通常是小型活动中讲话者与听众之间所保持的距离；远位公众距离则在 8m 以外，一般是大型报告会、听证会、文艺演出时的报告人、演讲人、演员与听众、观众间的距离，此种距离表示安全感和权威感。

（二）直接交谈的礼仪

1. 直接交谈的礼仪要求

（1）直接交谈是听者与言者面对面的交流，表情要自然大方，和颜悦色，目视对方，态度诚恳。

（2）全神贯注，会心、耐心、虚心地聆听。

（3）氛围创造，适当寒暄，恰当使用敬语如"请""对不起"等，以示尊重。

（4）以诚相见，亲切自然，避免言不由衷、装腔作势、虚情假意之嫌。

（5）表达言简意赅，语速适中，通俗易懂，避免啰嗦、含糊不清或故弄辞藻、哗众取宠。

（6）围绕主题，深浅适宜，避免随心所欲、信口开河。

（7）注意情绪交流和积极反应，谈话中适当辅以手势、眼神或其他体态语言。

（8）富于幽默，巧于拒绝、批评和反驳。对于拒绝，一般不宜直截了当，要委婉曲折；对于批评，多用指导式、暗示式、模糊式等方式；对于反驳，要言之成理、婉转温和、措辞巧妙。

2．直接交谈的忌讳

（1）谦虚友好，不卑不亢，切忌自我吹嘘，目空一切。

（2）尊重对方，切忌夸夸其谈、滔滔不绝，面对见解分歧，切忌针锋相对、武断固执、恶语伤人。

（3）谈话内容健康，切忌对他人评头品足，揭人之短，不可谈论格调低下的话题和使用粗俗的"垃圾"语言。

（4）话题适宜，切忌提及人家不愿提起或易引起伤心的话题，包括对方的生理缺陷。

（5）尊重隐私和信仰，切忌随意询问对方婚姻、年龄、收入等，也不可评论他人的宗教信仰。

> 【案例3-8】
>
> ### 夏衍的遗言
>
> 著名文学家、戏剧家、文艺界的老领导夏衍先生临终前，感到十分难受。秘书说："我去叫大夫。"正在他开门欲出时，夏衍突然睁开了眼睛，艰难地说："不是叫，是请。"随后昏迷过去，再也没有醒来。在场的每个人无不为之动容。夏公在弥留之际还给我们留下了珍贵的精神财富。照理，夏公90多岁的高龄，医生从年龄看是他的孙子辈，夏公怎么"叫"都是可以的。但夏衍先生一辈子都注意尊重他人，医生是为自己看病的，无论辈分大小，都要用"请"，而不是"叫"！在此提醒大家：学习夏衍先生崇高的人格，尊重他人，从小事做起，在日常生活中多用"请"，少用"叫"！
>
> 【案例评析】"不是叫，是请。"一句简短的尊重言辞，把这位著名的文学家、戏剧家高尚的品格修养充分体现了出来，也使人们更加敬重这位老前辈。

知识链接

礼貌用语七字诀

初次见面，说"久仰"；很见不见，说"久违"；
请人批评，说"指教"；请人指点，说"赐教"；
请人帮助，说"劳驾"；托人办事，说"拜托"；
麻烦别人，说"打扰"；求人谅解，说"包涵"；
看望别人，说"拜访"；等候客人，说"恭候"；
宾客到来，说"光临"；陪伴客人，说"奉陪"；
中途离开，说"失陪"；与主道别，说"告辞"；
请人勿送，说"留步"；归还东西，说"奉还"。

（三）副语言沟通礼仪

副语言是指说话音调的高低、节奏的快慢、语气的轻重，它们伴随着语言表达信息的真正含义，因而副语言与语言之间的关系非常密切。副语言在沟通过程中起着十分重要的作用，副语言沟通是通过非语词的声音，如重音、声调的变化，以及哭、笑、停顿来实现的。

研究发现，副语言尤其能表现出一个人的情绪状况和态度，影响到人们对信息的理解及交流双方的相互评价。口语交际利用语音负载的语义来传递信息，语音是声音的一种，同样具有高低、强弱、快慢等物理特性，可传递一定的信息。说白了，副语言就是通过语音的高低、强弱、快慢等物理特征来传递信息的特殊交际手段。而且副语言近乎人的本能表现，不可能"撒谎"，你可以通过观察一个人的副语言来了解他对你的态度。副语言也有独立表达信息的功能，尤其是情感、情绪、态度、倾向方面的信息。

最明显的例子就是当你听到两个人说话的时候语速又快又急，语音又高又尖，但节奏间隔清晰，那基本上就是说明他们在吵架了；再比如说声音不一定很尖，但声音很重，强度很大，速度也偏慢，就说明此人愤怒了；而略带颤音、语速时快时慢则意味着不自信和紧张。

因此，商务人员要有意识地控制好自己的副语言行为，不要给人造成误解和歧义，同时，要注意倾听沟通对象的弦外之音，识别沟通对象所传信息的真正含义。

有一次，意大利著名悲剧影星罗西应邀参加一个欢迎外宾的宴会。席间，许多客人要求他表演一段悲剧，于是他用意大利语念了一段"台词"，尽管客人听不懂他的"台词"内容，然而他那动情的声调和表情，凄凉悲怆，不由使大家流下同情的泪水。可一位意大利人却忍俊不禁，跑出会场大笑不止。原来，这位悲剧明星念的根本不是什么台词，而是宴席上的菜单。

一般情况下，柔和的声调表示坦率和友善，在激动时自然会有颤抖，表示同情时略为低沉。不管说什么话，阴阳怪气的，就显得冷嘲热讽；用鼻音哼声往往表现傲慢、冷漠、恼怒和鄙视，是缺乏诚意的，会引起人不快。恰当、自然地运用声调，是顺利沟通的条件。

第三节　肢体语言礼仪

先导案例

面试中的遗憾

一次，有位老师带着三个毕业生同时应聘一家公司做业务员，面试前老师怕学生们面试时紧张，同人事部主任商量让三个同学一起面试。三位同学进入人事部主任办公室时，主任上前请三位同学入座。当主任回到办公桌前，抬头一看，欲言又止，只见两位同学坐在沙发上，一个架起二郎腿，而且两腿不停地颤抖，另一个身子松懈地斜靠在沙发一角，两手攥握手指咯咯作响，只有一个同学端坐在椅子上等候面试，人事部主任起身非常客气地对两位坐在沙发上的同学说："对不起，你们二位的面试已经结束了，请退出。"两位同学四目相对，不知何故，面试怎么什么都没问，就结束了。

【课堂讨论】对于两位同学的失败，你知道其中的缘故吗？

达·芬奇说："从仪态知觉人的内心世界，把握人的本来面目，往往具有相当的准确性和可靠性。"苏格拉底也曾说过："高贵和尊严、自卑和好强、精明和机敏、傲慢和粗俗，都能从静止或者运动的局部表情和身体姿势上反映出来。"

肢体语言也称为体态语言，是指仪表、姿态、神情、动作等，它包括立与坐、眼神、手势、身体动作、舞台走动等。

俗话说："花好还要绿叶扶"。如果说有声语言是红花，肢体语言则是绿叶。在商务交往中，商务人员不但要靠好的语言功底，还要辅以美的肢体语言。

一、面部表情语言

面部表情作为丰富且复杂的体态语言的一个重要方面，在传情达意方面有着重要的作用。面部表情主要包括脸色的变化、脸部肌肉的伸展，以及眉、眼、鼻、嘴等部位的动作。下面重点介绍眼神训练和微笑训练。

1. 眼神训练

眼睛是五官中最敏感的器官，被称为人类的心灵之窗。它能够自然、明显、准确地表现人的心理活动。目光也称眼神，是面部表情的核心。目光是一种重要的礼仪。在目光接触中，注视的部位、角度和时间不同，表明双方的关系也不同。

（1）注视的部位。注视的部位分以下三种。

- 公务注视，是人们在洽谈业务、磋商交易、交办任务和商务谈判时所使用的一种注视，位置在对方双眼或双眼与额头之间的区域。
- 社交注视，是人们在社交场合所使用的一种注视，位置在对方唇心到双眼之间的三角区域。
- 亲密注视，是亲人或恋人之间使用的一种注视，位置在对方双眼到胸之间的区域内。

（2）注视的角度。注视的角度不同，目光的含义也不同。俯视，一般表示"爱护、宽容"或"傲慢、轻视"；正视，一般多为"平等、公正"或"自信、坦率"；仰视，一般体现"尊敬、崇拜、期待"；斜视，表示"怀疑、疑问、轻蔑"。初次见面，视线左右扫描，表明已占据优势。交往中视线朝下，手扶着头，眼皮下垂，是"不耐烦"的表现。在与人交谈的过程中，目光应以温和、大方、亲切为宜，多用平视的目光，双目注视对方的眼鼻之间，表示重视对方或对其发言颇感兴趣，同时也体现出自己的坦诚。

（3）注视的时间。注视对方时间的长短也传递着信息。注视对方的时间少或不屑一顾，表示冷落、轻视或反感；长时间注视对方，特别是对异性盯视和对初识者上下打量，是失礼的行为，往往会使对方把目光移开，以示退让，也会引起其心里不快，从而影响交际效果。

在交往中，目光注视时间的长短，要视关系亲疏和对对方的重视程度而定。一般对初次接触的人，不能直视对方，应先平视一眼，同时做微笑、点头、问候或握手等动作，然后转视他人或四周，避免相互长时间对视。对于熟人、故交，或对交往对象表示友好、重视，注视对方的时间则长一些。在谈话中，目光与对方接触累计应达到整个谈话过程的50%～70%，而听的一方注视的时间比说的一方要长一些。有时双方目光会出现对视，此时不要迅速躲闪，而应泰然自若地缓慢移开。当然，注视不是凝视，如果盯住对方脸上的某一部位，会使其感到不自然，应该采用"散点柔视"。

（4）其他要求。要想达到最佳的交际效果，必须学会巧妙地使用目光。比如，见面握手、问候时，要亲切、热情地望着对方；与人交谈时，要善于对对方的目光做出积极的反应；当询问对方身体及家人近况时，用关切的目光；征询对方意见，用期待的目光；在对方表示支持、合作意向时，用喜悦的目光；在得知对方带来意外的好消息时，用惊喜的目光；对对方谈话内容感兴趣时，用关注的目光；听到有启发性的意见，用赞赏的目光；中间插话、转移话题或提问时，用歉意的目光；要给对方一种亲切感，用热情而诚恳的目光；要给对方一种稳重感，用平静而诚挚的目光；要给对方一种幽默感，用俏皮而亲切的眼光；送别客人时，也要"目送"客人远去，以示尊敬友好。那种故意回避对方或闪烁不定的目光，会造成交流的障碍。但当双方缄默不语，或别人失言时，不应再注视对方，以免加剧已有的尴尬。总之，应最大限度地运用目光的表现力，创造一个最佳的交际氛围。

2．微笑训练

在人的面部表情中，除目光之外，最动人、最有魅力的就是微笑。它是沟通双方心灵的润滑剂，是最能打动人的无声语言，被称为"世界语"。

【案例3-9】

空姐的十二次微笑

飞机起飞前，一位乘客请求空姐给他倒一杯水吃药。空姐很有礼貌地说："先生，为了您的安全，请稍等片刻，等飞机进入平稳飞行后，我会立刻把水给您送过来，好吗？"

15分钟后，飞机早已进入了平稳飞行状态。突然，乘客服务铃急促地响了起来，空姐猛然意识到：糟了，由于太忙，她忘记给那位乘客倒水了！当空姐来到客舱，看见按响服务铃的果然是刚才那位乘客。她小心翼翼地把水送到那位乘客跟前，面带微笑地说："先生，实在对不起，由于我的疏忽，延误了您吃药的时间，我感到非常抱歉。"这位乘客抬起左手，指着手表说道："怎么回事，有你这样服务的吗，你看看，都过了多久了？"

接下来的飞行途中，为了补偿自己的过失，每次去客舱给乘客服务时，空姐都会特意走到那位乘客跟前，面带微笑地询问他是否需要水，或者别的什么帮助。然而，那位乘客余怒未消，摆出一副不合作的样子，并不理会空姐。临到目的地时，那位乘客要求空姐把留言本给他送过去，很显然，他要投诉这名空姐。此时空姐心里虽然很委屈，但是仍然不失职业道德，显得非常有礼貌，而且面带微笑地说道："先生，请允许我再次向您表示真诚的歉意，无论您提出什么意见，我都将欣然接受您的批评！"那位乘客脸色一紧，嘴巴准备说什么，可是却没有开口，他接过留言本，开始在本子上写了起来。

等到飞机安全降落，所有的乘客陆续离开后，空姐本以为这下完了。没想到，等她打开留言本，却惊奇地发现，那位乘客在本子上写下的并不是投诉信，相反，是一封给她的热情洋溢的表扬信。

在信中，空姐读到这样一句话："在整个过程中，你表现出的真诚的歉意，特别是你的十二次微笑，深深地打动了我，使我最终决定将投诉信写成表扬信。你的服务质量很高，下次如果有机会，我还将乘坐你们的这趟航班！"

（1）微笑的作用。微笑是人际关系的黏合剂，是"参与社交的通行证"，也是待人处世的法宝。在人际交往中，起着重要的作用。

① 融洽气氛。微笑有一种天然的吸引力，是人际交往的一种轻松剂和润滑剂。它能

使人相悦、相亲、相近，能有效地缩短双方的心理距离，打破交际障碍，为深入的沟通与交往创造真诚、融洽、温馨的良好氛围。

② 减少摩擦。微笑是善意的标志，友好的使者，礼貌的表示。当碰到他人向你提出不好满足的请求或要求时，若板起脸来拒绝，往往会招人反感。而微笑不但可以为你赢得思考的时间，而且可以使你的拒绝让人容易接受，不伤和气地解决问题。

③ 美化形象。微笑给人以亲切、甜美的感受，是一个人最美的神态。一个善于微笑的人，心理一定是健康的，因为笑口常开的人，一定是一个心地善良、心胸豁达、乐观向上的人，是一个热爱工作、奋发进取、充满自信的人。因此，善于微笑的人，往往会赢得他人的好感和信赖。

（2）微笑的规范。微笑是社交场合最富有吸引力的面部表情。

① 基本要求：真诚、自然、亲切、甜美。微笑时，面部肌肉放松，嘴角两端微翘，适当露出牙齿，不发声。

② 其他要求：微笑要发自内心，要得体，不能强作欢颜。有的服务行业要求服务人员微笑时露出八颗牙，其实每个人笑得最美的时候，露多少颗牙是不一样的，所以应该照着镜子找到自己最漂亮、最生动、最迷人的微笑。

阅读材料

微笑无本万利，甚至可以救命！

西班牙内战时，有一个战俘正被关在牢房中等待着死亡的来临。这时有一个狱卒过来巡视，战俘向他借火，火光划亮时，战俘和狱卒的目光撞到了一起，便不由自主地咧开了嘴，对他微笑了一下。狱卒愣了几秒钟后也还了一个微笑。两个人因为彼此的微笑而聊了起来，当狱卒得知战俘尚有多年未见的娇妻弱子时，抑制不住心中的同情，想方设法把战俘救出了牢笼。生命就这样被一个微笑挽救了。

（3）微笑练习。把手举到脸前，把手指放在嘴角并向脸的上方轻轻上提，一边上提，一边使嘴充满笑意。双手向上做"拉"的动作，一边想象笑的形象，一边使嘴笑起来。手张开举在眼前，手掌向上提，并且两手展开；随着手掌上提，打开，眼睛一下子睁大。

要做到"自然地微笑"，一般要做到四个结合：口眼结合；笑与神、情、气质相结合；笑与语言相结合；笑与仪表、举止相结合。总之，使用微笑的表情语，再配以得体的文明用语，就会使无声语言与有声语言相得益彰。

二、女士优雅姿态塑造

女士优雅姿态包括优雅的站姿、坐姿、走姿和蹲姿等。

1. 优雅站姿

头正，颈直，面部朝向正前方，双眼平视，下颌微微内收，颈部挺直。双肩放松，保持水平，腰部直立。身体的重心放在两脚之间。双臂自然下垂，处于身体两侧，也可右手搭在左手上，贴在腹部。两腿呈"V"字形立正时，双膝与双脚的跟部靠紧，两脚尖之间相距一个拳头的宽度。两腿呈"T"字形立正时，右脚后跟靠在左足弓处。

女性在必要时，特别是单独在公众面前或登台时，可采用 3/4 站姿：上体保持标准站姿；双脚分开，与肩同宽；右脚向后撤半步；将左脚收回，与右脚成垂直，左脚跟在右脚跟前面，两脚间有少许空间；双手指尖朝下，掌向内，左手扣右手四指。

女性应当避免两腿交叉站立，双手或单手叉腰，双臂交叉抱于胸前，双手插入衣袋或裤袋中，身体抖动或晃动。

2. 优雅走姿

走路的基本要点是从容、平稳、直线。上体正直，抬头，下巴与地面平行，两眼平视前方，精神饱满，面带微笑，跨步均匀，步伐稳健，步履自然，要有节奏感。着裙子时，裙子的下摆与脚的动作应力求表现出韵律感。适当收紧腰部，身体重心稍稍向前。迈步时，脚尖可微微分开，但脚尖脚跟应与前进方向近乎一条直线，避免"外八字"或"内八字"迈步。两手前后自然协调摆动，前摆约 35°，后摆约 15°，手掌朝向体内。上下楼梯，上体要直，脚步要轻，要平稳；一般不要手扶栏杆。上楼梯时，应用脚前掌着地。女士走姿步伐略小，步伐应轻捷、含蓄、娴雅、飘逸，体现柔和之美。

女性应避免走路时步伐太大或太小，双手插入裤袋，双手反背于背后，身体乱晃乱摆。

3. 优雅坐姿

女性膝盖以上并拢，表现出庄重与矜持，右手搭在左手上，置于大腿中部。女性穿裙装入座，应用手将裙后摆稍稍拢一下，再慢慢坐下。如果坐在桌前办公，上身挺直前倾，前臂自然伏于桌上，基本要点是端庄、大方、舒展。在他人之后、座位左侧走近座椅，随势坐下。入座前应先将裙角向前收拢，必要时，可以单手扶座椅的把手。

（1）双腿垂直式。基本做法是，双腿垂直于地面，双脚的脚跟、膝盖直至大腿都需要并拢在一起，双手叠放于左（右）大腿上。这是正式场合的最基本坐姿，可给人以诚恳、认真的印象。

（2）双腿叠放式。这种坐姿要求上下交叠的膝盖之间不可分开，两腿交叠呈一直线，才会给人以纤细的感觉。双脚叠放的方法可视座高矮而定，既可以垂直，也可与地面呈 45°斜放。采用这种姿势时，切勿双手抱膝，更不能两膝分开。

（3）双腿斜放式。坐在较低的沙发上时，若双腿垂直放置的话，膝盖可高过腰，极不雅观。这时最好采用双腿斜放式，即双腿并拢后，双脚同时向右侧或左侧斜放，并且与地面形成 45°左右角。这样，就座者的身体就会呈现优美的"S"形。

（4）双脚交叉式。基本做法是，双腿并拢，双脚在踝部交叉之后略向左侧斜放。坐在主席台上、办公桌后面或公共汽车上时，比较适合采用这种坐姿，感觉比较自然。

（5）双脚内收式。基本做法是，两条小腿向后侧屈回，双脚脚掌着地，膝盖以上并拢，两脚稍微张开。这也是变化的坐姿之一，尤其在并不受注目的场合，这种坐姿显得轻松自然。

（6）应当避免的坐姿。上体不直，左右晃动；猛起猛坐，弄得座椅乱响；"4"字形叠腿，并用双手扣腿，晃脚尖；双腿分开，伸得老远；把脚藏在座椅下或勾住椅腿；双手支于膝上或椅腿上。

4．优雅的蹲姿

（1）交叉式蹲姿。下蹲时右脚在前，左脚在后，右小腿垂直于地面，全脚着地。左腿在后与右腿交叉重叠，左膝由后面伸向右侧，左脚跟抬起脚掌着地。两腿前后紧靠，合力支撑身体。臀部向下，上身稍前倾。

（2）高低式蹲姿。下蹲时左脚在前，右脚稍后（不重叠），两腿靠紧向下蹲。左脚全脚着地，小腿基本垂直于地面，右脚脚跟提起，脚掌着地。右膝低于左膝，右膝内侧靠于左小腿内侧，形成左膝高右膝低的姿势，臀部向下，基本上以右腿支撑身体。

（3）蹲姿注意事项。下蹲取物，女性如果穿着低领上装时，要用一只手护住胸口。拾物时不要东张西望，否则会让人猜疑；不要弯腰屈背，显露琐碎相，影响形体美观；不要采用全蹲姿态，俗称"卫生间姿势"，极不雅观，这也会使腿显得短粗；不要用不雅观的翘臀姿态，尤其女性着短裙时，要避免让自己的内衣"曝光"。

三、男士阳刚姿态塑造

男士阳刚姿态包括阳刚的站姿、坐姿、走姿和蹲姿。

1．阳刚站姿

头部抬起，面部朝向正前方，双眼平视，下颌微微内收，颈部挺直。双肩放松，保持水平，腰部直立。身体的重心放在两脚之间。双手相握，可叠放于腹前，或者自然垂于身体两侧。双脚微叉，距离以肩宽为限。

2．阳刚走姿

基本要求与女士走姿相同，不同之处在于男士走姿步伐稍大，步伐应矫健、有力、潇洒、豪迈，展示阳刚之美。男士走路时，目光平视，头正颈直，挺胸收腹，两臂下垂，前后自然摆动，前摆稍向里折，身体要平稳，两肩不要左右晃动，不要一只手臂摆动另一只手臂不动。走路出步和落地时，脚尖都应指向正前方，脚距约为自己的1.5~2个脚长。要步履均匀而有节奏，着地重力一致。脚不宜抬得过高，也不宜过低使鞋底擦地。

3．阳刚坐姿

男士落座，膝部可以分开一点，但不要超过肩宽，也不能两腿叉开半躺在椅子里。落座后将双腿分开略向前伸，如长时间端坐，可双腿交叉重叠，但要注意将上面的腿向回收，脚尖向下。写字时，上身平正，两肩齐平；头正，稍向前倾；背直胸挺，胸口离桌沿一拳左右，两脚平放在地上与肩同宽；左右两臂平放在桌面上，左手按纸，右手执笔；眼睛与纸面的距离应保持一尺左右。操作电脑时，上半身应保持颈部直立，两肩自然下垂，上臂贴近身体，手肘弯曲呈90°，尽量使手腕保持水平姿势，手掌中线与前臂中线应保持直线。下半身腰部挺直，膝盖自然弯曲呈90°，并维持双脚着地的坐姿。

4．阳刚蹲姿

采用交叉式蹲姿和高低式蹲姿均可。与女士不同的是，男士采用高低式蹲姿时，两腿之间可有适当距离。

四、体态语言得体塑造

1．常用动作、手势

手势在日常交际中运用得也比较多，它属于无声语言，可以起到强化或替代有声语言的作用。做手势时，五指并拢自然伸直，手心略微凹陷。女性稍稍压低食指，显得比较优雅。

（1）递接物品。若递接双方距离较远，递物方应主动走近接物方。如果原来坐着，在递接物品时双方最好都起立，含笑注视对方，用双手递接。不方便用双手时，应该用右手；用左手递物是失礼的，尤其在一些信奉伊斯兰教的国家更是如此。一般情况下，递给他人的物品，最好直接交到对方手中。此外应为对方留出便于接取物品的地方，让别人感到无从下手是不礼貌的。如递交的是带有文字的物品，应将其正面朝向对方。将带尖、带刃或其他易于伤人的物品递给他人时，不要将尖、刃指向对方，而应当使其朝向自己或他处。如递剪刀时，自己拿着剪刀尖一方，而将剪刀把朝向对方；递钢笔时，应拔开笔帽，将笔尖面对自己递给对方。

接物品方，要等对方递过物品时，再用手去接取，切不可急不可待地从对方手中抢过物品。

（2）用手示意。用手势示意或招呼别人时，应该用手掌而不用手指。尤其不能在众目睽睽之下，用食指指人的鼻子，否则有挑衅之嫌。

2．常用来示意别人的手势

"请这边走"——指示行进方向。动作是手臂抬至齐胸高，以肘关节为轴，向外侧横向摆动，手指五指并拢手掌伸开，指尖指向行进方向。同时微笑着看着对方，并点头示意。

"在这里"——指示目标或物品的方位。指目标，动作也是手臂向外侧横向摆动，指尖指向前方。与前者不同的是，其手臂或者是抬至齐肩高；或者是放在身体一侧，手臂稍稍离开身体一段距离。此动作也可用于引导方向。指物品，伸出手掌，指尖指向物品。

"请进"——请人进门。动作是站在客人侧前方，肘部弯曲，小臂与手掌呈一条直线，向外横摆指向行进方向，手臂高度在胸以下。如走在客人前方，可回身伸出手臂，由体侧向体前推，手与地面成45°角，示意一下。

"请坐"——请人就座。动作是手臂由上向下斜伸指示座位，手掌可以稍微先下后上地顿一下。也可以以肘关节为轴，手由上而下摆动，指向斜下方座位处。

做以上四种手势时只用一只手臂，另外一只手臂可自然垂在身体一侧，或者背在身后。

（3）引导。有时需要为客人引路。引路时先礼请："×经理，请跟我来。"或"×先生，我来领路。"

路中，应走在客人左侧前方二、三步左右，步调要和客人协调，不能只顾自己径直前行，也不宜停下脚步与人闲聊，而应当视与客人的相识程度，微微侧身把头部和上身转向客人，与其寒暄、交谈，以示友好、热情。

遇到拐弯、上楼、下楼时，要伸手指明方向，并说："请这边走。""请从这里上（下）楼。"上楼应请客人走在前面，下楼应请客人走在后面。如果是乘电梯上楼，需向客人说明："在×楼"，然后在电梯侧面按住门，请客人进入，自己随后跟入，并按到达楼层的开关。在电梯内不能盯视客人。电梯停稳后，要招呼："×楼到了，请下电梯。"并请客人先下。

来到会客室或办公室门口，要向客人说明："就是这里。"进入他人房间要先敲门。敲门的方法是，将右手的手指弯曲，用食指或中指不轻不重、有节奏地敲两三下，里面有人说"请进"，然后再开门。如果门是朝外开的，要先将门拉向自己一边，请客人先入；如果门是朝里开的，要先推门进入，然后按住门，侧身请客人进入。

客人入室后，应将其引入上座。离门越远的座位，座次越高；离门越近的，座次越低。所以，应将客人引到离门最远的座位，以示尊重。引客人入座时，要对客人说："请坐"，并以手示意。再说"请稍候"，然后送上茶水或饮料。

3．举止

举止行为要达到"轻、稳、正"的标准。动作要轻。要避免莽撞，不发出巨大的声响，不惊扰他人。动作要稳，包括两个方面。

一是要保持相对稳定的速度，一个动作不可忽快忽慢，否则给人以紧张、慌乱的感觉；

二是要让稳定的状态保持一段时间，如在会见会谈时，长时间保持一个坐姿很难，但频繁地改变姿势，也很不雅观。

动作要正。每个动作要到位、端正、舒展，不扭怩、不歪斜、不驼背弓腰。在交际行为中要努力避免或戒除以下不良举止：打哈欠、掏耳、挖鼻、剔牙、搔头皮、双脚抖动、频频看表等。

第四节　商务礼仪训练项目设计

一、阅读与思考

（一）礼仪材料内容

[案例一]据说，美国费城电器公司创始人威伯在一处乡村推荐电，遭到一位老太太的拒绝。一天早上威伯敲开老太太家大门。一见他，老太太生气得又要关门。威伯说："打扰您，实在抱歉！我不是来推销电，是人家介绍您养的鸡好，我特地来买蛋。"老太太消除了一些戒心，让他进了屋。威伯见了老人家的鸡舍，大声赞美道："瞧，这些鸡养得多漂亮，这蛋又大又新鲜，您的收入一定不少了，您的丈夫可能也赶不上！"老太太一听十分自豪，邀请他参观鸡舍。威伯边看边问养鸡情况，并建议老人采用电孵、电暖小鸡设备，对这位年轻人已经产生一定好感的老人在仔细询问产品情况后，愉快地同意签订安装电路协议。威伯由于抓住了老人喜爱养鸡的话题，步步跟进，顺利地说服了对方。

[案例二]焦雪梅是一名白领丽人，她机敏漂亮，待人热情，工作出色，因而颇受重用。有一回，焦小姐所在的公司派她和几名同事一道，前往东南亚某国洽谈业务。可是，平时向来处事稳重、举止大方的焦小姐，在访问那个国家期间，竟然由于行为不慎而招惹了一场不大不小的麻烦。

事情的大致经过是这样的：焦小姐和她的同事一抵达目的地，就受到了东道主的热烈欢迎。在为她们的欢迎宴会上，主人亲自为每一位来自中国的嘉宾递上一杯当地特产的饮料，以示敬意。轮到主人向焦小姐递送饮料之时，是"左撇子"的焦小姐不假思索，自然而然地抬起自己的左手去接饮料。见此情景，主人骤然变色，对方没有把那杯饮料递到焦小姐伸过去的左手里，而是非常不高兴将它重重地放在餐桌上，随即理都不理焦小姐就扬长而去了，大家觉得非常的纳闷和不解。

（二）提出讨论问题

1. 美国费城电器公司创始人威伯在说服老人安装电路方面做了哪些努力？
2. 焦小姐的"行为不慎"指的是什么？她为什么会招惹了一场不大不小的麻烦呢？
3. 请结合实际，谈谈商务人员应该从哪些方面入手提高语言交际沟通能力？

（三）讨论步骤

1. 分组讨论，选出代表在班级交流、发言；

2．教师根据学生讨论发言情况点评总结。

二、行为综合训练项目

（一）实训目的

1．通过本次实训，使学生能够理解商务人员语言表达与仪态礼仪的基本要求。

2．学生能够综合设计个人语言表达内容，塑造个人整体形象。

（二）实训设计

1．实训背景

维达公司是一个中法合资成立的从事化妆品生产的大型企业。近期，为了把自己最新的产品推向市场，公司邀请了全国各地的销售商和相关企业的销售经理到公司参加推介会。根据案例内容，小组模拟该公司去参加展示会的情景。

2．实训要求

以小组为单位，按照要求明确分工，做到责任落实到每一个学生。

3．实训方式

（1）个人表演要结合语言交际礼仪形象塑造的知识来设计，要展示出新时期商务人员的个人风采。

（2）仪态设计：训练正确优美的站姿、坐姿、行姿与表情。

（3）言行设计：展示会设计新颖、语言表达文明、合理，行为规范。

4．实训评估

（1）注意不同角色表演的到位，注意对商务人员言行的设计。

（2）由各不同小组选出的代表组成评分小组，给每个表演小组评分。

（3）评分标准：小组自我评分占30%，学生互评占30%，教师评分占40%。

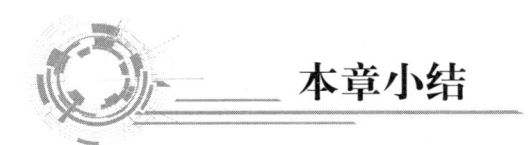

本章小结

本章介绍了商务人员语言交际形象礼仪的重要性，并介绍了塑造良好语言交际形象的基本内容和方法。商务人员的语言交际形象是由有声语言形象和无声语言形象构成的。商务人员不仅要知晓、了解语言交际的基本原则，更要通过实践训练、操作，掌握商务人员社交语言沟通的艺术和商务人员讲究语言交际的策略，并且能够充分认知语言交际能力的重要性，不断提高语言交际能力。

第四章
商务人员职场礼仪

名人名言

工欲善其事，必先利其器；士欲宜其义，必先读其书。

——王符

本章学习目标

知识目标

1. 通过本章的学习，理解职场的人际关系礼仪。
2. 掌握电话礼仪、电子邮件礼仪与社交媒体礼仪，掌握职场的会议礼仪。

能力目标

1. 通过本章的学习，使学生具备处理职场人际关系的基本常识（包括上下级关系和同事之间共事与协作的礼仪）；
2. 学会接打办公室电话和收发传真礼仪的细节；
3. 熟悉手机拨打接听、收发短信及选择铃声的礼仪；
4. 知晓电子邮件礼仪的各种技巧；
5. 熟悉入职后职场会议礼仪的基本知识。

在商务交往之中，每一位参与者都必须自觉、自愿地遵守礼仪，以礼仪去规范自己在交际活动中的一言一行、一举一动。对于商务礼仪，不仅要学习、了解，更重要的是学以致用，要将其付诸商务交往的具体实践。任何人，不论身份高低、职位大小、财富多寡，都有自觉遵守、应用礼仪的义务，否则，就会受到公众的指责，交际就难以成功，这就是遵守的内涵。没有这一条，就谈不上礼仪的应用与推广。

先导案例

如此露脸

年轻的小王非常聪明，能力又好，所以大学毕业后，经应聘很快就进入一家规模很大的贸易公司的杭州分公司工作。经过一段时间的努力，他被分公司的李经理看中，调到经理办公室当起了秘书，干得倒也有声有色。

这些天小王很兴奋，因为总公司的张副总经理要来他们分公司视察工作。由于他工作出色，李经理点名让他陪同一起向张副总经理汇报工作。小王心想机会来了，他一定要精心准备一番，在副总经理面前好好表现一把，不光能让李经理脸上有光，说不定借此机会以后还可以调到总公司工作。所以在张副总经理视察期间，小王总是抢着介绍公司某些具体情况，侃侃而谈，从现状到未来发展趋势、从具体工作到宏观评价无一遗漏。有时对自己了解得不太准确的情况，也能灵机一动，迅速做出汇报。对张副总经理给公司布置的任务，小王都毫不犹豫地承诺下来。视察结束后，小王还给张副总经理留了名片，表示今后张副总经理要办什么事，无论公私，都可以直接找自己。

送走张副总经理以后，小王对自己的表现有些沾沾自喜，可是他发现李经理的脸色有些不对头，李经理并没有表扬他，只说了一句："辛苦了。"没过几天，小王被调到销售科当业务员去了。他怎么也没有想到会是这个结果，郁闷极了。

【问题】请谈谈小王被调到销售科当业务员的原因。

【案例评析】小王在与上级领导交往过程中，一是汇报工作越位，本来应由领导来汇报的情况，他抢先汇报；二是表态越位，超越自己的身份，胡乱表态。在工作中，下属热情过高造成工作越位，虽然领导一般都不会过于计较，但下属必须严格把握好自己，因为热情过高，表现欲过强而造成工作越位，往往会在不知不觉中干预领导的职权范围，这对领导来说，常常是难以容忍的。如果下属经常犯这样的毛病，领导就会设法来"制裁"，最直接的做法就是请之另谋高就。

职场礼仪是在人际交往中，以一定的、约定俗成的程序、方式来表现的律己、敬人的过程，涉及穿着、交往、沟通、情商等内容。从个人修养的角度来看，礼仪可以说是一个人内在修养和素质的外在表现；从交际的角度来看，礼仪可以说是人际交往中适用的一种艺术，一种交际方式或交际方法；是人际交往中约定俗成的示人以尊重、友好的习惯做法；从传播的角度来看，礼仪可以说是在人际交往中进行相互沟通的技巧。

"追求相关者利益最大化"是现代职业人的经营理念。"客户至上、服务至上"作为现代职业人的服务宗旨，它充分地反映了公司对每位员工的期望。作为一名现代职业人，我们的一言一行都代表着企业形象，对客户能否进行优质服务直接影响到企业的声誉，即使有再好的商品，而对客户服务不周，态度不佳，恐怕也会导致公司的信誉下降，业绩不振。总之，讲求礼仪是公司对每位员工的基本要求，也是体现公司服务宗旨的具体表现。

现代职业礼仪是根据公司的实际情况制定的礼仪行为规范，希望员工认真遵守，在工作中灵活运用，让它成为我们增进友谊、加强沟通的桥梁。不同的职场礼仪不仅可以反映出职场关系的亲疏、职场环境的优劣，也可以从中了解一家公司的人际关系现状。说到底，职场为个人职业提供一个发展平台，上下级、同事关系是职场环境的重要组成部分，如果能了解、掌握并恰当地运用职场礼仪，就可以在工作中左右逢源，使事业蒸蒸日上。

第一节　公司人际关系礼仪

一、上下级关系礼仪

在职场上，要建立融洽的上下级关系，摆正位置是前提，互相尊重是首要原则。在工作中，不论年龄大小、阅历深浅及水平高低，下级一定要分清私交和工作之间的关系，自觉维护上级的威望和尊严；而上级要身先士卒，带头履行相关制度，发挥领导的示范作用。

Z 知识拓展

> **与上司的私交界限，你看得清吗？**
>
> 美国石油大王约翰·D·洛克菲勒说："我愿意付出比天底下得到其他本领更大的代价，来获取与人相处的本领。"这种本领正是如何把握距离感的尺度。
>
> 在外企中流行着一句名言，"老板可以经常拍你的肩膀，但你永远别拍老板的肩膀"。而这样的尺度，往往增一分则长，减一分则短。
>
> "我既想与你成为好朋友，同时也想与你保持陌生感。至于我选择哪一种，取决于我们最终的目标。"老板的话让人醍醐灌顶。

> 在职场上的朋友不能用私人朋友的期望值去要求对方。毕竟你与公司内部的同事或上司之间或多或少会涉及到公司利益，用私交的感情替代公事准则，不仅朋友关系难以维系，也许还会使自己或朋友的职业生涯受连累。
>
> 另外要注意的是，在同事面前表现出和上司超越一般上下级的关系，尤其是炫耀和上司及其家人的私交，就好像在办公室中埋下一颗不定时炸弹，只要有引线，随时可能爆发意外的后果。

（一）下级对上级的礼仪

任何一个进入职场的人都要学会掌握上下关系礼仪。给别人做下属是一个人进入职业生涯的第一步，这一步走不好的人，以后的道路可能就会布满泥泞，可能就会遇到一连串的坎坷。"不愿当将军的士兵不是好士兵"。要想当"将军"，就必须为日后的晋升和高就创造条件，打好基础。从自己的角色位置出发，正确地认识自己，选定前进的方向、奋斗的目标，恰当地选择自己的言论、行为，不错位，不走样，不偏激，不过分，可以说是一种身心的调整、人格的修炼，这些影响、决定着自己的成熟、成长。

1．下级与上级会面

下级和上级会面时，不应佯装看不见而避开，应主动打招呼，称呼上级注意不能直呼其名，应采取姓加职位、职业或头衔。

进上级办公室，一定要轻轻敲门，经允诺后才能进门，进入后回手轻轻关门。即使门开着，也应敲门或向上级打声招呼，提示有人进入。如果对方正在讲话，要稍等静候，不要中途插话，如有急事要打断对话，注意把握时机和打断的技巧。

2．下级接受上级布置工作

上级安排工作时，摆正位置遵从上级指挥。对于上级安排的工作，不得顶撞，应迅速应答，拿好记事簿和笔，用心聆听或做好记录，接受工作布置。为更好地领会工作的要义，避免听错或误解，在上级交代完毕后，可以就一些自己不理解或存有异议的问题当面请教沟通，而不是背后非议，也可以将交代的工作复述一遍，征得上级的确认，同时也可根据具体工作的性质和要求，申请必要的辅助条件，确定工作的完成期限。

3．下级向上级汇报工作

在执行工作过程中，需及时向上级汇报工作进展和完成情况，并注意以下几点。

（1）首先要向直属上级汇报，除非遇到特殊情况，否则不要轻易越级汇报工作。对于非直属上级给予的委托和指示，出于尊重的考虑，直属上级享有知情权。

（2）汇报前认真准备，报告内容应简洁，逻辑应清晰。依据报告的特点，可选择口头报告、书面报告或电子邮件等形式，内容复杂时，可附上适当的资料以便于理解。对于上级提出的问题，如果一时回答不出来，不可胡编乱造，待事后再做补充汇报。

（3）一定要控制好汇报的时间，不大量占用他人时间，长话短说。

> **【案例 4-1】**
>
> **小李 vs 小苏**
>
> 　　有一次，部门王经理让刚刚毕业的小李打个电话请张副总经理协助处理一件工作。小李拿起电话拨通后就说："是张副总吗？王经理叫我告诉你，你把某某事情赶紧处理一下，王经理很急的。"说完。只见王经理摇了几下头，办公室里的人也笑了。
>
> 　　又有一次，王经理要求小苏打同样的电话。小苏仔细询问过王经理的意思后，考虑到此事当面沟通更好，上楼去找了一趟副总经理，然后回到办公室向上司汇报说，"王经理，张副总刚才说，他那里没有问题，如果有特别需要的话会来协助，王经理你这里直接处理就够了。"

（二）上级对下级的礼仪

　　尊重下属的人格，这是上级最基本的修养和对下属最基本的礼仪。

　　上级和下级沟通时，需注意自己的姿态，语音语调亲切柔和，耐心认真地倾听，尽量避免官腔，让对方易于接受、乐于交谈。如遇有异议，要努力调整自己的情绪。批评下属时，要注意场合，不要动不动当场呵斥，保持冷静才能妥善处理各种问题。注意就事论事，不要居高临下，突显自己的优越地位压制下属。

　　上级应该学会善于听取下属的意见和建议，对给工作提出意见和建议的下属不能存有偏见，一定要广开言路，笑纳逆耳忠言，才能集思广益博采众长。对于下属请教的问题，应根据公司现行的实际情况确切作答，不管有什么意见，在答复下属时最好不要模棱两可，含糊推脱。作为上级，应言而有信，不轻易许诺，如已许诺应努力办到，若无法办到应尽快说明原委，做出解释，求得谅解。

　　另外，下级是存在一定个体差异的独立个体，出身、年龄、性别、性格、文化程度和社会阅历的不同都会影响一个人对外部事物的了解和接受程度。上级应该"因材施语"，用合适的话语来赢得下属的信任和尊重。

二、同事之间的共事与协作

　　对于公司来说，每个人心情阳光，做事积极，同事之间气氛越融洽，办事效率自然越高，领导自然会满意。但是，要谨记和谐、融洽不等于形影不离。同一战壕的同事往往容易抱团，常常会"同仇敌忾"，一个人在抱怨时，其他人大多顺其心意地附和。这样容易留下话柄，也容易两头受气。正确的做法是君子之交淡如水，发表自己的见解，应该三思而后行。

　　同事之间，客观上存在着既是天然的"合作者"，又是潜在的"竞争者"这种微妙的人际关系，必然会产生既渴望"合作"，又警觉"竞争"的复杂心理。职场中，应想方设法尽力避免诱发对方警觉"竞争"的心理，逐步建立互相信任、互相支持的协调关系。

(一)与同事相处的法则

办公室里的同事关系不同于家人和朋友，同事关系是以工作为纽带的特殊关系，一件工作往往需要同事间相互协作、相互支持才能完成，同事之间能否处得和谐、融洽，对工作是否轻松愉快，有着很大的作用。

(1)精诚合作，以诚相待。同一个部门或者不同部门，总会有一些交叉的工作任务需要其他人的合作，在整个公司的大背景下，大家有着共同的工作目标，真诚地沟通，赢得熟悉或是不熟悉的同事之间的信任，会使合作更加得顺利和便捷。

(2)分清职责，掌握分寸。同事相处，应当分清职责、掌握分寸，不争权力、不推责任。属于别人职权之内的事，决不干预；属于自己的责任，也决不推卸。那种有好事就争，有难事就推的行为，是破坏同事间相互协作的腐蚀剂，必须坚决防止和克服。

(3)严于律己，宽以待人。在"认识"自己时，应该少看长处，多看不足，与此相反，对待同事，却应多看长处，少看不足，尤其不要在不适宜的场合，随便议论同事分管的工作。只有这样，才能在同事之间，形成相互信任、友好的和谐气氛。

(4)委曲求全，以理服人。同事之间，难免在工作中遇到一些纠葛和矛盾，在解决这些纠葛和矛盾时，应本着顾全大局、维护团结的良好愿望，对一些无关紧要的"小事"，采取不予细究、委曲求全的态度。即使遇到一些需要辨清是非的"大事"，也要讲究方式方法，尽量做到心平气和，以理服人。这样一来，随着问题的妥善解决，同事之间不但不会伤了和气，反而会建立起更加牢固的团结关系。

(5)经常通气，沟通情况。同事之间，既然同属整个管理机器的组成部分，工作上有密切的联系，所以，只有保持经常通气，及时沟通情况，才能进行有效的合作。也唯有这样，才能彼此了解、互相信任，将一些误会和摩擦消灭在萌芽状态中。因此，工作再忙，也不要"忘"了主动向同事提供有用的资料、信息、情况和建议。

【案例4-2】

和睦相处

小红是今年刚毕业的大学生，经过几轮的笔试和面试，可谓是"过五关斩六将"，终于以较好的成绩如愿地被两家规模颇大的合资企业录取，做了前台秘书。年轻漂亮的小红意气风发，刚参加工作就想好好表现，得到公司的认可。

到公司上班后，小红整天笑容满面，礼貌热情，抢着接待客人，对公司的其他部门的同事也是嘘寒问暖，大家都夸奖她伶俐能干。可她发现前台的其他四个同事对她很冷淡。其中，赵姐的资格最老，已经来公司三年了，另三位来的时间也不短。小红在上班过程中明显地感觉到赵姐对她的敌意很深，问她什么事都爱搭不理的，而另三位同事唯赵姐马首是瞻，对她也是冷冷淡淡的。

刚开始，小红没有太在意，心想我做好自己的工作就行了。后来发现这很困难。因为她们前台接待的客人很多，工作头绪又多，她虽然受过培训，但毕竟初来乍到，还有很多业务不甚熟悉，公司的方方面面的情况也不是很清楚，需要同事们的指点和帮助，同时，前台工作的性质本来也需要大家的配合和协助。认识到这一点，小红开始反省自己，是不是自己哪些方面做得不好，使得同事讨厌自己。她决心改变做法，让同事喜欢自己。所以，接下来的日子，小红经常为同事们打水、打饭、跑腿，脏活累活抢着干，天天赵姐长赵姐短，虚心向赵姐她们学习。有一次，人力资源部经理过来问她："工作怎么样？和同事们处得怎么样？"小红当着赵姐她们的面回答说："经理不用担心，赵姐她们经验丰富，经常教给我很多东西，也经常帮助我把工作做好。"经理满意地走了。

慢慢地，小红发现赵姐她们对待她的态度变了，不再那么冷淡了。在小红坚持不懈的努力下，终于有一天，赵姐对她说："小红，今天跟我们一起吃饭吧。近一段时间你也辛苦了，以后我们一起好好相处，把工作做好。"小红欣慰地笑了。

【案例评析】分析本案例，我们可以发现，小红的问题是刚到单位，还摸不清状况，就急于表现自己的能力，急于表现自己的出类拔萃，不注意与自己部门的同事搞好关系，打成一片。这样就使得部门里的其他同事很难接受她，视她为潜在的竞争对手或是异己力量，甚至会联合起来一起排挤她，使她的工作陷入被动。

（二）与同事相处的技巧

人在一生中，除与家人相处以外，同事之间便是相处频率最高、时间最多的了。因此，为了改善同事间的交际环境，促使交际融洽和谐，需要有一些技巧。下面几点可供参考。

第一，同事相处，既要密切配合，又要保持适当的距离，这样才能减少摩擦，使彼此少受伤害，有利于友情的发展和延续。例如，新人到岗后，不要马上高调地介入工作，而应该先熟悉组织内部、外部的人际环境，再决定自己应该采取怎样的姿态去加入工作。这样，才容易融入群体，站稳脚跟。再者，一旦发现同事中有敌视你的人，不能不在意，一定要及时洞察他敌视你的原因，了解后马上采取有效措施予以化解；否则，积怨会越积越深，给工作和团结带来不利影响。

第二，在职场中，同事间交往的基本原则是平等、真诚与相互尊重。俗语说：礼多人不怪。同事之间的交际也要多加施礼。在处理种种事情时，必须多设身处地换位思考，请教问题要虚心，解答问题要耐心。待上以敬，待下以宽，对年长的同事要多学多问，对比自己年轻的新人则要多帮助、多鼓励、多爱护。

第三，在职场应少说话多做事。在同事面前，不该说的不要说，特别是涉及其他同事、工作任务等方面的话题时，不要发牢骚，最好的办法是少说多做，用行动来表达自己的观点，就工作中出现的问题，积极地沟通和协调，当有误解时，要主动进行调解，对自己的失误应主动道歉说明。

第四，同事的工作受阻，或遇到挫折和不幸时，及时给予真诚的关心，对方请求帮助时，则应尽己所能真诚相助。应注意的是，向同事许诺事情时应考虑到责任，做到言必信行必果，没有把握或做不到的事情，不信口允诺，如因意外原因无法达成，应诚恳地向对方表示歉意，不能不了了之。

第五，同事间相处具有相近性和长期性的特点，不论是否投缘，都应建立良好的职业人际关系。谨记"君子之交淡如水"，把握好分寸，和同事间的关系不过分亲疏，对于物质上的往来应一清二楚。自古以来就有"祸从口出"的警策之言，切忌闲聊是非、在背后议论同事隐私，更不可飞短流长、挑拨离间破坏同事关系。

第六，与同事相处，切忌"心冷脑热"，因为你待人心境冷漠，势必在言行举止上表现出对同事的冷淡，这样，同事就不可能跟你关系融洽。而"心热脑冷"，则是对同事要有一颗温暖的心，相处时充满着热情。而在同事面前说话处事又需要有一副冷静的头脑，切不可凭着自己的个性，心血来潮、为所欲为，进而在自己的同事关系中种下蒺藜。

第二节　电话礼仪

随着科学技术的发展和人们的生活水平的提高，电话在人群中的普及率越来越高，电话，作为现代通信的重要手段，因其简单、方便、快捷，在职业交往与社会交往中，书信的许多功能已为其所代替。所以，接打电话，已为我们日常生活和公关交流活动中最普遍的方式之一。

A 案例导入

电话无礼，丢掉客户

某公司的业务主管打电话给甲公司，想要谈一笔业务，但在拿起电话后却不小心误说成乙公司。甲公司的员工 B 一听对方要找的是自己的竞争对手，没好气地说："你打错了"，然后"啪"地一下就挂断了电话。

这位主管回过神来，发现自己口误说错了，但同时他觉得心里十分不舒服，他之前跟接电话的这位员工联系过几次，对方一直都是温文尔雅的，现在看来，那些表面功夫都是装出来的，于是这位主管打消了再打电话给甲公司的念头，不想再和这个公司合作了。

【案例评析】在商务活动中，电话是商务沟通中必不可少的工具之一。接听与拨打电话时，双方彼此互不见面，如果在电话中处理不当，会给公司带来负面影响，因此掌握基本的职场电话礼仪及接打技巧是非常重要的。分析本案例，我们从中有所启发。

（1）重要的第一声。打电话的人需"问候+自我介绍"，接电话的人需"问候+自报家门"。

（2）即便别人打错电话，应礼貌提示："对不起，你打错了，这里是××公司。"

（3）即便我们拨错电话，应礼貌道歉："对不起，我打错了，打扰了，再见！"

总而言之，接电话一定要注意礼节，要自始至终耐心相迎、礼貌待人。如果对方不小心拨错了电话也要保持应有的礼貌和尊敬，甲公司的员工正是犯了这样的错误，不仅破坏了公司形象，更加影响了其商业利益。

一、电话礼仪四要素

拨打或接听电话，一开始要礼貌问候并自我介绍，然后立即转入主题，谈话时内容条理清晰，通话过程中要认真倾听并积极呼应对方，谈话完毕应适时挂断并互相道别，这样的整个过程正是体现了电话礼仪的四要素。

1．礼貌问候、自我介绍

电话接通后切忌"开门见山"，没有一句问候语就切入正题。双方均应先问候对方"您好！"以示礼貌。为了在第一时间告知并明确对方身份，接电话者先略作自我介绍，介绍中带有公司、部门或姓名信息即可，同时证实一下对方的身份，打电话者须及时回应对方，并略作自我介绍。

需要注意的是，在商务交往中，不允许接电话时以"喂，喂"或者"你找谁呀"作为"见面礼"。特别是不允许一张嘴就毫不客气地查一查对方的"户口"，一个劲儿地问人家"你找谁""你是谁"，或者"有什么事儿呀？"

2．转入主题、内容紧凑

在问好和自我介绍后应立即转入主题，拨打电话的一方可以直接告诉对方为何打电话，将通话内容的要点准确地表达出来，主次分明，条理清晰，可以节省双方通话的时间。

3．认真倾听、积极呼应

通话时要认真倾听，但不可长时间沉默无语，这会使对方误以为你没有接听，在通话过程中应积极呼应对方，可以说些适当的短句，如"是的""好的""是这么回事""请您继续说"等让对方感到你是在认真听着，以示尊重。

4．适时挂断、互相道别

结束电话交谈时，彼此客气地道别，说一声"再见"，一般由打来电话的一方先挂，然后接听方再挂上电话，不可只管自己讲完就挂断电话。如果对方的社会地位高、职务高，则应是尊者先挂电话，然后自己再轻轻放下话筒。

二、接打电话应遵循的原则

1. 巧妙介绍，把握重要的第一声

当我们打电话给某单位，若一接通，就能听到对方亲切、优美的招呼声，心里一定会很愉快，使双方对话能顺利展开，对该单位有较好的印象。拨打电话首先要自报家门，"你好，这里是 XX 公司"，并伴随清晰悦耳的声音，吐字清脆，马上会给对方留下良好的印象，对方对其所在单位也会有好的印象。因此要记住，接电话时，应有"我代表单位形象"的意识。

2. 尊重对方，要有喜悦的心情

打电话时我们要保持良好的心情，这样即使对方看不见你，但是从欢快的语调中也会被你感染，给对方留下极佳的印象，由于面部表情会影响声音的变化，所以即使在电话中，也要抱着"对方看着我"的心态去应对。

严部长要约见魏老先生，他对秘书说："明天上午我要见魏老先生，你和他联系一下"。

秘书以下两种不同的处理方式，效果是截然不同的。

A：秘书甲："魏老，严部长明天上午要会见你，请你准时前来。"

B：秘书乙："魏老，您近来身体如何？如果方便的话，严部长明天上午 10 点钟想同您会面，您看是否方便？"

从电话中我们就能够了解到前者冷淡、趾高气扬的态度和后者亲切、自然体贴的有效沟通，将对接听者的尊重充分表达出来了。

3. 简洁明了，有效控制通话时间

由于电话具有收费、容易占线的特点，因此，无论打出的电话还是接听的电话，交流沟通时都要长话短说，简洁明了，除必要的寒暄与客套之外，一定要少说与工作业务无关的话题，避免出现电话长时间占线的现象。"铃响不过三"作为电话接听者在铃响两声后的间隙就要迅速应接，准确判断对方目的意图，尽快进入正题。例如："请问先生，您究竟是对我公司的产品感兴趣还是对我公司的销售流程感兴趣？""您主要是想了解本公司产品的价格还是性能？"要注重态度真诚，语言规范。在接听过程中，如果遇到需要询问和回答的问题时，必须使用规范语言，维护领导和公司的形象。

4. 认真记录，有效转接

在工作中随时牢记 5W1H 技巧，所谓 5W1H 是指①When 何时②Who 何人③Where 何地④What 何事⑤Why 为什么⑥How 如何进行。对打电话、接电话具有相同的重要性。电话记录既要简洁又要完备，有赖于 5W1H 技巧。

而当对方来电要找的人不在，接听者应该礼貌问候，合理转接。

例如，在领导开会或会客时有重要客户来电，接听者可以这样做。

——"张经理正在开会，我去看看他是否可以暂时离开来接听电话。"

——传纸条（给领导递张纸条，上面写明谁打电话找他，询问是否接听，切勿直接报告或用内线电话干扰会议或者会客）。

——如果领导回复不能接听电话，那么你就要客气地告诉对方："很抱歉，张经理正在开会，他说等会议结束之后他会给您回电话。"然后记录对方的电话号码。

对方来电时领导不在或无法接电话时可以做如下选择。

——告知领导回来时间，让其到时再打。

——请对方留下姓名和电话，领导回来后与其联系。

——询问对方是否愿意与其他人通话。

——记录并引用对方的名字（尽量使用尊称：张经理、王主任等）。

一天，一位新任秘书通知档案部王主任到局里开会，王主任恰巧不在，秘书就请接电话的人转告。结果王主任未到会。事后，领导查问，对方说未接到会议通知。秘书感到十分冤枉，自己明明已经电话通知过了，可是谁接的电话又说不清楚，结果误了事，自己又很被动。

三、接打电话的礼仪

（一）打电话的礼仪

打电话时，需要做好充分的通话准备，不仅要牢记四要素，慎选通话的时间和地点，高效得体地处理电话是非常重要的。简单地说，选好时间，选好空间，想好说啥，再打电话。

1．选好时间

在拨通电话之前，应考虑一下此刻与对方通话是否合适。除了紧急事项，一般不宜在下列时间打商务电话：

➢ 三餐时间；

➢ 早晨 7 时以前；

➢ 中午午休时间；

➢ 晚上 10 点以后；

➢ 给国外打电话时，还要考虑时差的因素。

【案例 4-3】

如此致歉

小李在某公司担任秘书工作。一天，由于某事受到了老总的批评，但那其实不是他的错，只是个误会。小李感到很委屈，晚上回到家他心里很不安，特想跟老总解释一下，并就这次误会向老总深深致歉。他怕夜长梦多，第二天也不好意思面对老总，于是他立即拨通了老总的电话。可没想到老总还没等他张口，就很生气地说道："难道你不知道现在是下班时间，况且都 10 点多了吗？"说完便挂断了电话。小李听后目瞪口呆，心想真是欲速则不达，事与愿违。

【案例评析】打电话的时间具体分为两个方面：一是通话时间的选择。选择的通话时间首先应方便对方，一般不宜选择过早、过晚、对方忙碌、快下班、用餐或休息的时候，打电话给他谈话可以这样开始："现在与您说话方便吗？"二是通话时间的长短。一般通话时间不宜过长，最好不要超过3～5分钟。

2．选好空间

选择打电话的地点时，应考虑以下因素：一是通话内容是否具有保密性，看是否需回避某些场合；二是尽量不要借用外人或外单位的电话，特别是不宜长时间借用；三是尽量不要在办公室打私人电话。

3．想好说什么

A 案例导入

回电话给董事长，该怎么说？

今天周二，上午董事长临时要求秘书王小姐打电话联系李总、陈总和王总参加下午3点的会议，联系后回电话给他。王小姐联系后发现：

1. 李总来电说他不能参加今天的会议了，周三四五都可以。
2. 陈总说他不介意晚一点开会，明后天开也可以，但明天10：30以前不行。
3. 王总的秘书说，王总明天晚些时候才能从北京赶回来。
4. 看过董事长这一周的行程表，周四上午的时间可以保证。
5. 会议室明天已经有人预订了，但星期四没有人预订。

综上所述，会议时间定在星期四上午10点似乎比较适合。

问题：回电话给董事长时，王小姐该怎么说才能做到主次分明、条理清晰？

如果王小姐没有换位思考，没有认真组织自己说话的条理，可能会这样打电话，"董事长，你好！李总说今天不行，陈总明天10：30以后可以，王总星期四以前不行。看过你这一周的行程安排，星期四上午刚好没有安排。加上会议室星期三无法预订，星期四可以预订，那星期四上午10：00开会，你看可以吗？"

为了让通话的逻辑更加清晰，可参照金字塔原理的"先重要后次要，先全局后细节，先结论后原因，先结果后过程"的展现思路的有效方法，王小姐可以这样来整理自己的思路：

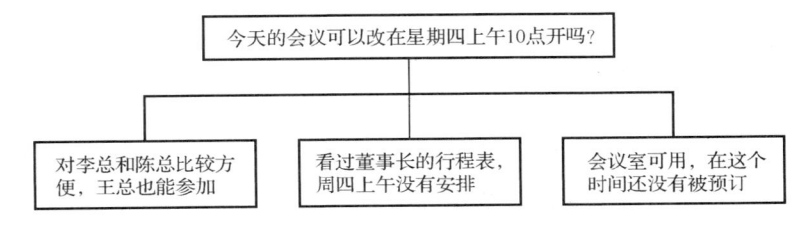

```
        今天的会议可以改在星期四上午10点开吗？
        ┌──────────────────┼──────────────────┐
  对李总和陈总比较方      看过董事长的行程表，    会议室可用，在这个
  便，王总也能参加        周四上午没有安排      时间还没有被预订
```

4．其他细节

值得一提的是，电话接通和挂断之前都不要说话：一来很不礼貌，二来容易闯祸，通话时应避免有气无力、粗鲁傲慢、急躁不堪、语言生硬等不礼貌的表现，也不宜与第三者插话，若有重要事情必须与第三者交谈，先向通话对方致歉后，让他等待，再按电话"HOLD（保持）"键或用手捂住话筒。

> **【案例4-4】**
>
> 免提电话的风波
>
> 　　一位总经理在电话里与他的一位客户商谈一项买卖合同的制定，经理使用的是电话免提功能，并且礼貌地告诉对方自己用的是免提电话，并且还有两位助手在旁边听着。这位经理在谈话的中间发现缺了一些资料，所以，向那位客户建议稍等一会儿给他打过去，对方同意了。这位经理到销售经理那儿去拿资料，销售部的经理要求与他一起去商谈这件事情，进入办公室后，总经理又用免提电话打给那位客户，告诉他自己没有找到要找的资料，希望客户原谅，客户有点儿不高兴，说着将话题转到销售部，并开始批评这个合同，批评销售部的一些行为。此时，销售部的经理实在忍不住了，直接通过这部免提电话来解释事情的来龙去脉。
>
> 　　**【案例分析】** 总经理打电话出现了两大失误：一是用了电话的免提功能，所以在第二次拨通电话时就应该告诉客户，销售部的经理也随他一起来到了办公室，也在听电话。这样的话，客户就不会在电话里批评销售部和这份合同。二是总经理打电话之前应做好充分准备，备好需要的资料，不应在打电话途中再去找资料。

在商务场合，要慎用电话的免提功能，比如有的人在办公室打电话用免提，电话扩音器大音量地传出对方的彩铃，一直到对方接了才拿起听筒讲话，这样做方便了自己却影响了别人的工作。

（二）接电话的礼仪

在接听电话时你所代表的是公司而不是个人，所以不仅要言语文明、音调适中，更要让对方能感受到你的微笑。同时，也不要忘记每一个重要的电话都要做详细的电话记录，包括来电话的时间、来电话的公司及联系人，通话内容等，这样才能为将来开展业务奠定良好的基础。

1．接电话的要求

接打电话过程中绝对不能吸烟、喝茶、吃零食，即使是懒散的姿势对方也能够"听"得出来。如果你打电话的时候，弯着腰躺在椅子上，对方听你的声音就是懒散的、无精打采的；若坐姿端正，身体挺直，所发出的声音也会亲切悦耳，充满活力。因此打电话时，即使看不见对方，也要当作对方就在眼前，尽可能注意自己的姿势。声音要温雅有礼，以恳切之话语表达。口与话筒间，应保持适当距离，适度控制音量，以免听不清楚、滋生误会，或因声音粗大，让人误解为盛气凌人。

万一对方拨错了电话或电话串了线，也要保持风度，切勿发脾气"耍态度"。确认对方拨错了电话，应先自报一下"家门"，然后再告知电话拨错了。对方如果道了歉，不要忘了以"没关系"去应对，而不要教训人家。

2．电话沟通时正确的姿势

- 收腹挺胸；
- 双脚平放地面，不可交叉或交叠；
- 保持L的形状（大腿与小腿成一个L形，大腿与躯干成另一个L形）；
- 面带笑容；
- 左手拿话筒，右手拿笔。

3．电话沟通时不正确的姿势

- 边打电话边吃口香糖；
- 打电话时对着话筒打喷嚏或咳嗽不停；
- 边讲话边抽烟、吃东西或喝饮料；
- 打电话时一边讲话一边用手或笔敲击桌面；
- 卷曲着身子躺在椅子或沙发里懒洋洋地说话；
- 趴在桌子上讲话；
- 交叉或交叠双腿一边晃动一边讲话；
- 其他无礼的姿势。

正确的电话沟通可以提高工作效率，创造友好气氛，可以使人留下对你公司和你本人的最好印象，提高你和你部门在上司心目中的地位。因此，一定要用心塑造"电话形象"。

【案例4-5】

被解雇的陈小姐

新加坡利达公司销售部文员刘小姐要结婚了，为了不影响公司的工作，在征得上司的同意后，她请自己最好的朋友陈小姐暂时代理她的工作，时间为一个月。陈小姐大专刚毕业，比较单纯，刘小姐把工作交代给她，并鼓励她努力干，准备在蜜月回来后推荐陈小姐顶替自己。某一天，经理外出了，陈小姐正在公司打字，电话铃响了，陈小姐与来电者的对话如下：

陈小姐："……"（不出声）

来电者："您好，我是晨新有限公司的业务经理，请问您这儿是利达公司吗？"

陈小姐："是。"

来电者："你们经理在吗？"

陈小姐："不在。"

来电者:"你们是生产塑胶手套的吗?"

陈小姐:"是。"

来电者:"你们的塑胶手套多少钱一打?"

陈小姐:"1.8美元。"

来电者:"1.6美元一打行不行?"

陈小姐:"不行的。"

说完,"啪"挂上了电话。

上司回来后,陈小姐也没有把来电的事告知上司。过了一星期,上司提起他刚谈成一笔大生意,以一打1.4美元的定价卖出了,客户共订了1100万打。陈小姐脱口而出:"啊呀,上星期有人问1.6美元一打,我说不行的。"上司当即脸色一变说:"你被解雇了。"陈小姐哭丧着脸说:"为什么?"

【案例评析】陈小姐在接电话方面犯了几个错误,总结分析其主要表现为:

(1)陈小姐一开始接听电话时,没有问候对方并自报家门。而且整个通话过程无一句礼貌用语,态度冷漠语气生硬;挂电话时不等对方说完,就"啪"挂上电话,显得傲慢无礼。在电话礼仪中,应是尊者先挂或地位高者先挂电话。在本案例中,客户即是尊者,当通话完毕,陈小姐应道一声再见,待对方挂机时,再轻轻挂上电话。

(2)通话过程中,陈小姐遗漏了对重要信息的询问记录。比如,这位业务经理的姓名和电话号码、对方的手套的需要量等,陈小姐该问的没有问,该记的没有记录。不仅如此,她还在电话里自作主张否定议价,在价格上不向上司请示,不该说的却说了。最后,通话结束后陈小姐没有及时向上司汇报,该做的也没有做。

这个案例告诉我们,接听电话不可太随便,得讲究必要的礼仪和一定的技巧,以免错失发展机会。接听电话时,我们会遇到各种问题与情况,如下表格所示为可供参考的是各种问题的解决办法。

问题与情况	接电话礼仪
铃响几声接?	两三声,不立即接,也不拖延
电话让对方久等,应说?	抱歉,让您久等了
第一声,怎么说?	问候对方并自报家门,如"你好!这里是××公司××部"或"我是××公司××部××,请问怎么称呼您?"或"您好!这里是××公司××部,请问您找谁?"
当来电者说明找谁后,有三种情形: 一是刚好是本人接电话; 二是人在,但不是这个人接的电话; 三是要找的人不在办公室里。 每种情况该怎么说?	第一种情形,说:"我就是,请问您是哪位?" 第二种情形,接话人说:"他在旁边,请稍候。"或"请稍候,我帮你叫一下。" 第三种情形,接话人则说:"对不起,他不在。您需要转告吗?"

续表

问题与情况	接电话礼仪
能替别人接听电话吗？如何代为接听？	办公室的座机可以接听，最好不要代人接听手机。 如果座机主人不在，告诉对方要找的人不在，问他要不要留言或转达什么信息。 如果对方说不需要，可让他过后自己再打过来，或用其他方式联系要找的人，或直接互相告别。 如果需要转告，应清晰地做好记录，节约时间
来电需要转告如何记录？	一定要认真做好记录，记录完毕后向对方重复一遍，以确保准确无误。这些留言记录应包括： （1）来电人的姓名（或贵姓）、单位、回电号码和来电的主要内容； （2）来电的时间及要联系的人或部门。
不方便接电话时，如何说？	简单说明不方便的原因，自己方便时给他打过去，或直接说现在不方便接电话，在某个时间段回电
如何处理来电等待？	（1）应先告诉对方等待的原因。 （2）要说明需等待的时间。 ① 如果是短暂的等待（1分钟内），就告诉对方："请稍等，马上就好"；重新通话时对来电者的等候表示歉意，"对不起，让您久等了"。 ② 如果是长时间的等待（超过1分钟），询问对方是否愿意等待；或问清对方电话号码，有了消息会及时与他联系
如何暗示对方终止通话？	总结通话内容，重复要点，再次确认所要说的事；或先致歉再以某待办急事为由暗示对方
接到别人打错电话，该怎么说？	应礼貌提示："对不起，您打错了，我们是××公司"，对方抱歉时，回应"没关系"
会客时有重要电话要接，如何处理？	向对方致歉："不好意思，我先接个电话"或"非常抱歉，接个电话，稍等片刻"

【案例4-6】

"莫名"赔钱的陈老板

李老板约了陈老板吃饭，可是过了约定时间二十多分钟，陈老板还没到。李老板便给他的单位打了个电话，问："喂！我是李老板，跟你们陈老板有约，他出来了吗？"

接电话的人说："他早走了，急着去工厂去了。"

"急着去工厂？"李老板听到这话有点纳闷，心想最近刚好有一批货交给陈老板来办，该不会是这批货出问题了吧？于是，李老板顺藤摸瓜，很快发现货的质量有问题。最后，李老板向陈老板摊牌、施压，逼他把这批货以七折的价格卖给自己。只可惜，陈老板赔了钱，还不知道问题到底出在哪里？

在职场，难的是把握说话的尺度与办事的分寸。分析本案例，值得我们引以为戒的是，当替人代为接听时，不要画蛇添足，比如说他去哪儿了，为什么不在等。另外代人接听还有个细节需要注意，如果来电者索问要找的人的手机号码，考虑到手机的私密性，如果没有得到当事人的允许，一般情况下不宜透露号码。

四、手机礼仪

> **【案例4-7】**
>
> **管好手机，敬重于人**
>
> 王莉是一名职场丽人，她平时特别注意手机礼仪，在开会时，她总是习惯地把手机调成静音。王莉经常说："当你正在出席会议时，接听一连串的电话肯定会让他人反感，同时你也不想让你的谈话被人听到。如果真碰到了什么急事，最好安静迅速地离开会场回复电话；实在不能离开又必须接听，需要压低声音快速回应；如果是不重要的电话，直接用手机自动短信回复功能，用手机准备好短信让来电者知道：'抱歉，现在开会中，不便接听。开完会给你回电话。'一切动作以不影响在场的其他人为原则。"

手机作为一种联络工具提高了我们的工作效率，带来了很多便利，但手机也是一个很容易被滥用的工具。上述案例中的王莉不仅能够适时适度地使用手机，而且非常有礼有节对待交往对象，树立了良好的商务形象。

1．手机通话礼仪

手机的通话礼仪，跟座机的使用基本一致，可以参照电话礼仪四要素、打电话和接电话礼仪的内容。为了保持手机处于正常状态，防止手机电池续航差不便联络，随身准备移动充电宝备用。总的来说，手机给我们带来诸多便捷，但需注意一点，要杜绝做手机的奴隶，手机应该是我们完美的仆人而非霸道的主人。

2．短信礼仪

（1）发短信须有称谓有署名，即开头有称呼，结尾一定署名，便于收件人识别短信。

【问题导入】以下三条短信，哪条短信最显诚意？

	特　　点	短　信　内　容
1	有头无尾，无头也无尾	祝您新年快乐，吉祥如意！
2	没称谓有署名，无头但有尾	祝您新年快乐，吉祥如意！李伟敬贺
3	有称谓有署名，有头有尾	尊敬的王总，祝您新年快乐，吉祥如意！李伟敬贺

祝福短信尽可能自己编写单独发送，不要采取群发的形式，尤其是那些你认为对你很重要的人，应当输入对方的名字（或称谓），以示对收信方的尊重。一般情况下，这种祝福短信一来一往就足够，没必要再次致谢或回复，否则容易给对方造成负担。

（2）学会用短信预约。有时给身份高或重要的人打电话，知道对方平时较忙，可以先发短信预约，比如"有事找您，是否方便给您打电话？"如果对方没有回短信，可能不是很方便，除非有急事，选择较久的时间以后再拨打电话。

（3）如果事先已经与对方约好参加某个会议或活动，为了避免对方忘记，最好在会议或活动之前再提醒一下，提醒时适宜用短信而不是直接打电话，显得有亲切随意感。提醒时语气应当委婉礼貌，措辞得当，不可生硬。

（4）收到他人短信应及时回复，即使只是确认一下收到了或提示对方"正在忙"。因某些原因没能及时回信，应当表示抱歉。

3．铃声礼仪

手机铃声，包含来电者听到的彩铃和自己手机来电时的铃声。设置铃声时需注重与职场形象的和谐统一，选择手机的个性铃声也要讲究礼仪。

【案例4-8】

尴尬铃声，失礼于人

小李陪经理去约见客户，双方正热烈商谈重要事宜时，小李的手机突然传出了娇滴滴的铃声："亲爱的老公，我好想你哦，快接电话呀……"此时，小李尴尬得满脸通红，客户们忍俊不禁，经理用责备的眼光看着他。

人们在享受手机带来的种种便捷、乐趣的同时，也在忍受它带来的干扰。商务用途的手机彩铃务必注意，不能用恶搞的、怪异的、低俗类的铃声，以免对方反感。在办公区域内，手机铃声不宜太大，防止影响他人工作。在一些需要保持安静的场合，应主动关机，或将手机调成静音或振动状态。

知识链接

手机礼仪应该注意的事项如下。

◇ 手机没有使用时要放在合乎礼仪的常规位置，一是随身携带的公文包里；二是上衣的内袋里或是不起眼的地方，如背后、手袋里，但不要放在桌子上，特别是不要对着正在聊天的客户。

◇ 在会议中、洽谈时，最好的方式是把手机关掉，起码要调到振动状态。这样既显示出对别人的尊重，又不会打断说话人的思路。

◇ 注意手机使用礼仪的人，不会在公共场合、座机电话接听中、开车时、飞机上、楼梯、电梯、路口、人行道、剧场里、图书馆和医院里接打手机，就是在公交车上大声地接打手机也是有失礼仪的。

◇ 给对方打手机时，尤其当知道对方是身居要职的忙人时，首先要想到的是，这个时间他（她）方便接听吗？在给对方打手机时，注意从听筒里鉴别对方所处的环境。如果很静，应想到可能正在开会，当听到噪声时对方就很可能在室外，开车时的隆隆声也是可以听出来的。但不论在什么情况下，是否通话还是由对方来定为好，应询问"现在通话方便吗?"
◇ 看电影时或在剧院采用静音的方式发送短信是比较合适的。
◇ 在餐桌上,关掉手机或调到振动状态是必要的。
◇ 不要在别人注视你的时候查看短信。
◇ 在短信的内容选择和编辑上,应该和通话文明一样重视。因为你发的短信反映着你观点的倾向性,同时也反映了你的品位和水准。
◇ 不论自己的手机多么先进、昂贵,也仅仅是通信工具而已,而绝非可以抬升个人身价的道具。因此不论何时都不要拿手机来炫耀。
◇ 自觉按时缴纳使用费,不要让他人与自己的联络中断。
◇ 改换手机号码后应尽早告知自己的交往对象。
◇ 当他人利用手机联络自己时,应尽早答复。在约定的联络时间内,不要随便关机。因错码、掉线、无电而有碍联络或暂停联络时,应及时说明,并向联络对象道歉。

五、传真文件礼仪

传真文件礼仪包括发送文件礼仪和接收文件礼仪。

发送传真时,如果需先人工呼叫,在接通电话时应自报家门,说"你好"然后报出自己公司及部门名称。传真应当尽量写清接收人的全名,包括联系信息、传真件页数和发件日期,留下发件人的联系方式,以便后续事宜的联络。

人们在使用传真设备时,最为看重的是它的时效性。因此在接收到他人的传真后,应当即刻采用适当的方式告知对方,需要办理或转交、转送他人发来的传真时,千万不可拖延时间,第一时间交给需要传真文件的人,以免耽误对方的要事。

六、电子邮件礼仪

掌握电子邮件的使用礼仪,是职场礼仪的必修课。电子邮件礼仪看似简单,实则大有学问,必须注意以下几点。

(1)标题。不要空白标题,空白标题不仅不规范、不够职业,也是不尊重对方的表现。标题不宜冗长,须简短且提纲挈领,可以说简洁扼要的标题不仅方便对方阅读和分类,将来自己查找邮件时也比较方便。

(2)正确区别使用收件人(To),抄送(CC),密送(BCC)。三者之间的区别见下表所示。

发件人(From)	收件人(To)	抄送(CC)	密送(BCC)
发送邮件的人	要受理这封邮件所涉及的主要问题,理应对邮件予以回复响应	只需要知道这封邮件的内容,没有义务对邮件予以响应的人	收件人和抄送者都不知道发送者将邮件发给密送者。但密送者知道邮件的所有信息,除了不知道邮件同时又密送给了谁

续表

发件人（From）	收件人（To）	抄送（CC）	密送（BCC）
举例：假如 A 发送邮件给 B，抄送给 C1、C2，密送给 D1、D2	B 知道这封是 A 发送给自己的邮件，并且抄送给了 C1、C2，但不知道密送给了 D1、D2	C1 知道这封是 A 发送给 B 的邮件，并且抄送给了自己和 C2，但不知道密送给了 D1、D2	D1 知道这封是 A 发送给 B 的邮件，并且抄送给了 C1、C2，而且密送给了自己，但不知道密送给了 D2

一般抄送和密送有备份、知会或者监督跟踪的作用，密送功能很实用，比如公司产品的信息需要通过邮件给全国的各个客户，最好采用密送方式，这样不仅可以保护各个收件人的地址不被其他人轻易获得，而且可以使收件人节省下收取大量抄送的 E-mail 地址的时间。密送功能实用的同时也有危险的一面。

【案例 4-9】

两个部门经理吵架，在邮件上两个人争得不可开交，甲为了让总经理了解事情真相，将邮件密送给总经理，而总经理着急澄清此事，回复邮件时直接点击了"回复全部"。乙收到邮件更是气愤，觉得这么小的事情甲还密送给总经理，甲也太"小人"了，从此和甲结下不解之仇。

（3）邮件正文。电子邮件礼仪的中心思想就是"只将有价值的信息提供给需要的人"。正文须有头有尾，即开头有称呼，结尾有署名，内容要简明扼要，行文通顺。可用 1234 之类的列表罗列要点，以使行文清晰明确。如果所阐述的事情单纯用文字让人难以理解，可以配合图表加以说明。如果具体内容很多，正文可只做摘要介绍，然后单独写文件作为附件进行详细描述。

（4）附件。如果邮件带有附件，应在正文提示收件人查看附件，附件文件名应能概括文件主题内容，注意附件数目不宜超过 3 个，数目较多时应打包压缩成一个文件。鉴于有时发邮件忘记附上附件，因此在发送带有附件的邮件之前，尝试养成一个良好的工作习惯，收件人和抄送栏先空着，先写邮件正文，然后附上附件，仔细检查确认无误后再填上收件人和抄送，再检查一下附件是否准确，最后将邮件发出去。

（5）回复技巧。收到邮件时须及时回复，即使只是确认一下收到了。如果事情复杂无法及时确切回复，至少应该回复说，如"邮件已获悉，我们正在处理，一旦有结果就会及时回复。"如果收发双方就同一问题的交流用邮件说不清楚，需考虑采用电话沟通等其他方式进行交流。

（6）签名档的使用。一封没有签名的邮件是一封不够职业的邮件，而一个好的签名能够让你的邮件锦上添花。需注意的是，过于正式的签名会与对方产生距离感，显得疏远。签名应该进行简化，签名信息不宜过多，一般不超过 4 行，可以包括姓名、职务、公司、电话、传真、地址等信息。根据单位内部和外部各群体的邮件往来，可以在邮件系统中设置多个签名档，根据情况灵活使用。

（7）群发单显、读信回执等功能的使用。群发单显（分别发送）功能，即群发的邮件，采用一对一单独发送，每个收件人只看到自己的地址，不知该邮件是被群发的，可以防止别人信息泄露。比如学生毕业求职需同时发送多个求职简历时，既希望节省时间又不希望各个企业看到这封邮件是群发的，就可以使用"群发单显"功能。邮件发送后如果希望及时知道收件人是否已阅读过邮件，可以设置读信回执功能，即在发邮件前设定要回执，在接收人点开邮件阅读时系统会自动回执通知发件人接收人已阅读信息。

（8）注意细节。邮件发送时，除了以上提到的几点，还有几个细节需要注意。

① 收件人或抄送者如有多人时，邮件地址的排序应遵循尊者为先的原则，如按职位的等级从高到低排列。

② 选择合适的字体和字号。在商务邮件的写作中，比较适合在线阅读的字号和字体有：中文宋体或新宋体，英文 Verdana 或 Arial 字型，字号用五号或 10 号字。切忌用过小的字号，这会让人读起来很费劲，也不要用稀奇古怪的字体或斜体。

③ 合理提示重要信息。对于需要对方格外关注的重要信息，可使用大写字母、粗体斜体、颜色字体、加大字号等手段进行提示。但这些字体需要合理运用，如果通篇都是重点，只会让人抓不到重点，影响阅读速度。

④ 商务邮件写作不要动不动使用":)"之类的笑脸字符，也最好不用背景信纸，会显得比较轻佻。

⑤ 慎用"回复全部"功能。该功能固然方便，但可能将邮件发给无关的人员，如果邮件内容是重要或是机密的文件，则会使机密泄露，从而引发严重后果。

第三节　会议礼仪

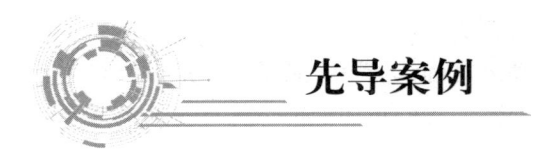

先导案例

请柬发出之后

某机关定于某月某日在单位礼堂召开总结表彰大会，发了请柬邀请有关部门的领导光临，在请柬上把开会的时间、地点写得一清二楚。

接到请柬的几位部门领导很积极，提前来到礼堂开会。一看会场布置不像是开表彰会的样子，经询问礼堂负责人才知道，今天上午礼堂开报告会，某机关的总结表彰会改换地点了。几位领导同志感到莫名其妙，个个都很生气，改地点了为什么不重新通知？一气之下，都回家去了。

事后，会议主办机关的领导才解释说，因秘书工作粗心，在发请柬之前没有与礼堂负责人取得联系，一厢情愿地认为不会有问题，便把会议地点写在请柬上，等开会的前一天下午去联系，才得知礼堂早已租给别的单位用了，只好临时改换会议地点。但由于邀请单位和人员较多，来不及一一通知，结果造成了上述失误。尽管领导登门道歉，但造成的不良影响也难以消除。

【问题讨论】这个案例告诉我们，秘书在进行会议准备时应注意什么问题呢？

会议是企业经营过程中的经常性活动。会议一般涉及三类人员：会议组织人员、与会人员及会议后勤服务人员，以下是各类人员在会议期间的礼仪规范。

一、会议组织人员的礼仪规范

（一）会议接待的具体要求

会议组织人员是按照组织经营需要，组织和策划会议的人员，包括会议召集人和会议主持人。一般来说，由会议召集人充当会议主持人。会议组织人员，尤其是会议主持人，其言行直接关系到会议的成效，可以体现出一个组织的形象。会议接待的具体要求主要体现在以下几个方面。

（1）诚恳热情：热情、友好的言谈举止，关心、周到的服务行为，会使与会者产生一种温暖、愉快的感觉。

（2）细致周到：会议接待的内容具体而又烦琐，涉及许多方面，要按照领导的意图和会议的要求，精心组织，统筹协调，内外照应，有条不紊；通过服务，善始善终地保障会议按预定的计划顺利进行。

（3）按章办事：企业的会议接待都有规章制度，应自觉地照章办事。对服务的标准，不得擅自提高或降低。

（4）确保安全：会议接待人员要严格遵守安全保卫工作的规章和工作规程，防止各类危害与会人员的事故发生。

（5）会议保密：遵守保密纪律，服务人员接触部分机要事务时，对会议内容、秘密文件、电文资料等不要过问，因工作需要必须过问的，要注意严格保密。

（二）会议组织人员服饰礼仪

会议组织人员要求仪表端庄，仪容整洁。无论男女，均应身着职业装。男士应穿白衬衣或西装，扎领带，衬衣的下摆一定要扎入裤腰里，应穿深色的皮鞋，服装必须干净、平整，不留胡须，不留长发，头发梳理美观大方，才能衬托出本人良好的精神状态和对工作的责任感。

女士应着西装套裙，颜色不要太鲜艳、太花哨，皮鞋的颜色要比服装的颜色深，应穿透明的长筒丝袜，袜口不能露在裙口下，不能有勾破的洞，佩戴首饰要适当，符合规范，发型以保守为佳，不能新潮，最好化淡妆，以体现女性端庄、文雅、自尊自重的形象。

二、会议礼仪规范

（一）会前准备规范

（1）明确会议目标。会议组织人员应明确此次会议目的，即会议召开的背景，需要解决的问题及此次会议要达到的效果。

（2）确定会议议题。会议议题是会议需要讨论的内容。会议组织者应在会议召开前收集、整理相关资料，罗列需要解决的问题，确立会议议题。确立会议议题时应注意，议题不宜太多，否则会分散会议注意力，影响会议成效。将会议议题前后排序，应把重要、紧要问题放在前面讨论。

（3）确定与会人员和座次。依据会议目的、规模和性质确定与会人员、会议主持人和秘书，根据来宾的不同级别和职位安排座次，如有贵宾，则需准备相应的桌牌。

① 小型会议座次。一般指参加者较少、规模不大的会议，是全体与会者均应排座，不设立专用的主席台。确定上位的基本方法：面门为上、居中为上、以右为上，如下图所示。

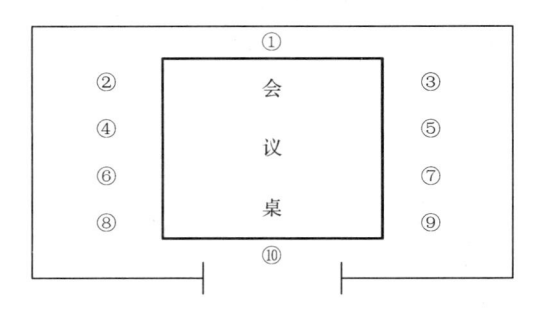

② 大型会议座次。大型会议一般是指与会者众多、规模较大的会议。会场上应设主席台与群众席，前者必须认真排座，后者的座次则可排可不排。大型会场的主席台一般应面对会场主入口，如下图所示。

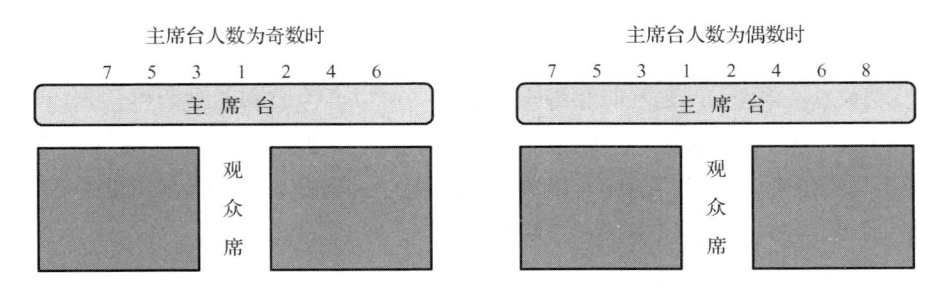

```
主席台人数为奇数时                          主席台人数为偶数时
  7  5  3  1  2  4  6                    7  5  3  1  2  4  6  8
┌─────────────────────┐              ┌─────────────────────────┐
│      主  席  台      │              │       主  席  台        │
└─────────────────────┘              └─────────────────────────┘
┌──────────┐ 观 ┌──────────┐         ┌──────────┐ 观 ┌──────────┐
│          │ 众 │          │         │          │ 众 │          │
│          │ 席 │          │         │          │ 席 │          │
└──────────┘    └──────────┘         └──────────┘    └──────────┘
```

主席台座次的排列要求：前排高于后排、中央高于两侧、右侧高于左侧（商务会议）、左侧高于右侧（政务会议）。

主席台必须排座次、放名签，以便领导同志对号入座，避免上台之后互相谦让。

（4）选择会议时间。会议时间以主要与会人员的时间安排而定，以便主要与会人员准时出席会议。在会议时间确立后，若由于某种原因致使部分与会人员或某些关键与会人员不能出席，应重新确定会议时间或取消会议，并将会议变动情况及时通知与会人员。会议时间应包括会议的开始、结束时间，也包括每个议题讨论的时间。如果会议时间较长，还应考虑中间休息和就餐时间。

（5）选择会议场所。会议场所需要与会议的性质相符，并进行相应的会场布置；准备好会议所需的相应设施和设备。

（6）起草会议议程。会议议程包括会议内容、讨论事项、与会者单位、部门和姓名、各议题的时间分配，开会时间和地点等。

（7）发送会议通知。会议组织人员应及时通知所有与会人员，通知内容包括地点、时间、出席人员，会议内容及会议议程。会议组织人员应提前把会议议程送交每一位与会者，以便与会人员有充足的时间思考问题和做好准备，尤其是会议期间安排发言的人员，还需提前送发和会议议程有关的资料。

（8）会场布置。会议前应根据会议目的进行会场空间安排、会议座次安排。

（二）会议进行期间礼仪规范

（1）会议签到。会议组织人员在开会前要对到会人数进行统计，以便做好会议安排工作。

（2）分发会议资料。会议组织人员应事先准备好会议资料，并将会议中所需要的文件材料分发到与会者手中或分发到座位上。如有必要，还要将发出的材料回收。

（3）引导座位。对于较大型的会议，会议组织者应在与会者入会场时安排人员引导座位。

（4）会议主持人宣布会议召开，会议秘书要及时记录会议内容。

（5）对于重要的会议，会议组织者要做好保密工作，并要处理好会议进程中的突发事件和临时事项。

（三）会后工作规范

会议秘书在会议结束后要及时整理会议报告，对重要内容和关键数据认真核实后编号存档，如有必要可下发或发表。会议结束后需撰写会议纪要，会议纪要经有关领导审阅后，应发给与会人员和会议涉及的部门，以更好地贯彻会议精神。对于需保密的会议，可将会议内容摘要下发，并监督会议决议执行情况。

会议结束后，会议组织人员需明确已完成的议程和形成的决议，评估会议是否达到预期效果，确定下一步需要解决的问题，及如何处理这些问题。

（四）会议主持人礼仪规范

（1）宣布开会。会议主持人须简述会议背景、议题和会议规则，决定讨论方法。

（2）营造良好的会议气氛。

① 会议主持人应引导与会者积极参与，鼓励与会者发言。如果发生与议题无关的讨论应及时引导回议题上来。当会议上出现相近的见解时，主持人应将各种观点加以概括，并记录下来。某一议题讨论结束时，主持人应对该议题的讨论加以总结，从而形成决议，并使之得到通过。

② 控制会议时间。给每个相关人员表达意见的机会。当某个发言人占用时间太长时，须适当提醒。当某一议题讨论时间过长，又不能形成决议时，应暂缓讨论，进行下一个议题的讨论。同时根据会议议程，按顺序展开讨论，遵守预定时间，不要拖延。

③ 掌控会议秩序。会议主持人应注意会议气氛，不要让个别人左右会议。如在讨论的过程中出现了争执或过激场面，主持人需要立即化解。

（3）会议结束。根据会议议程，所有议题的讨论结束后，整个会议也就结束了，会议主持人要进行简要的总结，宣布会议结束。

三、与会人员礼仪规范

（一）会前准备规范

与会人员需提前了解会议议程，阅读相关资料，深入考虑与自己有关的议题，做好相应的准备，并严守会议时间，按时参加会议（一般应提前5分钟进场）。

（二）会议期间规范

与会人员在参加会议期间，应遵守会场纪律，将手机等通信设备关闭或调至振动状态，如有紧急事宜必须通话，则应到会场外接听。

会议期间应认真聆听别人的观点并做好记录，不得走动、喧哗、鼓倒掌、吹口哨。需要发言前须整理好自己的观点，使自己的观点简洁扼要、条理清晰。与会人员发言时，语言的组织结构可参考如下：问题是什么、原因在哪里、有哪些解决方案、建议采用哪一种等。总而言之，要注意自己发言的方式、说话的语气和态度，切忌啰嗦、重复；切忌一味追究他人责任、一个问题没解决就扯远话题，或长时间谈论与会议主题无关的事。

（三）会后工作规范

会后需整理会议记录，贯彻会议精神，努力完成会议形成的工作任务。

四、会议后勤人员服务规范

（一）会前准备规范

会议后勤人员需打扫会议场所，确保会议场所干净卫生，会议场所的地面、桌椅、玻璃窗、台布等都要洁净，同时需要按照会议组织人员安排布置好会场，包括会标悬挂、主席台和会场桌椅摆放，相关设备调试，如音响、电源、麦克风、投影仪等。为参加会议的人员准备好相应数量的水杯、茶叶、开水或瓶装饮用水等。值得一提的是，为了保证会议场所的空气清新或维持适当的温度，可以提前打开会议场所的门、窗通风或打开空调。

（二）会间服务规范

后勤人员需为每位与会人员提供茶水服务，从与会贵宾和主要领导开始，依次往下。每隔 30 分钟续茶。如遇大型或重要会议，须配备礼仪，在会议室门口等候与会人员，引导与会人员入座。会议结束后，要在会议室门口送客，提醒各位与会者带齐自己的物品。

（三）会后工作规范

会议结束后，后勤人员须将会议室打扫干净，将有关设备收好，把桌椅等设施摆放整齐，关闭电器电源，关好门窗，如果发现与会人员遗忘的物品，应立即上交。

第四节　商务礼仪训练项目设计

一、阅读与思考

1. 铃声终于激怒了老总

"开会了，开会了！"大家都来到了会议室。总经理召集各部门经理开会，布置下一个季度的营销任务。老总刚清了清嗓子准备说话，一阵刺耳的电话铃声响了起来，李经理忙不迭地站起来跑出去接电话。老总脸上显出了愠色。会议继续进行，可是不是这里在低头小声接电话，就是那里突然一声铃声。老总突然一拍桌子，把大家吓得一哆嗦："把手机关了，我不相信关一会儿手机会怎么样！"

2．来电吵醒邻床病友

刘先生到医院探访病人，公司的同事来电话，铃声让另一床正闭目养神的病人睁开了眼。刘先生接起电话就谈上了工作。尽管电话时间不长，但那位被吵着了的病人一直脸色不悦。

3．铃声搅乱音乐会

邱女士在北京音乐厅听一场由著名大师指挥的交响乐。音乐演奏到高潮处，全场鸦雀无声，凝神谛听，突然手机铃声响起，在宁静的大厅中显得格外刺耳，演奏者、观众的情绪都被打断，大家纷纷回头用眼神责备这位不知礼者。

4．是个男的

"喂，王姐，你的电话，是个男的"。小赵接了一个电话，大声地招呼王姐过去接电话。整个办公室的人都听到了有个男的找王姐，大家都抬起头看着王姐。王姐非常不好意思地过去接电话。

5．小道消息

小丽接到一个电话，"帮我叫一下小飞。"小丽听出是局长的声音，她赶紧把小飞叫来，自己就在不远处竖起耳朵听电话，她听到小飞说："好，我马上去您办公室。"小飞匆匆走了。小丽立即跑到张大姐那里："张大姐，局长叫小飞去一趟，一定是他那天喝醉酒打人的事被局长知道了，这还不得严厉处分，弄不好开除呢。"过了几天，单位里都在传小飞喝醉酒打人被局长狠狠批评了。

结合本章所学的电话礼仪知识，分析以上五个小案例的失礼之处。

二、行为综合训练项目

1．实训目的

为了让学生掌握电子邮件的收发礼仪，培养正确运用电子邮件的能力。

2．背景材料

同学间模拟组建公司和部门，设置邮件收发的事件背景，相互发送电子邮件，学习区别使用收件人（To）、抄送（CC）、密送（BCC）。邮件需包括主题、正文和落款，正文需有头有尾，用1234之类的列表罗列要点。

3．实训设计

实训地点为实验室，实训课时为1课时。

4．学习建议

（1）将发件人名字设置成"姓名"；

（2）学习使用邮件的自动回复、群发单显和读信回执等功能；

（3）设置签名档，签名档包括姓名、职务、公司、电话、传真、地址等信息；

（4）将 3 个以上附件打包上传，学习将 Word 文档转化成 PDF 格式并作为附件上传；

（5）及时回复邮件，回复内容为"邮件已获悉，我们正在处理，一旦有结果就会及时回复"，落款使用签名档。

本章小结

职场礼仪是新人入职前必须学会运用的基本礼仪规范之一，它能帮助我们更好地融入新的工作环境，更好地和领导、同事打交道。要完成从职场菜鸟到职业人士的转变，顺利进入工作圈，学习正确处理组织的人际关系，学习使用电话和电子邮件等各种工作技巧，掌握会议礼仪，学会有效安排会议等都至关重要。

第五章
商务日常交往礼仪

名人名言

在人与人的交往中，礼仪越周到越保险，运气也越好。

——[英]卡莱尔

本章学习目标

知识目标

了解商务交往中见面、接待、拜访、宴请、馈赠及位次等礼仪细节，掌握其礼仪规范。

能力目标

在商务活动中，能遵循商务交往中称呼、介绍、握手、递接名片、接打电话、接访、馈赠、宴请等规则与做法。

第五章　商务日常交往礼仪

第一节　见面礼仪

先导案例

一次不成功的接待的代价

一天，某外资驻华公司的斯密斯先生检查会议室的布置情况。会议室原有座位 46 个，而会议人数则为 60 人，斯密斯先生发现会议室增加了椅子，却未增加茶几，但中方公关接待人员却解释道：一是会议室太小，茶几恐怕放不下；二是没有那么多茶几。事后斯密斯先生几经周折找到中方经理才解决了茶几问题。斯密斯先生安排代表们的娱乐活动，向中方公关接待人员询问："请问石林风景区怎么走？"中方公关接待人员却想也不想就说："对不起，先生，我不知道。"斯密斯先生扫兴地摇了摇头："这样的公司实在让人难以产生合作的念头"。

【思考】通过以上案例，我们可以了解到商务交往礼仪的重要性。那么，商务礼仪对组织和我们个人的工作和生活有什么影响呢？又有哪些商务交往礼仪原则是我们必须了解的呢？

在日常交往和商务交往中，与人交往的第一步就是见面，需要使用一些常规的礼仪。商务交往中，见面时的礼节、礼仪是形成第一印象的原始材料。举止庄重大方，行为合乎礼仪，在商务交往之初会形成牢固的心理定式，可以帮助商务人员顺利地通往交际的殿堂。

一、问候礼仪

问候时有三个问题要注意，一是问候要有顺序，专业来讲位低的先行，下级首先问候上级、主人先问候客人、男士先问候女士，这是一个社会公德。二是因场合而异。在国外女士与男士握手时，女士可以不站起来，而在国内，在工作场合是男女平等的，社交场合讲女士优先，尊重妇女。三是内容有别。中国人和外国人、生人和熟人、本地人和外地人不大一样。

> **【案例 5-1】**
>
> 一天，有位斯里兰卡客人来到南京的一家宾馆准备住宿。前厅服务人员为了确认客人的身份，在办理相关手续及核对证件时花费了较多的时间。看到客人等得有些不耐烦了，前厅服务人员便用中文跟陪同客人的女士作解释，希望能够通过她使对方谅解。谈话中他习惯地用了"老外"这个词来称呼客人。谁料这位女士听到这个称呼，立刻沉下脸来，表示了极大的不满，原来这位女士不是别人，而是客人的妻子，她认为服务人员的称呼太不礼貌了。见此情形，有关人员及这位服务人员随即作了赔礼道歉，但客人的心情已经大受影响，并且始终不能释怀，甚至连带着对这家宾馆产生了不良的印象。
>
> **【案例分析】** 在本案例中，前厅服务人员对这位外国客人可称其"先生""外宾"或是"这位外国朋友"都可以，但是不应该称呼其为"老外"，这是非常不礼貌的行为，会给外国友人留下不好的印象，直接导致外国友人对这家宾馆的总体印象变差。前厅服务人员没有想到这位女士与外宾的关系，直接称呼外宾为"老外"，给这位女士造成了不愉快，也影响了宾馆的形象。并且，不管知不知道这位女士与外宾的关系，都应该使用尊称，"先生"或"外宾"。

（一）敬辞与谦称

1. 敬辞

"敬辞"多用在与别人谈话或写信时，或在称呼对方的亲属时，常使用"令""尊""贤"这三个字。"令"字的使用大家比较熟悉，如称对方的父亲为"令尊"，称对方的母亲为"令堂"；称对方的兄弟姊妹为"令兄、令弟、令姊妹"；称对方的儿子为"令郎"，称对方的女儿为"令媛"等。对德高望重者可以称呼"先生""前辈"。职位身份显赫者、有爵位者常以"陛下""殿下""阁下"称之，其中"阁下"的称呼可以较广泛地使用。

"尊"和"贤"两个字在用法上稍有区别。在习惯上，只有称对方的长辈时才用"尊"字，如称其祖父为"尊祖"，称其父亲为"尊父""尊大人"；"贤"字则只用于平辈或晚辈，如称呼其兄弟姊妹为"贤兄、贤弟、贤姊、贤妹"。在称呼对方的配偶时，则"尊""贤"通用，如既可称其妻为"尊夫人"，也可称其妻为"贤内助"。

2. 谦称

谦称最常用于在别人面前称呼自己和自己的亲属。向别人称呼比自己辈分高的和年龄大的亲属时，在称呼前面加一个"家"字，如"家祖父、家祖母、家父、家母、家叔、家婶、家兄、家嫂、家姊"等。谦称自己辈分低和年龄小的亲属时，则在称谓前加个"舍"字，如"舍弟、舍妹、舍侄"等。对自己的子女及其配偶，则在称谓前冠一个"小"字，如"小弟、小儿、小媳、小女、小婿"等。谦称自己，如"鄙人""愚兄""在下""学生""晚生"等或直称自己名字不带姓氏，都带有谦称的意思。

现在，习惯上在询问别人姓名、单位时常用"尊姓""大名""贵处"；问年龄为"贵庚""高龄""高寿",年轻女子用"芳龄";称对方住处为"府上""尊府";称别人意见为"高见";称别人神态相貌为"风采",女子为"芳姿""倩姿"等。谦称自己姓名为"贱姓""草字";称自己家乡为"敝县""敝处";称自己住处为"寒舍""蜗居";称自己意见为"愚见";称自己作品为"拙作""拙著";称自己年龄为"虚度×岁";询问别人称"拜问";访问、看望别人称"拜望""拜见";回答别人称"呈报""上报"等。所有这些称谓,目前在年纪较大的人、文化界、艺术界、商界使用较多,但并不十分普遍。

（二）国内外习惯称呼

商务交往中称呼要得当,称呼得恰当合宜,往往是商务交往成功的开始,甚至还体现着双方关系发展所达到的程度和社会风尚,因此对它不能随便乱用。

1. 国内习惯称呼

一是根据年龄来确定,如对年老的"老伯伯""老先生""老太太",或者称"老大爷""老大娘"。对年小的可称"小弟弟""小妹妹"等;

二是根据职业、职称来称呼,如"陈老师""王医生""邮递员""营业员""服务员",或者"李教授""张工程师"等。

三是根据身份来称呼,如对德高望重的老领导、老上级、老同志,可以用"×老"称谓,称呼国家机关工作人员可用"同志",在业务往来中可以用"先生""小姐"等相称。

四是根据辈分来称呼,如"叔叔""伯伯""阿姨""哥哥""姐姐"等。有时称对方"兄""姐",自己未必比对方年龄小。

2. 国际通用称呼

一是对地位高的官方人士,一般可称"阁下"或职衔加先生。如"部长阁下""总理阁下""总理先生阁下"等。但在有些国家如美国、墨西哥等无此习惯,可称"先生""夫人"等。

二是对医生、教授、法官、律师及有博士学位的人士,既可单独称"医生""教授""法官""律师""博士"等,也可同时加以姓氏,或称先生,如"法官先生""卡特教授先生"等。

三是对军人一般称军衔或军衔加先生,也可加姓氏,如"上校先生""威廉中校先生"等。有些国家对将军、元帅等高级将领也称"阁下";

四是对王室成员,称国王、皇后为"陛下",称王子、公主、亲王等为"殿下";对有公、侯、伯、子、男等爵位的人士,可称其"爵位",亦可称"阁下",一般也可称"先生"。

五是对教会神职人员,一般可称其神职,或姓名加神职,或神职加"先生",如"大主教""科特尔神父""牧师先生"等。

六是在介绍自己的配偶和亲人时,应称"丈夫""先生""妻子""夫人""父亲""母亲"等,而不要用在我国盛行的"爱人""爹爹""娘"等词语。

在人际交往中,选择正确、适当的称呼,反映着自身的教养、对对方尊敬的程度,甚至还体现着双方关系发展所达到的程度和社会风尚，因此不能随便乱用。选择称呼要合乎常规，要照顾被称呼者的个人习惯，入乡随俗。在工作岗位上，人们彼此之间的称呼是有其特殊性的。要庄重、正式、规范。

【礼仪小贴士】

汉族人的姓名比较简单：姓在前，名在后，除少数复姓外，绝大多数的姓都是单姓。公关人员需要掌握一些常见的复姓，如"欧阳""司马""诸葛""西门"等。如果把复姓称作单姓是很不礼貌的。

在中国港澳台地区，女性结婚后，其姓往往是双姓，如华国岚小姐嫁给钱钟海先生后，她的姓名即钱华国岚，这时，一般人应当称她为钱太太。

俄罗斯人的姓名一般由三个字组成，如弗拉基米尔·伊里奇·列宁，其中，列宁是姓，伊里奇是父名，弗拉基米尔是本人的名。

日本人的姓名排序是姓在前，名在后；但日本人的姓的字数却普遍比我国汉族人的姓的字数要多，如岗村，田中，山口等，对男士为表示尊重，可在姓后加上"君"。

英美人的姓名的排序方式是名在前，姓在后，如威廉·肯尼迪，威廉是名，肯尼迪是姓。口头称呼英美人的姓名时，除正式场合外，一般只称姓。

二、介绍礼仪

介绍是商务活动中相互了解的一种基本方式。学会介绍自己和他人，是商务交往的一项基本功，恰如其分的介绍，既可以迅速拉近距离，也可以显示一个人的礼仪修养，有助于扩大交际圈，广交合作伙伴。

（一）自我介绍

自我介绍是社交中常用的介绍方式，和陌生人见面、应聘某个职位、第一次参加某个会议或聚会，通常需要做自我介绍。我们常说，良好的开端等于成功的一半，因此应该了解一些自我介绍的基本常识。自我介绍的内容包括自己的姓名、单位及职业、身份等。在介绍中，应尽可能找出与对方的相似点，以搭建彼此沟通的桥梁。

1. 自我介绍的要求

自我介绍时要举止庄重大方，讲到自己时可将右手放在左胸前，不可慌慌张张，不要用手指点着自己。面含微笑，表情亲切自然，注视对方或大家，不可不知所措、面红耳赤，也不能随随便便不在乎的样子。口齿清晰，语调适宜，不可含糊其词，也不可慷慨激昂或低三下四。

忌讳：一忌急于表现或夸夸其谈，长篇大论或随意打断他人的说话；二忌不敢表现，说话躲躲闪闪、吞吞吐吐。

2. 介绍自己的内容

为使自我介绍得体而有效，应注意时机适当，繁简适度，内容真实。时机适当，即选在对方有空闲、情绪较好、又有兴趣时，进行自我介绍；繁简适度，即自我介绍应简洁，一般以半分钟为宜，特殊情况也不宜超过一分钟；内容真实，即自我介绍要实事求是，真实可信，不可自吹自擂、夸大其词。

自我介绍的内容通常包括本人姓名、工作单位及部门、职务（或职业）等，如"您好！我叫王琛，是远鸿公司公关部经理。""您好！我叫李云，在东华公司负责销售。"

在自我介绍中，介绍人可以从介绍自己姓名的含义切入适当展开，使介绍有幽默感；也可以从自己所属生肖切入，各类生肖动物都有很丰富的寓意，适当发挥能带来较好的现场效果；可以从自己的职业特征切入；可以从对事业的态度切入；可以从正在谈论的热点话题切入等。

【案例 5-2】

巧妙的开场白

一日，著名作家、翻译家胡愈之先生到大学客串讲课，开场白自我介绍说："我姓胡，虽然写过一些书，但都是胡写；出版过不少书，那是胡出；至于翻译的外国书，更是胡翻。"

【案例评析】 本案例中，胡愈之先生采用了交流式的自我介绍方式，通过幽默的介绍语言，在看似轻松的玩笑中，介绍了自己的成就和职业，十分巧妙而贴切。

---

3. 自我介绍注意事项

自我介绍时要实事求是，不可不停地自我表白甚至吹嘘，否则易引起对方的反感或不信任感，不利于进一步交往和联系。自我介绍时要控制好时间，最好将时间控制在一分钟左右为最佳。

例如，如果你参加一个集体性质的活动迟到了，你又想让大家对你有所了解，你就应当说："女士们，先生们，你们好！对不起，我来晚了，我是……，是……公司销售部经理，很高兴和大家在此见面。请多关照！"

（二）为他人做介绍

介绍他人就是介绍者将自己熟悉的人介绍给另一方或多方，传递被介绍者的基本信息，为其达到互相结识和了解提供初步条件。

1. 为他人作介绍的顺序

在为他人作介绍时谁先谁后，是一个比较敏感的礼仪问题。根据礼仪规范，必须遵守"尊者有优先知情权"规则。也就是在为他人介绍前，先要确定双方地位的尊卑，然后先介绍位卑者，后介绍位尊者，使位尊者先了解位卑者的情况。要注意的礼仪次序是：先将男士介绍给女士，先将年轻者介绍给年长者，先将职位低者介绍给职位高者，先将未婚者介绍给已婚者，先将客人介绍给主人，先将后到者介绍给先到者。

但是在一些非正式的场合，不必过于拘泥于礼节，不必讲究先介绍谁后介绍谁。介绍人一句："我来介绍一下。"然后即可作简单的介绍，也可直接报出被介绍者各自的姓名。

2．为他人作介绍的方法

介绍者站立于被介绍者的旁侧，身体上部略倾向被介绍者；面带微笑，平视被介绍者；掌心向上，胳膊略向外伸，拇指与四指自然分开，四指自然合拢，指向被介绍者，并向另一方点头微笑。

在工作中，在为他人作介绍时，由于实际需要的不同，介绍时所采取的方式也会有所不同。常见的介绍方法如下。

（1）标准式：以介绍双方的姓名、单位、职务等为主。这种介绍方式适合于正式场合。

（2）引见式：介绍者所要做的是将被介绍者双方引到一起即可，适用于普通场合。

（3）单项式：只介绍双方姓名一项，甚至只提到双方姓氏，适用一般的社交场合。

（4）附加式：也可以叫强调式，用于强调其中一位被介绍者与介绍者之间的特殊关系，以期引起另一位被介绍者的重视。

（5）推荐式：介绍者经过精心准备再将某人举荐给某人，介绍时通常会对前者的优点加以重点介绍。通常适用于比较正规的场合。

（6）礼仪式：是一种最为正规的他人介绍，适用于正式场合。介绍语气、表达、称呼上都更为规范和谦恭。

一般做法是，向受介绍一方说："我来介绍一下"，或者说："请允许我向你介绍"。也可以用征询的口气问："你愿意认识××吗？"引见后，找一些共同的谈资引导交谈，然后可以借故离开。当你成为被介绍人时，一般应该站在另一被介绍人的对面，及时握手，并致以问候："你好！"或"很高兴认识你！"也可以递上名片："请多指教！"或"请多关照！"

3．介绍他人的礼仪要求

介绍时应先提及人的名字，同时提及其称呼、职衔，称呼、职衔要恰当得体，不能把"女士""小姐""夫人"等称呼混淆，也不可将尊称与职衔加在一起。

介绍时要语言清晰，内容简洁，不拖泥带水、含糊其词。介绍他人优点时要恰到好处，不可言过其实、过分赞颂。介绍者应用右手掌礼貌示意，眼神随手势投向被介绍者，真诚而热情友好，以免给人以敷衍了事之感。

商务交往中，由于实际需要的不同，介绍时所采取的方式也会有所不同。较正式的场合可以说："张荣总经理，请允许我向您介绍一下，这位是威龙公司李勇经理。"非正式场合则可以说："王小姐，让我来介绍一下，这位是李勇先生。"最为简单的介绍是以手势辅助介绍，先指向一方，说"李先生"，再指向另一方，说"王先生"。

（三）集体介绍

集体介绍是他人介绍的一种特殊形式，是指介绍者在为他人介绍时，被介绍者其中一方或者双方不止一人，甚至是许多人。

集体介绍时的顺序如下。

（1）将一人介绍给大家：在被介绍者双方地位、身份大致相似，或者难以确定时，应使一人礼让多数人，人数较少的一方礼让人数较多的一方。

（2）将大家介绍给一人：若被介绍者在地位、身份上存在明显差异，特别是当这些差异表现为年龄、性别、婚否、师生及职务有别时，地位、身份明显高者即使人数较少，甚至仅为一人，仍然应被置于尊贵的位置，先向其介绍人数多的一方。

（3）人数较多的双方介绍：若需要介绍的一方人数不止一人，可采取笼统的方法进行介绍，如可以说："这是我的家人""她们都是我的同事"等。

（4）人数较多的多方介绍：当被介绍者不止两方，而是多方时，应根据合乎礼仪的顺序，确定各方的尊卑，由尊至卑，按顺序介绍各方。

（四）业务介绍

业务介绍有两点要注意。

一是要把握时机。在销售礼仪中有一个零干扰的原则，就是你在工作岗位上，向客人介绍产品的时候，要在客人想知道或感兴趣的时候再介绍，不能强迫服务，破坏对方的心情。

二是要掌握分寸，要明白该说什么不该说什么。一般来说业务介绍要把握三个点：一是人无我有，产品技术同类产品中别人没有我有；二是人有我优，我有质量和信誉的保证；三是人优我新。

三、握手礼仪

当前，握手礼仪已经是世界各国通行的礼节，多用于见面时的问候与致意，也多用于告别时的致谢与祝愿。握手虽是日常生活中司空见惯、看似平常的商务礼仪，但从握手中却可以传递出热情的问候、真诚的祝愿、殷切的期盼、由衷的感谢，也可以传达出虚情假意、敷衍应付、冷漠与轻视。所以，绝不能等闲视之。

（一）握手的礼仪顺序

在商务场合，握手时伸手的先后次序主要取决于职位、身份，而在社交、休闲的场合则主要取决于年龄、性别、婚否。握手一般讲究"尊者决定"的原则，即由身份尊贵的人决定双方有无握手的必要。

握手的顺序是：上级、长辈、女士、已婚者、职位高者伸出手来之后，下级、晚辈、男士、未婚者、职位低者方可伸出手与之相握。宾主之间，客人来访时，主人先伸手；告辞时，客人先伸手。

若一人与多人握手时，应讲究先后次序，由尊而卑，即先上级，后下级；先长辈，后晚辈；先主人，后客人；先女士、后男士。

（二）握手的礼仪要求

（1）握手的姿态。握手时，应注视对方，面带微笑，并致以简单问候与寒暄，如"见到你很高兴""幸会"等。表情应是热情、友好、诚恳的。标准的握手姿势是距离受礼者约一步，两足立正，伸出右手，四指并齐，拇指张开，以手指稍用力握住对方的手掌，双目凝视对方，面带笑容，上身要略微前倾，头要微低。

（2）握手的时间。握手的时间要恰当，长短要因人而异。在通常情况下，握手的时间不宜过短或过长，一般持续 2~3 秒。但若遇老友或敬慕已久的客人，为表示特别亲切，握手时间可长些。

（3）握手的力度。握手时用力应适度，不轻不重，恰到好处。若过于用力，会让人产生粗鲁无理之感；若过于无力，则会给人缺乏热情或敷衍之感。

（4）握手方式。握手的方式千差万别，不同的方式体现不同的意蕴。通过握手，我们可以了解对方的性格、情感状况、待人接物的态度等。常见的握手方式如下。

一是支配式握手。也称控制式握手，即握手者掌心向下，以求居高临下。以这种样式握手的人想表达自己的优势、主动、傲慢或支配地位。谦恭式握手。也叫乞讨式握手、顺从型握手，用掌心向上或向左上的手势与对方握手。用这种方式握手的人往往性格软弱，处于被动、劣势地位。

二是对等式握手，也是标准的握手样式。握手时双方同时伸出手，手心向着左方。这种方式适用于商务场合中双方社会地位不相上下时，是一种单纯的、礼节性的、表达友好的方式。

三是双握式握手，被西方国家称之为"政治家的握手"。在用右手紧握对方右手的同时，再用左手加握对方的手背、前臂、上臂或肩部。使用这种握手样式的人是在表达一种热情真挚、诚实可靠，显示自己对对方的信赖和友谊。从手背开始，对对方的加握部位越高，其热情友好的程度显得也就越高。

四是"死鱼"式握手。握手时伸出一只轻慢无力、毫无生机、不显示任何信息的手。给人的感觉就好像是握住一条三伏天腐烂的死鱼。这种人的特点如不是生性懦弱，就是对人冷漠无情，待人接物消极傲慢。假如你握到这样一双手，那你就一般不要指望手的主人会热情地为你办事。

五是捏手指式握手。握手者握手时有意或无意地只捏住对方的几个手指或手指尖部。女性与男性握手时，为了表示自己的矜持与稳重，常采取这种样式。如果是同性别的人之间这样握手，就显得有几分冷淡与生疏。

六是拍肩式握手。右手相握，左手扶对方右臂，适用于情投意合或感情极为密切的人。

（三）握手的禁忌

（1）忌不讲先后顺序。如前所述，在正式场合，握手必须遵照长者优先、女士优先、职位高者优先的原则。如果两对夫妻见面，先是女性相互致意，然后男性分别向对方的妻子致意，最后是男性互相致意。

（2）忌戴手套握手。在社交活动中，如果女士的手套是其服装的组成部分，允许戴着手套和他人握手，但男士必须在与他人握手前脱下手套。

（3）忌用左手握手。尤其是在涉外场合，不要用左手与对方相握。

（4）忌握手时身体其他部分行为不规范。比如握手时将另外一只手插在衣袋里；握手时另外一只手依旧拿着香烟等不放下；握手时东张西望，左顾右盼。这些心不在焉的做法都是错误的。

（5）忌交叉握手。在社交场合，如果要握手的人较多，可以按照一定的顺序进行，或由近及远或从左到右依次与人握手。

（6）忌握手时手部不洁净。与对方握手之前，应该保持手部的洁净，手部黏着灰尘或很脏，这样都是对对方的不尊重，同时应避免与他人握手后用手帕擦手。

四、致意礼仪

致意是一种非语言方式表达问候的礼节，通常用于相识的人或有一面之交的人之间在公共场合或间距较远时表达问候的心意，是随着现代生活节奏加快而流行的一种日常人际交往中使用频率最高的一种礼节。

（一）致意的礼仪要求

（1）各种场合，男士先向女士，年轻者先向年长者，下级先向上级致意。

（2）女士无论什么场合，无论年龄大小，只需点头或微笑致意。

（3）遇到身份较高者，应在对方没有应酬或应酬告一段落后，再上前致意。

（二）致意的礼仪顺序

在现实交往中，长者、上级为了倡导礼仪规范，为了展示自己谦虚、随和，主动向晚辈、下级致意，无疑会更具影响力和风度，更能引起受礼者的敬仰与尊重。

致意的礼仪顺序是应先向尊者表示致意，即男士应先向女士致意，年轻者应先向年长者致意，学生先向老师致意，下级应先向上级致意。

（三）致意的方式

致意的方式是多种多样的，主要有微笑、点头、举手、脱帽、拱手等。

（1）微笑。适用于相识者或只有一面之交者在同一地点，彼此距离较近，但不适宜交谈或无法交谈的场合。微笑时可不做其他动作，只是两唇轻轻示意，不必出声。微笑若与点头示意结合起来表达问候，效果则更佳。

（2）点头（也称颔首礼）。适用于一些公共场合与熟人相遇又不便交谈时、同一场合多次见面时、路遇熟人时等情况。点头时要面带微笑，目视对方，轻轻点一下即可。行点头礼时，不宜戴帽子。

（3）举手。适用于公共场合远距离遇到熟人打招呼。一般不必出声，伸出右臂，掌心朝向对方，轻轻摆动，不必反复摇动。军人和穿制服人员的敬礼也是举手礼的一种。

（4）脱帽。朋友、熟人见面时，若戴有檐帽，则以脱帽致意最为适宜；若戴无檐帽，则不必脱帽，只需点头微笑即可；若熟人、朋友迎面而过，只需轻掀一下帽子致意即可。

知识拓展

脱帽礼的由来

欧美国家及受欧美影响的许多国家，广为流行着脱帽礼。

据说，脱帽礼源于欧洲中世纪。当年，武士们作战要戴头盔，以防止敌人袭击。来者为了表示自己不是敌人，就首先把头盔掀开，露出自己的面孔。另一种说法是，当时武士对女子讲话时，必须把头盔举起，以示对女性的敬重。这种习惯发展到近代，就成了脱帽礼。

五、名片礼仪

名片是当代交往中一种最为实用的介绍性媒介，是一个人身份、地位的象征；是一个人尊严、价值的一种外显方式；也是使用者要求社会认同，获得社会理解与尊重的一种方式。正是名片自身的重要价值，商务人员在递送、接收、保管名片时就应格外重视其礼仪效应，不可随便。

第一，随身携带的名片应使用较精致的名片夹，在着西装时，名片夹只能放在左胸内侧的口袋里，靠近胸口，以示礼貌。不穿西装时，名片夹可放于自己随身携带的小手提包里。

第二，名片的递送先后没有太严格的礼仪讲究。

第三，向对方递送名片时，应面带微笑，注视对方，将名片正对着对方，用双手的拇指和食指分别持握名片上端的两角送给对方。可以说一些："我叫……，这是我的名片，请笑纳。""我的名片，请您收下。"

第四，接收他人递过来的名片时，应尽快起身或欠身，面带微笑，用双手的拇指和食指接住名片的下方两角。并视情况说："谢谢""能得到您的名片，真是十分荣幸"等。如果是初次见面，最好是将名片上的重要内容读出声来，需要重读的主要有对方的职务、学衔、职称等。

第五，当对方递给你名片之后，如果自己没有名片或没带名片，应当首先对对方表示歉意，再如实说明理由。如"很抱歉，我没有名片""对不起，今天我带的名片用完了，过几天我会亲自寄一张给您的"。

（一）递送名片的礼仪

（1）递送时，双目正视对方，不可目光游离不定或漫不经心，要使名片正面朝向对方，用双手或右手递送给对方，并说相应的寒暄语，如"请多关照""请笑纳"等。

（2）递送名片，时机要恰当。一般在双方交谈得较融洽，有表示建立联系之意时或双方告辞时，顺手取出名片递给对方，以示有意结识对方并保持联络。

（二）接收名片的礼仪

（1）接收时，要目视对方，用双手或右手接过，态度恭敬，并点头致意。

（2）接过后，要认真阅看一下以示敬重和有兴趣，可以说些表示客气的话"深感荣幸"等。

（3）看过后，郑重放入口袋、名片夹或其他适当地方，切不可一眼不看地随手置于边上，或随意扔于桌上等其他地方，也不可随意在手中玩弄。

（三）名片的存放

随身所带的名片，最好放在专用的名片包、名片夹里，也可以放在上衣口袋内。不要把它放在裤袋、裙兜、提包、钱夹里，这样做既不正式，也显得杂乱无章。在自己的公文包及办公桌抽屉里，也应经常备有名片，以便随时使用。在交际场合，如需要名片，则应事先预备好，不要在使用时再临时翻找。

接过他人名片看过之后，应将其精心放在自己的名片包、名片夹或上衣口袋里，切勿放在其他地方。

【案例5-3】

告吹的生意

某公司新建的办公大楼需要添置一系列办公家具，价值数百万元。公司的总经理已做了决定，向A公司购买这批办公用具。这天，A公司的销售部负责人打电话来，要上门拜访这位总经理。总经理打算，等对方来了，就在订单上盖章，定下这笔生意。不料对方比预定的时间提前了2个小时，原来对方听说这家公司的员工宿舍也要在近期落成，希望员工宿舍需要的家具也能向A公司购买。为了谈这件事，销售负责人还带来了一大堆的资料，摆满了台面。总经理没料到对方会提前到访，刚好手边又有事，便请秘书让对方等一会。这位销售员等了不到半小时，就开始不耐烦了，一边收拾起资料一边说："我还是改天再来拜访吧"。

这时，总经理发现对方在收拾资料准备离开时，将自己刚才递上的名片不小心掉在了地上，对方却并没发觉，走时还无意从名片上踩了过去。但这个不小心的失误，却令总经理改变了初衷，A公司不仅没有机会与对方商谈员工宿舍的家具购买，连几乎到手的数百万元办公家具的生意也告吹了。

【案例评析】商务礼仪最重要的是有耐心，细节很重要，A公司销售负责人在拿到对方公司名片时应放在上衣口袋里保管好以表尊重，而他却将名片随便放置，不注意细节导致最终的失败。双方的合作是建立在互相尊重的基础之上，一个好的销售员应该有足够的耐心和善于观察的洞悉力。这个销售员明显没有。

六、常见的其他见面礼仪

（一）鞠躬礼

鞠躬即弯身行礼，源于中国先秦时代，是一种古老而文明的对他人表示恭敬的礼节。它既适用于庄严肃穆、喜庆欢乐的仪式，也适用于一般的社交与商务场合。主要用于在交际场合表示欢迎和感谢，或用于颁奖、演出、婚礼和悼念等活动。

行鞠躬礼时，须脱帽，呈立正姿势，面带微笑，目视受礼者；以腰为轴，距受礼者两三步远，上身向前倾；男士双手自然下垂，贴放于身体两侧裤线处，女士的双手下垂，搭放在腹前。通常，受礼者还以鞠躬礼，但长者、上级及女士等还礼时，不必鞠躬，可欠身点头或握手答礼。

一般可根据施礼对象和场合决定鞠躬的度数。鞠躬的幅度越大，所表达的敬重程度就越大。15°左右，表示一般致敬、致谢、问候；30°左右，表示恳切的致谢和歉意；45°左右，表示非常诚恳的致敬、致谢和歉意；90°左右，是最敬礼，常用于婚礼、葬礼、谢罪与忏悔等特殊情况。

（二）拱手礼

拱手礼也叫作揖礼，是我国民间传统的会面礼，现在主要用于过年时团拜，向长辈祝寿，向友人恭喜结婚、添子、升迁和乔迁等。

行拱手礼时，起身站立，上身挺直，两臂前伸，双手在胸前高举抱拳，通常为左手握空拳，右手抱左手，自上而下或自内而外，有节奏地晃动两三下，同时，伴有"恭喜、恭喜""节日快乐"等寒暄语。有时为了表示对对方的尊敬，可拱手齐眉。

（三）合十礼

合十礼又称"合掌礼"，通行于印度和东南亚信奉佛教的国家与地区，我国傣族聚居区也用合十礼。

行礼时，面带微笑，双目注视对方，两掌合拢于胸前，五指并拢向上，掌尖和鼻尖基本齐平，手掌向外倾斜，上身前倾，头略低。一般来说，行合十礼时，合十的双手举得越高，越体现对对方的尊重，但原则上不可高于额头。此外，行合十礼时，可以问候对方或口颂祝词。

（四）拥抱礼

拥抱礼是流行于欧美的一种礼节，通常与接吻礼同时进行。行拥抱礼的方法是两人相对而立，伸开双手，各自抬起右臂，右手搭放在对方左肩上，左手轻轻环拥对方右腰部位，以"左—右—左"交替的方式进行。

中国一般不提倡使用拥抱礼节。西方人在商务往来中并不使用拥抱礼。

（五）亲吻礼

亲吻礼是西方国家常用的见面礼。行亲吻礼时，往往伴有一定程度的拥抱，不同关系、不同身份的人，相互亲吻的部位不尽相同。长辈对晚辈是吻额头；晚辈对长辈是吻下颌或面颊；同辈间，同性贴面颊，异性吻面颊。

在许多国家的迎宾场合，宾主往往以握手、拥抱、左右吻脸、贴面颊的连续动作，表达最真诚的热情和敬意。

吻手礼也是一种流行于欧洲的见面礼。行礼时，男士行至女士面前，立正、垂首致意，然后用右手或双手捧起女士的右手，弯腰俯身，用自己微闭的嘴唇，象征性地轻吻一下其手背或手指。

【礼仪小贴士】

行亲吻礼时，通常忌讳发出声音，更不能将唾液弄到对方身体上，手腕及以上部位是行礼的禁区。

【案例5-4】

大师的风范

当代著名的国学大师启功先生，博学多才，为人谦和。尽管在社会上大多数人眼中，启功先生是书法家、文物鉴定专家，是学者、诗人，他本人还身为全国政协常委、中央文史研究馆馆长、国家文物鉴定委员会主任委员、中国书法家协会名誉主席等，但启功先生的名片却出奇的简单：北京师范大学中文系教授启功。

北京师范大学的一位老师经常到启功先生家聊天。那时，启功先生处境不太好，住的房子非常狭窄。每次他起身告辞时，启功先生一定要送客，而且总是抢先站到门外，对他深深鞠躬。

【案例评析】社会交往中，人与人之间需要进行必要的沟通，以寻求理解、帮助和支持。"学为人师，行为世范"，在本案例中，正是启功先生谦逊敬人的为人之道，使他赢得了世人对他的尊重与敬仰。

第二节　商务接待拜访礼仪

接待或拜访是很多商务人员的一项经常性的工作。在接待和拜访中的礼仪表现，不仅关系到自己的形象，还关系到企业形象。要真正成功，接待好来访的客人要有心，而且真正关心客人是否快乐。接待被商界视作企业的一项投资，并且能同时收到预期的回收，所以，接待来访的礼仪历来都受到营销企业人员的重视。

一、商务接待礼仪

先导案例

于雪的"待客之道"

一天上午，嘉德贸易公司前台接待秘书于雪匆匆走进办公室，像往常一样进行上班前的准备工作。她先打开窗户，接着打开饮水机开关，然后翻看昨天的工作日志。这时，一位事先有约的客人要求会见销售部王经理。于雪一看时间，他提前了 30 分钟到达。于雪立刻通知了销售部王经理，王经理说正在接待一位重要的客人，请对方稍等。于雪就如实转告客人说："王经理正在接待一位重要的客人，请您等一会儿。"话音未落，电话铃响了，于雪用手指了指一旁的沙发，没顾上对客人说什么，就赶快接电话去了。客人尴尬地坐下……待于雪接完电话后，发现客人已经离开了办公室。

问题：从接待礼仪的角度谈谈你对于雪的待客之道的看法。

（一）迎客礼仪

迎客接待是一门技巧，更是一门艺术。迎客接待工作是企业形象的"窗口"，是展示企业文化和个性风采的门户，是联络客户感情的纽带。

商务接待过程中应遵循的原则如下。

（1）对等接待、各负其责、相互配合的原则。商务接待工作涉及面广，必须坚持重点、兼顾一般，按照对等接待、各负其责、相互配合的原则，上下一致，齐心协力，共同做好接待工作。

（2）规范高效、安全节俭、服务一流的原则。商务接待工作应规范服务，提高办事效率、热情周到，视客情适度接待，提倡节俭，反对浪费，注重思想情感交流，不推诿扯皮，不应付拖拉。

（3）统一标准、预算管理、严格控制的原则。按照公司商务接待标准，对各项商务接待费用实行预算管理，由相关部门负责人根据核定的预算严格控制使用，商务接待费用原则上不得超过限额，如需追加预算，由管理中心另行审批。

一次完美的接待工作，不仅能够提高企业的社会效应和知名度，而且能够为公司带来良好的经济效应。接待被商界视作企业的一项投资，并且能同时收到预期的回收，因此，做好迎客接待工作不仅是企业长远发展的需要，也是从更高层次上展示企业形象的需要。

1. 准备工作

热情、礼貌、耐心、细致的迎客礼仪能使客人拥有宾至如归的感觉，从而留下美好的印象。迎客礼仪的前期准备工作尤为重要，它是做好迎客工作的前提条件，具体包括迎客环境、物质、心理三方面的准备工作。

（1）环境准备。作为展示公司形象的窗口，前台、会客室、办公室这些地方的清洁、明亮、整齐、美观能给来访者留下重要的第一印象。作为环境准备主要包括硬环境和软环境两个方面。

① 硬环境。硬环境主要包括办公室、会客室的绿化、空气、光线、声音、颜色、办公设备及会客室的布置等外在的客观条件。

② 软环境。软环境主要指办公室的工作氛围、接待人员的个人素养等在接待工作中体现出来的人文环境。

（2）物资准备。迎客礼仪所需要的物品分为必备用品和辅助用品两种。

① 必备用品的准备。必备用品是指所有迎客接待中所需要的物品，主要包括办公设备、文具用品、茶具用品、书报架等。

② 辅助用品的准备。辅助用品是指在部分接待工作中使用的物品，主要包括接待用车、接待标志、接待设备、接待礼品等。

（3）心理准备。接待人员应具备良好的迎客心理，其核心要求接待人员具有强烈的"角色意识""服务意识"，具体表现在待人接物上应该热情开朗、温存有力、和蔼可亲、举止大方。不把个人的情绪带到工作中来，更不应该发泄到来访者身上。无论来访者是预约还是未预约，是易于沟通还是脾气急躁，都要让对方感到自己是受欢迎、得到重视的。

【案例5-5】

令人皱眉的会客室

李芳是上海骐达运输公司总经理秘书，今天的客人较多，刚送走两个客人，她就赶快准备明天总经理的发言稿。这时前台秘书打电话，请她下楼带总经理约的客人——杭州兴发贸易公司副总经理陈强。经向总经理请示后，她急忙下楼，将客人带到楼上。一进会客室就闻到一股很刺鼻的香烟味道,烟灰缸里有很多烟灰与烟头,客人进来后,不禁皱起了眉头。

【案例评析】从这则案例中我们可以看到,会客室的空气好坏、常用物品的准备妥当与否对于来访者的行为和心理有着非常大的影响。迎客工作中的环境准备和物质准备无形中会给来访者留下深刻的印象,进而造成来访者对该单位的评价与看法,甚至于影响到对单位的信赖与长期的合作。

2．迎客流程

（1）亲切迎客。见到客人的第一时间,应该主动打招呼,可以配合如下动作和表情,简称为"3S"服务,即 Stand up（站起来）、See（注视对方）、Smile（微笑）。同时使用迎客问候语言:"您好,欢迎您!（欢迎光临）""您好,我能为您做些什么？""您好,希望我能帮助您。"

（2）认真甄别。在向客人主动问候后,通过与客人交流获知客人到访的原因,确认来访者身份、是否预约及预约的被访者对象。

（3）迎接预约来访者。

① 通知被访者。接待人员应备有公司内部电话簿,方便与员工保持联系,可立刻通知被访对象。

② 被访者不能马上接待。如果来访者比约定的时间来得早,请其入座,热情接待,上茶或饮料,递送书报资料以排遣时间,或轻松地和他们交流,使他们感到不被冷淡。离约定时间前 5 至 10 分钟,再引导接见。如果当天不能接见来访者,要立即向来访者明确、礼貌地说明情况。

③ 无法接待来访者。做法一是主动请来访者留言,并向其保证尽快将留言递交给被访人；二是给来访者一个预约的机会,并耐心听取对方的要求。

（4）迎接未预约来访者。针对不同的未预约者,秘书要迅速予以甄别,并给予适当的接待与分流。

【延伸领域】

不 速 之 客	接 待 方 式
上司熟识的上级、客户	热情招呼,引领客人到会客室就座,并快速通报上司,按照上司的指示接待
上司的亲属、朋友	请客人到会客室就座,并立即告诉上司,按照上司的指示接待
本公司的中层管理人员,如有急事要见上司的部门经理	立即通报上司
推销员	秘书初步判断公司有可能需要其推销的产品,则打电话咨询采购部门意见。如果采购部门有意见面,可介绍指引客人前去；如果采购部门对推销的产品不感兴趣,无意见面,可明确、大方地告知对方；如果秘书认为其推销的产品公司根本不需要,则直接告知或留下相关资料。如果推销员坚持要见上司,可请他留下名片和产品说明书,并告诉他,你会转交上司,如果上司有兴趣,会与他联系

续表

不 速 之 客	接 待 方 式
不需要会见上司就能解决问题的来客	秘书在与相关部门的主管或相关人员联系后，介绍客人去洽谈。向客人指明该部门的名称、位置、路线，如果路线曲折难找，接待人员宜引领客人前往
其他不速之客	一般来说，接待人员宜等对方自报姓名、单位、职务和说明来意后，请示上司，由上司决定是否会见

【案例5-6】

"脑子进水"的孙总秘书

孙总的秘书王丽到楼下送一位客人，回来刚到电梯口，前台秘书张红就指着王丽对一位客人说："这位就是孙总的秘书，由她领你去孙总的办公室吧。"

王丽脑子里一闪，孙总今天上午没约任何客人，这位客人是哪里来的？在王丽纳闷时，客人朝她微微一笑："给你添麻烦了，不好意思。"来客20多岁，很精神，脸上虽带着歉意，但笑容很灿烂，于是王丽带路领着客人到了孙总办公室。

十二点整，王丽正准备下楼吃饭，孙总来电话让她去他办公室。王丽一进门，孙总就劈头盖脸地大发雷霆："你今天脑子进了多少水？你居然领着一个卖保险的人到我办公室来。他死缠烂磨，浪费了我整整一个上午！"

王丽眼前一阵发黑，眼泪差点掉下来了，马上说："孙总，实在对不起，这是我的失误。"

孙总见王丽这样，似乎也意识到自己有点失态，便朝王丽挥挥手："下次别再做这样的事了。"

【课堂思考】王丽的做法错在哪里？该如何避免此类错误的发生？

（二）待客礼仪

1. 接待预约来访者

（1）亲切迎接。在接到客户后，首先要问候他，如"一路辛苦了！"然后表示你的欢迎之意，如"欢迎您来到我们公司。"接下来就是自我介绍，同时把名片递送给对方。

条件允许的话，要事先准备好交通工具，不要等到个人到了才匆匆忙忙准备交通工具，那样既是对客人的不尊重，也有可能误事。

对于客人携带的大件行李，要主动代为提拎，但是客户随身携带的公文包或女士的小提包就千万不要伸手代拿。在征求客人同意的情况下，可以事先帮他安排好住处，迎接到客人后，可以直接去预先安排的住处让客人先梳洗一下。

客人抵达后，因旅途劳顿，不宜立即谈公事。最好告诉客人就餐地点、时间，并将自己的联系方式留下，以便及时联络。也可以陪客人聊一会，介绍一下当地的名胜古迹、人文趣事，但时间不宜过长，稍作介绍后，就应转身离开，给客人留下充足的休息时间。

（2）热情引导。正确引导来访者到他们要去的部门或按公司要求安排工作人员陪同前往。引导者位于来访者右前方两三步位置，同时侧转约30°朝向客人，配合客人的速度向前引导，注意用手示意方向，注意手指并拢，拇指弯向掌边，掌心朝上，以腰部以上的高度指示着方向来引路。

需要乘坐电梯时，如有电梯员，请来访者先进先下；如无电梯员，则引导者先进后下，按住电梯"开门"键，以免来访者被门夹住。

在引导来访者过程中需要特别注意文件收拾、与客交谈、开门礼仪、衣物挂放、引座礼仪等细节。

（3）礼貌招待。引导者将来访者引导至会客室或领导办公室，遵循"让尊者先了解对方"的原则进行介绍。待客人坐下后征求客人意愿，奉上茶水或饮料。在接待中给客人送茶时要注意：上茶时，应将托盘放置在桌子或茶几上，双手端出托盘上的茶杯放到客人面前；可用袋泡茶，也可用上好的茶叶；一般客人可用一次性纸杯，重要的客人应用带盖有把儿的瓷茶杯；茶水不宜过浓，也不宜太满，一般以七成为宜；要注意客人杯中的茶水残留量，如已喝去一半，就要添加开水，随喝随添。引导者退出后，将门轻轻关上。上司在会客时，有事需要通知上司，应该用纸条，不要直接趴在上司的耳边窃窃私语。

> **【案例5-7】**
>
> 未约而至的客户
>
> 史密斯先生是嘉华贸易公司的重要客户，一天中午，史密斯先生来到嘉华贸易公司总经理办公室，要求拜见总经理王明，可是当时王总经理正在俱乐部与另一位重要客人打完网球后在吃午餐。作为秘书，刘丽应该如何处理这种局面？
>
> **【课堂思考】** 作为刘丽，该如何接待这位未约而至的重要客户？

2．接待未预约来访者

将来访者带到要去的部门或带往会客室，请其就座，并让来访者稍等，接待人员通知被访人相关情况。

（1）如果被访者没有时间与来访者见面，且当天确实找不到合适的人与来访者见面，要立即向来访者说明情况，切忌让客人产生"等一等还有希望"的误解，以免浪费双方的时间，使自己更被动。

（2）在无法接待来访者的情况下，应主动请来访者留言，并向其保证尽快将留言递交给被访人。

（3）在接待过程中，要确保来访者感到舒适，比如在联系过程中，为来访者提供座椅和茶水等。

3．接待特殊来访者

出现下列来访者时，接待人员需谨慎对待。

（1）固执任性的来访者。个别来访者固执己见，胡搅蛮缠，甚至出言不逊，接待人员应在注意礼貌的前提下反复进行解释，并建议对方留言或写信给被访者。

（2）进行威胁的来访者。作为接待人员可以谨慎地通知保安部门，避免与蛮横无理、可能带来危险的来访者直接冲突。

（3）情绪激动的来访者。接待人员要保持冷静，语气平缓地与对方交流，切勿与对方发生冲突。

（三）送客礼仪

俗话说："迎人迎三步，送人送七步。"由此可见，送客是非常重要的一个环节。在送客的时候首先要表达依依不舍之情，并表示此次的相处非常愉快，希望客人下次再来，可以以握手来表达不舍之意。客人临走的时候要帮忙留意是否有物品遗留，这是一种体贴和关心客户的行为。远方来的客人，现在要回去了，可以在征求客户同意的情况下，帮他购买飞机票或火车票，然后安排人员和交通工具送客人到飞机场或火车站，而且一定要目送客人进了检票口以后才可以离开。送客礼仪应该注意以下几方面的问题。

1．掌握时机

当来访者提出告辞，接待人员应等来访者起身后再站起来相送。切忌没等来访者起身，自己先于来访者起立相送，这是很不礼貌的。

2．注意细节

（1）和上司一起送客时，要比上司稍后一步。但在需要开门或按电梯时，接待人员要紧走几步去开门或按电梯按钮。

（2）当来访者先伸出手，来访者可边与之握手边说"请走好""再见""欢迎下次再来"等。

（3）主动为来访者取衣帽等物，帮客人提重物，并扫视一下桌面，看是否有东西被遗忘，为来访者开门。

（4）作为重要的来访者，接待人员应将其送到大门口或轿车旁，不要急于返回，应挥手致意，等来访者离开视线后，再返回。

（5）送远客一般应安排好交通工具，并由相应身份的人员送至车站、码头或机场。

3．后续工作

俗话说"编筐编篓全在收口"。送客的后续工作是接待工作的最后一环，如果在这一环节上忽视了基本的礼貌，会使整个接待工作前功尽弃。

（1）送走客人后马上整理好会客室，以便迎接下一位客人。

（2）对来访者公司名称、联系方式、来访事由、单位资料、来访者个人资料等进行整理，并存档。

（四）接待领导视察访问礼仪

接待领导视察访问，与日常接待工作相比较，更加重要与复杂。接待人员要根据来访领导的具体情况，制订详细的接待计划，更加全面地考虑问题，做好相应的部署。

1．了解来宾基本情况

具体包括来访领导的国籍、具体单位、此行目的、来访天数、一行人数、到达的日期和地点，以及随访成员姓名、性别、年龄、职务、级别、民族、宗教信仰、风俗习惯、健康状况等。

2．拟订接待初步意见

将客方基本情况报告领导，同时根据客方意图和己方实际情况拟写接待计划及日程安排的初步意见，报请领导批示。如是涉外接待，应会同外事部门共同拟订接待计划，并报请有关领导部门审批。

3．确定陪同人员名单

根据来访领导的工作任务，坚持陪同人员"少而精"、尽量降低接待成本的基本原则，拟订出具体项目的陪同人员名单，报请领导批准后，通知有关人员随时待命，做好准备。

4．确定活动日程表

在来访领导到达前，接待人员应将拟定好的接待日程安排表交领导确认后，与对方相关人员确认，双方商讨定稿。定稿后交相关单位及人员做相应的准备。来访领导到达后，可将日程安排表印发给所有来宾，使来访者做到心中有数。

5．安排好接站及返程票的预订、预购

根据来访领导的身份及抵离日期、地点，安排有关领导和工作人员到车站、机场、码头迎送。迎客时应提前15分钟到达。可事先准备好"接站牌"等。预订、预购返程车票、机票、船票时，应事先征询来宾意见。

6．安排好来宾住宿

根据来访领导的身份和具体要求，协助具体接待部门安排好住宿。

7．交通工具的安排

根据来宾需要确定具体的交通工具。

8．经费预算

这一部分具体包括住宿费、餐饮费、劳务费（讲课、作报告等费用）、交通费、工作经费（如租借会议室、打印资料、通信费等）、其他费用等。

（五）接待工作相关礼仪

1．引导方法和姿势

（1）在走廊的引导方法。接待人员在客人两三步之前，配合步调，让客人走在内侧。

（2）在楼梯的引导方法。当引导客人上楼时，应该让客人走在前面，接待人员走在后面；若是下楼时，应该由接待人员走在前面，客人在后面。上下楼梯时，接待人员应该注意客人的安全。

（3）在电梯的引导方法。引导客人乘坐电梯时，接待人员先进入电梯，等客人进入后关闭电梯门；到达时，接待人员按"开"的钮，让客人先走出电梯。

（4）客厅里的引导方法。当客人走入客厅，接待人员用手指示，请客人坐下，看到客人坐下后，行点头礼离开。

2. 商务乘车礼仪

（1）小轿车。

小轿车的座位，如有司机驾驶时，以后排右侧为首位，左侧次之，中间座位再次之，前座右侧殿后，前排中间为末席。如果由主人亲自驾驶，以驾驶座右侧为首位，后排右侧次之，左侧再次之，而后排中间座为末席，前排中间座则不宜再安排客人。

主人夫妇驾车时，则主人夫妇坐前座，客人夫妇坐后座，男士要服务于自己的夫人，宜开车门让夫人先上车，然后自己再上车。如果主人夫妇搭载友人夫妇的车，则应邀友人坐前座，友人之妇坐后座，或让友人夫妇都坐前座。主人亲自驾车，坐客只有一人，应坐在主人旁边。若同座多人，中途坐前座的客人下车后，在后座的客人应改坐前座，此项礼节最易被疏忽。

女士登车不要一只脚先踏入车内，也不要爬进车里。需先站在座位边上，把身体降低，让臀部坐到位子上，再将双腿一起收进车里，双膝一定保持合并的姿势。

（2）吉普车。吉普车无论是主人驾驶还是司机驾驶，都应以前排右座为尊，后排右侧次之，后排左侧为末席。

（3）旅行车。我们在接待团体客人时，多采用旅行车接送客人。旅行车以司机座后第一排即前排为尊，后排依次为小。其座位的尊卑，依每排右侧往左侧递减。

（4）上下车的先后顺序。在涉外交往中，尤其是在许多正式场合，上下车的先后顺序不仅有一定的讲究，而且必须认真遵守。乘坐轿车时，按照惯例，应当恭请位尊者首先上车，最后下车；位卑者则应当最后登车，最先下车。乘坐公共汽车、火车或地铁时，通常由位卑者先上车，先下车；位尊者则应当后上车，后下车。这样规定的目的，同样是为了便于位尊者寻找座位，照顾位尊者。

3. 端茶倒水礼仪

当客人入座后，接待人员要主动及时地给客人斟茶。上茶的顺序一定要慎重，一般是先为客人上茶，后为主人上茶；先为主宾上茶，后为次宾上茶；先为女士上茶，后为男士上茶；先为长辈上茶，后为晚辈上茶。

标准的上茶步骤：双手端着茶盘，先将茶盘放在邻近客人的茶几上或备用桌上，然后右手拿着茶杯的杯托，左手附在杯托附近，从客人的左后侧双手将茶杯递上去，并置于客人右前方。茶杯放置到位后，杯耳应朝向右侧。有时，为了提醒客人注意，可以上茶之前，轻声告诉客人"请喝茶"。若对方向自己道谢，要回应"不客气"。

二、拜访礼仪

先导案例

一次"胸有成竹"的拜访

李敏在某公司市场部工作,她准备去拜访鸿运公司的销售部经理余军先生。李敏事先预约的时间是本周三下午三点。事先李敏准备好了有关的资料、名片,并对鸿运公司及余军先生进行了充分的了解。拜访前李敏对自己的仪容、仪表进行了精心、得体的修饰。到了周三,李敏提前五分钟到达鸿运公司。在与余军先生的交谈过程中,李敏简明扼要地表达了拜访的来意,交谈中能始终紧扣主题,给余军先生留下了很好的印象,最终促成了合作。

【问题】请问李敏在拜访鸿运公司余军经理时,在哪些方面做得较成功,从而最终促成与该公司的合作?

拜访又叫拜会,是指前往他人的工作单位或住所去会晤、探望对方,进行接触与沟通。不论是公务交往还是私人往来,拜访都是社交中人们最常采用的一种方式,是人类最为基本的交际活动形式之一,它为人们交流信息、沟通情感提供了最为直接的途径。

(一)拜访五要素

拜访是礼仪性很强的一项社交活动,在进行这项活动之前,首先需要了解拜访的五项基本要素,包括拜访目的、拜访者、拜访对象、拜访时间和拜访地点,从而做好相应的准备,才能使拜访达到预期效果。

1. 拜访目的

拜访活动总是有缘由的,没有毫无目的的拜访。从公务拜访来说,一般是出于工作需要,有些是出访国外或到外地出差,拜访当地有关领导或同行;有些是有关人员来访,到住地进行礼节性拜访;有些是有关事项需要磋商和交换意见,进行正式拜访;有些则是对拜访的一种礼节性回访等。不论是哪种拜访,都是出于公务活动需要而进行的。

2. 拜访者与拜访对象

一般根据工作需要及拜访对象的具体情况,同时顾及职务身份及拜访目的,有时也适当考虑私交等因素(如老领导、老同事等)来确定拜访者。通常情况下工作性质的拜会不带家眷，礼节性拜会可以带配偶。拜访者一经确定，就不能临时增加或换人。未经同意，临时带上其他人都是一种失礼的表现。

3．拜访时间

拜访时间尽量避开被访者不方便的时间，如被访者用餐、休息、节假日时间都是不合适的。正式的工作性质的拜访，可以安排在工作时间内，通常在上午九时、下午三时左右。礼节性拜访则可以安排在其他对方方便的时间内。拜访时间要事先预约。

4．拜访地点

拜访地点一般安排在被访者的工作地点进行，也可以安排在被访者下榻的寓所进行。一般由拜访者提出，被访者也可以提出建议。这种建议一般会被尊重和采纳。

（二）常用拜访礼仪

1．拜访前的礼仪

（1）事先预约。事先预约是拜访的第一步。预约强调的是不能贸然拜访，而是要依约前往。在与拜访对象预约时间时，要以拜访对象的时间为准，在拜访对象方便的时候拜访，可以充分体现你对拜访对象的尊重，这样在未见面时就会先给拜访对象留下较好印象。预约会面，除定出拜访日期和时间外，还应告知对方将要商谈事情的概要，避免到时重点不明，浪费彼此时间；要将己方前往访问的人数、姓名、职位等告诉对方，以便对方合理安排会客室等。

在国外，尤其是西方国家，拜访别人事先预约，是最基本的礼貌准则。外国人通常有计划时间的习惯，如果不事先预约贸然造访，打乱了他人的计划安排，会使对方非常生气，同时对不速之客留下缺乏教养的印象。与美国人预约，最好提前一周，美国人性情开朗，个人计划较多，拜访前最好再用电话联系敲定一下；德国人作风严谨，未经邀请的不速之客，有时会被他们拒之门外；日本约会的规矩较多，事先联系、先约优先和严守时间是日本人约会的三条基本原则。

（2）准备拜访物品。拜访前一天就应准备好文件资料、名片及必要的笔、纸张等用品，以免出发前手忙脚乱或丢三落四。还可准备一些并不贵重的小礼品，合适的礼品能体现一片诚意，让对方产生好感，有利于接下来的交谈。

（3）修饰仪表。为了表达对拜访对象的敬意和自重，整洁干净的仪表是不可或缺的。在拜访之前，应该充分重视自己的形象，整理妥当再前往拜访。整洁干净的仪表表达的是对客户的敬意和自重，同时也可表明自己对拜访的重视。衣着要大方得体，表现出良好的精神风貌，一般办公室或商务活动等正式场合要求穿正装。

（4）确认拜访。拜访前应打电话再次确认，特别是在预约时间离会面时间比较久的情况下。应该在约定时间的头一天打电话加以确认，这样可以避免因为拜访对象业务繁忙而忘记与拜访者预约的情况，也可让拜访对象对拜访者留下细致有礼的好印象，使拜访者立于主动地位。

(5)选择恰当的拜访时间。拜访的时间应以不妨碍对方为原则,一定要注意错过吃饭时间,午饭后或临睡前的时间都是不妥当的。一般说来,下午四五点或晚上七八点是最恰当的拜访时间。

2. 拜访中的礼仪

(1)严格守时。如果事先约好,必须严格守时,因为对方已对这段时间做出了安排。最好能在守时的前提下早到几分钟。千万不要迟到,这是最为失礼的行为,也会让对方产生"连事先约定的时间都不能遵守,不足为信"的印象。如果确实有紧急的事情,要及早通知拜访的对象,说明原因并争取他的谅解,尽量不要用诸如堵车、生病、家里有事等理由。也不要过早到达,这会造成因拜访对象没有做好准备或还忙于其他事情的尴尬。如确因意外情况而不能赴约或需要改期,也要事先通知对方,并表示歉意,因为失约或迟到均属不礼貌行为。

在进入访客所定地点之前,要做好以下自我检查工作:首先,重新确认是否带齐了谈话中可能涉及的资料;然后确认资料摆放的顺序在出示时是否方便;见面之后第一个环节就是彼此交换名片,所以,需要再次确认名片是否准备妥当。

(2)进门守礼。不管是到拜访对象家里或办公室,事先都要敲门或按门铃,等到有人应声允许进入或出来迎接时方可进去。不打招呼就擅自闯入,即使门原来就敞开着,也是非常不礼貌的。如果对方正在开会或有其他客人来访,你应该自动退在门外等候,而不应进去站在一旁或在门口走来走去,妨碍他人。

拜访时如带有物品、礼品、随身带有外衣和雨具等,应该搁放到主人指定的地方,而不应当随意乱扔、乱放。

如果初次拜访,应向接待人员自我介绍或向接待人员递名片,请求与拜访对象见面。如已事先约定,应提及双方约会之事,让接待者明白来意。见到拜访对象应该热情问好,若房内有其他人员,也应礼貌寒暄或点头致意。

拜访对象未请入座前不要随便入座;拜访对象请坐后,要按指定的位置入座。入座时要注意姿势,不要太过随便,即使是十分熟悉的朋友,架二郎腿、双手抱膝、东倒西歪也都是不礼貌的行为。如果拜访对象请拜访者随意入座,注意尽量不要坐他人的办公座位,以免影响他人正常办公。对后到的客人应起身相迎,等待介绍或点头致意。拜访对象上茶时,要起身双手迎接并向其热情致谢。

在与拜访对象打招呼和谈话时注意控制音量,以免影响他人。当拜访对象站立说话时,拜访者也应相应地站立起来说话以示尊重,注意站姿,不要倚靠在别人的办公桌上。

注意尊重拜访对象的工作、生活习惯。不要刻意倾听拜访对象与他人的交谈;未经允许,不要随意翻阅客户资料,这种行为会令拜访对象对拜访者产生厌恶的情绪;不要触动拜访对象的任何东西,包括电子用品,尤其是电脑,因为电脑中可能会存有机密性资料。如果拜访对象没有主动邀请,最好不要到会客室以外的其他房间去。

（3）适时告辞。拜访者一般不宜在拜访对象处停留太久的时间，要根据情况控制好逗留的时间，掌握好交谈的技巧。到工作场所拜访，一般都是在工作时间，所以，拜访时间不宜长，一般控制在 15 分钟至半小时之内。如果拜访时间过长，就会耽误对方的其他事情，所以要适可而止。见拜访对象有倦意或流露出"厌客"之意，应知趣地果断告辞。如果拜访对象请拜访者留下用餐，那么餐后不宜马上离开，应在饭后留一会再走。

告辞时，要真心诚意地向拜访对象表示感谢，切忌使用过于夸张的语言动作。告辞时，如果有其他客人在场，也要和他们一一告别。

出门后请拜访对象留步，不必远送。握手道别时，使用恰如其分的礼貌用语。如有意邀请拜访对象回访，可在与拜访对象告别握手时提出邀请。

（4）过后感谢。好的结束和好的开始同样重要，拜访过后的一封感谢函有利于给拜访对象留下好印象，为将来的合作打下良好基础。

【案例 5-8】

"不拘小节"地拜访

陈勇是一位刚大学毕业分配到利华公司的新业务员，今天准备去拜访某公司的王经理。由于事前没有王经理的电话，所以陈勇没有进行预约就直接去了王经理的公司。陈勇刚进利华公司还没有公司制服，所以他选择了休闲运动打扮。到达王经理办公室时，刚好王经理正在接电话，就示意让他在沙发上坐下等。

陈勇便往沙发上一靠，跷起二郎腿，一边悠闲地环视着张经理的办公室。在等待的时间里不时地看表，不时地从沙发上站起来在办公室里走来走去，还随手翻了一下放在茶几上的一些资料。

【课堂思考】 陈勇在这次拜访中成功的概率高吗？如果不高，请你指出他失礼的地方？

3．拜访的注意事项

（1）拜访要"事出有因"。拜访总是有一定的目的和缘由的，无端拜访会令人不快。拜访要有充分的理由，没有正当理由地"找借口"，是一种不合适的做法。作为公务活动，要从工作需要出发。理由勉强，容易被人误解为借故巴结，另有所图。联系时就要开诚布公地说明意图，表达一种诚意。

（2）不做不速之客。不速之客任何时候都是令人生厌的。工作拜访有时要商洽工作，就某些问题交换意见，更需要提前联系，让被拜访一方做好相关的准备。千万不可临时决定拜访，干扰别人的既定安排，令人手忙脚乱。万一行程变化，需要提前推后，或者取消拜访，必须及时告知对方，说明缘由，并向对方道歉。要守时守约。守时是拜访最基本的要求，准时正点到达预约的地点，既不迟到，也不早到。守时还包括控制拜访时间，不宜太长，通常在一小时以内，初次拜访在半小时以内。拜访者要掌握时间，及时告辞。拜访还要守约,要按照事先预约事项进行,包括拜访人、时间、地点、商洽内容等,不要临时变更。一旦不能践约,就要及时告知对方。

(3)拜访要适度。首先是拜访次数要适度。拜访归根结底是一种礼节性活动,不宜过多过频。对某单位某人的拜访,要有一定的间隔。一年一次不为少,三月两月来一次,就会让人觉得太频密了。拜访的规格规模也要适度,根据拜访人与被拜访人的情况,确定随同拜访人员的数目、范围。其次拜访的时间也要适度,时间安排要紧凑一些,不要无限制地拖长。

【案例5-9】

金先生的困惑

在风景秀丽的海滨城市的朝阳大街上,高耸着一座宏伟楼房,楼顶上"宏远贸易公司"六个大字格外醒目。东方照明器材厂的业务员金先生按原计划,手拿企业新设计的照明器样品,兴冲冲地登上六楼,脸上的汗珠来不及擦一下,便直接走进了业务部王经理的办公室,正在处理业务的王经理被吓了一跳。"对不起,这是我们企业设计的新产品,请您过目。"金先生说,王经理停下手中的工作,接过金先生递过的照明器,随口赞道:"好漂亮呀!"并请金先生坐下,倒上一杯茶递给他,然后拿起照明器仔细研究起来。金先生看到王经理对新产品如此感兴趣,如释重负,便往沙发上一靠,跷起二郎腿,一边悠闲地环视着王经理的办公室。当王经理问他电源开关为什么装在这个位置时,金先生习惯性地用手搔了搔头皮。好多年了,别人一问他问题,他就会不自觉地用手去搔头皮。虽然金先生作了较详尽的解释,王经理还是有点半信半疑。谈到价格时,王经理强调:"这个价格比我们的预算高出较多,能否再降低一些。"金先生回答:"我们经理说了,这是最低价格,一分也不能再降了。"王经理沉默了半天没有开口。金先生却有点沉不住气。不由自主地拉松领带,眼睛盯着王经理,王经理皱了皱眉,"这种照明器的性能先进在什么地方?"金先生又搔了搔头皮,反反复复地说:"造型新,寿命长,节电。"王经理找借口离开了办公室,只剩下金先生一个人。金先生等了一会儿,感到无聊,便非常随便地抄起办公桌上的电话,同一个朋友闲谈起来。这时,门被推开,进来的却不是王经理,而是办公室秘书。金先生很困惑,这是怎么回事情呢?

【课堂思考】请从拜访礼仪的角度出发评价金先生的做法有哪些不当之处?

(三)拜访领导礼仪

1. 通过引荐

拜访领导最妥当的方式是由一个熟悉双方的第三方引荐,这个人最好是有一定的社会地位并能权衡诸方的利益,这样可以在三方的交谈沟通中同领导进行相对深入的接触和了解,可以同第三方了解到领导的兴趣和爱好,并投其所好,随着时间的增加建立良好的关系。

2. 做好准备

只身一人前往拜访领导，要提前做好准备。准备汇报的材料，最好是以书面的形式上报，拜访者要明确材料的内容，并能够对每项事物做出很好的介绍和说明，同时还要对自己将要汇报的工作内容非常熟悉，这样就能够对领导在对话中产生的疑问对答如流，给对方留下好的印象。

3. 适时预约

要注意领导的时间安排规律，避免在其比较繁忙的时候与其会面，这样沟通会非常仓促，沟通的效果也不会好；可以询问领导，选择相对空闲的时间前往。初次拜访最好在办公室，以工作为目的的拜访，领导一般都会接待。在比较熟悉的情况下进行的再次拜访可选择吃饭、喝茶等相对放松的方式，这些方式也是增进了解的方式，要见机行事不能强人所难。

4. 实地汇报

与领导的交流中要多以汇报及询问的口吻，待沟通的次数增多双方较为熟悉的时候可以适当地聊聊家常甚至开开玩笑。拜访时间不宜过久，根据实际情况控制在 10 分钟左右，随着工作任务的更改及了解程度的增加控制拜访时间。根据领导的反应来控制时间，领导感兴趣的就多讲些，不感兴趣的自然少讲。注意语速和语气，不卑不亢。

5. 切实执行

要详细记录好领导安排的工作，并制订完成工作的计划，定期向领导汇报工作进展。

同领导建立良好关系是一个循序渐进的过程，主要以汇报和请示的形式进行开展，随着拜访次数的增多，也会越加熟练，不是只凭几条理论就能换来领导的认可和支持的，需要不断的实践和总结经验。

【案例 5-10】

察言观色——成功拜访的秘诀

业务员小王依约来拜访某公司陈总，可能是双方身份的悬殊，或者是因为陈总觉得小王有求于他，所以陈总显得非常冷淡。

小王说："听口音陈总是不是苏北人？""哦，山东枣庄人！""枣庄？枣庄是个好地方！我小时候看《铁道游击队》的小人书就知道了。""是吗？铁道游击队就是我们枣庄的。"陈总不无骄傲地说。"是啊，我前年去了一趟枣庄，还玩了一趟呢，枣庄真漂亮。"

听了这话，陈总马上来了兴趣，两个人从枣庄和铁道游击队谈开了，那亲热劲，不知道底细的人恐怕以为他们是老乡呢。

【案例分析】 从拜访领导的礼仪角度分析，业务员小王在拜访中通过赞美领导的故乡，进而缩短了相互之间的距离，小王的成功主要在他的思维敏捷，能够准确地掌握相关信息，同时，也能够传递思想与情感，最终同样也得到他人的尊重。

第三节　商务宴请馈赠礼仪

先导案例

西餐中的礼仪

因为很少吃西餐，袁小姐在餐会上出了不少"洋相"。餐会一开始，袁小姐端起面前的盘子去取菜，之后却发现那是装食物残渣的盘子；为节省取食的路途，袁小姐从离自己最近的水果沙拉开始吃，而此时同事们都在吃冷菜，袁小姐只得开玩笑地说自己"减肥"；因为刀叉位置放得不正确，她面前还没吃完的菜就被服务员给收走……一顿饭吃下来，袁小姐浑身不自在。

晚上回到学校，和同学们谈及此事，大家纷纷感慨："看来，要进外企必须先学'吃菜'啊。"袁小姐决心赶紧补上西餐礼仪课……

【问题】请你结合案例谈谈你对餐饮礼仪的认识。

一、宴请礼仪

古往今来，宴请一直是人际交往的重要形式。《礼记》中有讲"夫礼之初，始于饮食"。宴请形式有宴会、招待会、茶会、工作餐等。宴会按规格可分为国宴、正式宴会、便宴和家宴，按时间可分为早宴（茶）、午宴、晚宴、夜宴（宵夜），按目的可分为欢迎宴、庆贺宴、答（酬）谢宴、送（告）别宴、朋友聚餐宴等。

（一）宴席的桌次安排

传统中上座的位置，在面向上讲究背北面南，即坐北朝南。由于现代建筑风格的多样化，人们便习惯于把面对门的位置定为上座，故宴请中主座的位置即面向餐厅正门的位置。

按国际惯例，桌次高低以离主桌位置远近而定，右高左低，有左、中、右之别时，中尊右高左低。桌数较多时，要摆桌次牌，既方便宾、主，也利于管理。

由两桌组成的小型宴会，当两桌横排时，其桌次以右为尊，以左为卑（面门定位）。当两桌竖排时，其桌次则讲究以远为上，以近为下。这里所谓的远近，是以距正门的远近而言的。由三桌或三桌以上所组成的宴会，通常又叫多桌宴会。在桌次的安排时除了要遵循"面门定位""以右为尊""以远为上"这三条规则，还应兼顾其他各桌距离主桌，即第一桌的远近，通常距主桌越近，桌次越高；距离主桌越远，桌次越低。

（二）宴请的座位安排

正式宴请，一般均排座位，席位高低以离主宾的座位远近而定；有时是排出部分客人的座位，其他人只排桌次或自由入座。要在入席前通知到每位出席者，现场还要有人引导。

排列位次的方法是主人大都应当面对正门而坐，并在主桌就座；举行多桌宴请时，各桌之上均应有一位主桌主人的代表就座，其位置一般与主桌主人同向，有时也可面对主桌主人；各桌之上位次尊卑应根据其距离该桌主人的远近而定，以近为上，以远为下；各桌之上距离该桌主人相同的位次，讲究以右为尊，即以该桌主人面向为准，其右为尊，其左为卑。

安排次序以礼宾次序为主要依据。我国习惯按个人本身职务排列，以便交谈和餐饮。如果夫人出席，通常把女方安排在一起，即主宾位于男主人右上方，其夫人坐在女主人右上方。按外国习惯，主桌上男女穿插安排，以女主人为准，主宾在女主人右上方，主宾夫人在男主人右上方；其他人员或宾客按其身份、职务穿插安排，或按性别分主宾穿插排列。

在具体安排席位时，除根据上述基本规则外，还要充分考虑其他实际情况。如客人之间关系紧张者，应尽量避开安排；而对身份大体相同或从事同一专业者，可安排在一起。席位排妥后，要着手写座位卡；便宴、家宴可以不放座位卡，但主人对客人的座位也要有大致安排。

（三）中餐礼仪

中华饮食文化就其深层内涵来讲，可以概括成四个字：精、美、情、礼。这四个字，反映了饮食活动过程中饮食品质、审美体验、情感活动、社会功能等所包含的独特文化意蕴，也反映了饮食文化与中华优秀传统文化的密切联系。

1. 中华饮食，源远流长。

在这自古为礼仪之邦，讲究民以食为天的国度里，饮食礼仪自然成为饮食文化的一个重要部分。中国的饮宴礼仪号称始于周公，千百年的演进，形成今天大家普遍接受的一套饮食进餐礼仪，是古代饮食礼制的继承和发展。饮食礼仪因宴席的性质、目的而不同，不同的地区，也是千差万别。这里仅举几例，仅作参考。

古代的食礼是按阶层划分的：宫廷、官府、行帮、民间等。现代食礼则简化为：主人（东道）、客人了。作为客人，赴宴讲究仪容，根据关系亲疏决定是否携带小礼品或好酒。赴宴守时守约；抵达后，先根据认识与否，自报家门，或由东道进行引见介绍，听从东道安排。然后入座，这个"英雄排座次"，是整个中国食礼中最重要的一项。从古到今，因为桌具的演进，所以座位的排法也相应变化。总的来讲，座次"尚左尊东""面朝大门为尊"。家宴首席为辈分最高的长者，末席为最低者；家庭宴请，首席为地位最尊的客人，主人则居末席。首席未落座，都不能落座，首席未动手，都不能动手，巡酒时自首席按顺序一路敬下，再饮。

2．上菜顺序

中餐一般讲究：先凉后热，先炒后烧，咸鲜清淡的先上，甜的味浓味厚的后上，最后是饭菜。有规格的宴席，热菜中的主菜应该先上，即所谓最贵的热菜先上，再辅以溜炒烧扒。

3．筷子礼仪

横筷指将筷子横搁在碟子上，表示酒足饭饱不再进膳了。横筷礼一般用于平辈或比较熟悉的朋友之间。小辈为了表示对长者的尊敬，必须等长者先横筷后才能跟着这么做。现在用膳时，即使先吃完饭的，也不立即收拾碗筷，要等全桌膳毕后再一起收拾，可以说这是古代横筷礼仪的延续，表示"人不陪君筷陪君"。

4．敬酒礼仪

（1）要注意先后顺序。在正式宴席上，一般先由主人向列席的来宾或客人敬酒，会饮酒的人则回敬一杯。如果宴席规模较大，主人则应依次到各桌敬酒，而各桌可由一位代表到主人所在的餐桌上回敬。向外宾敬酒时，应按礼宾顺序由主人首先向主宾敬酒。国外正式宴席上，通常由男主人首先举杯敬酒，并请客人们共同举杯。一般情形下，客人、长辈、女士不宜首先向主人、晚辈、男士敬酒。

（2）敬酒时态度要热情、大方。

（3）敬酒要适可而止，见好就收。

（四）西餐礼仪

西餐以法式、英式、俄式为代表菜式。受民族习俗的影响，西餐的餐具、摆台、酒水菜点、用餐方式、礼仪规范等都与中餐有较大差别。

1．列出宾客名单，发请柬

根据宴会规模的大小和来宾的情况，列出陪同客人的名单，发出宴会请柬。

2．饭店预约和接受邀请

在西方，请人去饭店吃饭，要提前预约。特别要说清楚就餐的人数和时间，对座位的要求，是吸烟区还是非吸烟区，是否要视野良好的位置。如果是生日或其他特别的日子，可以告知宴会的目的和预算。

接到请柬后应尽快答复，这是最起码的礼节。可采用电话答复，简单快捷。也可用书信的形式，比较正式。如不能出席，要及早告知主办方，婉转地说明不能出席的理由。

3．衣着得体，符合礼仪

去高档的餐厅，男士要穿整洁；女士要穿套装和有跟的鞋子。如果指定穿正式的服装的话，男士必须打领带，进入餐厅时，男士应先开门，请女士进入，应请女士走在前面。

入座、餐点端来时，都应让女士优先。特别是团体活动，更别忘了让女士们走在前面。

4．西餐入座方式

最得体的入座方式是从左侧入座。当椅子被拉开后，身体在几乎要碰到桌子的距离站直，领位者会把椅子推进来，腿弯碰到后面的椅子时，就可以坐下来了。用餐时，上臂和背部要靠到椅背，腹部和桌子保持约一个拳头的距离。两脚交叉的坐姿最好避免。

5．餐具的摆放

西餐的餐具主要有刀、叉、匙、盘、碟、杯等，讲究吃不同的菜要用不同的刀叉，饮不同的酒要用不同的酒杯。其摆法为：正面放着汤盘，左手放叉，右手放刀，汤盘前方放匙，右前方放酒杯。餐巾放在汤盘上或插在水杯里，面包奶油盘摆放在左前方。吃黄油用的餐刀，一般应横放在就餐者左手的正前方，距主食面包不远处。

6．正确地使用刀叉

通用的刀叉使用方法主要有两种：一种是英国式的，要求在进餐时，始终右手持刀，左手持叉，一边切割，一边用叉食之，这种方式比较文雅；另一种是美国式的，先右手刀左手叉，把餐盘的食物全部切割好后把右手的餐刀斜放在餐盘的前方，将左手的餐叉换到右手，再品尝，这种方式比较省事。刀可以用来切食物，也可用来把食物拨到叉上。叉可以用来取食物，也可以用来按住食物，使得用刀切割时不滑脱。使用刀叉时要注意：不要动作过大，影响他人；切割食物时，不要弄出声响；切下的食物要刚好一口吃下，不要叉起来再一口一口咬着吃；不要挥动刀叉讲话，也不要用刀叉指点他人；掉落到地上的刀叉不可捡起再用，应请服务员换一副。

7．知道刀叉的暗示

如果就餐过程中，需暂时离开，应放下手中的刀叉，刀右、叉左，刀口向内，叉齿向下形状摆放在餐盘之上。它表示：此菜尚未用毕。如果吃完，可以刀口向内，叉齿向上，刀右、叉左并排放在餐盘上。它表示：不再吃了，可以连刀叉带餐盘一起收走。

注意不要把刀叉摆放在桌面上，尤其不要将刀叉交叉放成"十"字形，这在西方人看来，是令人晦气的图案。

8．上菜次序

西餐在菜单的安排上与中餐有很大不同。正式宴请的菜序较多，一般为开胃菜→面包→汤→主菜→点心→甜品→果品→热饮。

中国习惯就餐时先上菜，西方习惯先上汤。主人拿起匙或叉子时，就意味着大家可以开始用餐了。右手拿汤匙，舀汤的动作是由里向外舀。将汤匙举到嘴边，从匙子的旁边轻轻地喝，不要发出声音。如果你想使汤快些冷却，不要对着盘子或汤匙吹气，可以用汤匙轻轻地搅动，直至汤凉下来。食用鱼类时应借助于专门的食鱼餐刀和餐叉。吃肉时，一般是切一块吃一块。吃鸡时，欧美人多以鸡脯为贵，不能照中国人习惯，以鸡腿敬客，以免失礼。面包不能整个儿地拿起来咬，黄油应抹到放在左手边盘中的面包上，而不应该悬空拿着面包片抹。嘴内的鱼刺、骨头不要直接外吐，可用餐巾捂嘴，用手取出，或轻轻吐在叉上，放在菜盘内。吃过的菜、用过的餐具、牙签，都应放在盘内。

（五）茶艺

1. 茶叶的品种

不同地区的人喝茶有不同讲究，北京人爱花茶，江浙人爱绿茶，福建人爱乌龙茶（半发酵，绿叶红镶边），西藏、云南爱压缩茶。公务交往一般用袋茶。交往以对方为中心，尊重对方是最好的选择，看对方是什么地方的人，向他推荐一个选择范围。

2. 茶具的选择

功夫茶的程序：闻、捧、嗅、敬、续。茶具要干净、整洁、完好无损。

3. 敬茶的程序

招待人员要从客人右后侧上茶，杯耳朝外。先宾后主，先女后男，先尊后卑。酒满敬人，茶满欺人，上茶不要太满。

4. 品茶的方法

神态要谦恭；姿态要优雅，不发出声响；品茶要得法，标准方法先碰到鼻子边嗅，再小口喝，喝时舌尖先浸一浸，不要牛饮。

5. 态度谦恭、认真品味

（六）品咖啡的礼仪

1. 闻香品咖啡

一杯咖啡端到面前，先不要急于喝，应该像品茶或品酒那样，有个循序渐进的过程，以达到放松、提神和享受的目的。对着咖啡杯深深地吸一口气，所有的妙处都在这里。

2. 咖啡最好趁热喝

一般来说，趁热品尝主人为你端上来的咖啡，是喝咖啡的基本礼节。

3. 杯碟的使用有讲究

盛放咖啡的杯碟一般都是特制的，这种杯子的杯耳较小，手指无法穿过去。但即使用杯耳较大的杯子，也不要将手指穿过杯耳端杯子。咖啡杯应放在自己的面前或右侧，杯耳指向右方。咖啡杯的正确拿法，应是拇指和食指捏住杯耳将杯子端起。喝咖啡时，用右手拿着咖啡杯耳，左手轻轻托着咖啡碟，慢慢地移向唇边，不可发出响声。不要满把握杯、大口吞咽，或俯首去吸咖啡。饮毕，应立即将咖啡杯置于咖啡碟中，不可将二者分别放置。添加咖啡时，不要把咖啡杯从咖啡碟中拿起来。

4. 咖啡匙的位置

咖啡匙是专门用来搅拌咖啡的，搅过咖啡的匙，上面都会沾有咖啡，应轻轻顺着杯子的内缘将咖啡清理掉，绝不能拿起匙甩动，或用舌头舔咖啡匙。

5. 搅拌咖啡的手法

标准的搅拌手法是将咖啡匙立于咖啡杯中央，先顺时针由内向外划，到杯壁再由外向内逆时针划回中央，然后重复同样的手法。

二、馈赠礼仪

礼品是缔结人情的"纽带"，美好的礼品是你带给别人无声的祝福。送礼有讲究，不显山、不露水，送别人的"心坎"上，触动他内心最柔软的那根神经。不懂人情礼仪，投入了感情和精力，结果往往是事倍功半，竹篮打水一场空。

（一）礼品的选择

礼品是感情的载体，任何礼品都表示送礼人的特有心意，如酬谢、祝贺、孝敬、怜爱、爱情等。所以，选择的礼品必须与你的心意相符，并使收礼人觉得你的礼品非同寻常，备感珍贵。

实际上，最好的礼品是那些根据对方兴趣爱好选择的、富有意义或耐人寻味的小礼品。在选择商务礼品的时候，最好选择与公司的产品或业务相关联的物品，而且还要做到独特性和时尚性。商务礼品还要注意携带是否方便，有时候客人来自很远的地方，送给对方的礼品，要不易碎、不笨重，便于携带。

（二）礼品的赠送方式与技巧

1．赠送礼品应考虑具体情况和场合

平和友善、落落大方的动作并伴有礼节性的语言表达，才是收礼人乐于接受的。那种悄悄将礼品置于桌下或某个角落的做法，不仅达不到馈赠的目的，甚至会适得其反。在对所赠送的礼品进行介绍时，应该强调的是自己对受赠一方所怀有的好感与情义，而不是强调礼物的实际价值，否则，就落入了重礼而轻义的地步。

2．把握送礼的时机

送礼的时机一般在双方谈生意前或结束时，最好不要在交易进行中送礼。有时赠礼品不必直接交到收礼人手中，可在公司宴请时放在每个人的座位上。

3．送礼的方式

礼物一般应当面赠送。但有时参加婚礼，也可事先送去。祝贺节日、赠送年礼，可派人送上门或邮寄。这时应随礼品附上送礼人的名片，也可手写贺词，装在大小相当的信封中，信封上注明收礼人的姓名，贴在礼品包装皮的上方。通常情况下，当众只给一群人中的某一个人赠礼是不合适的，因为收礼人会有受贿和受愚弄之感，而且会使没有收礼的人有受冷落和受轻视之感。

有时候，为了进一步加强联系，也可以在对方重要的纪念日、节庆日等准备了礼物登门拜访。同时，还要考虑送礼的具体地点，特别要注意公私分明。如果是公务交往中所赠送的礼品，应该在公共场合赠送，如办公室、会见厅等，如果是在商务交往之外或私人交往中赠送的礼品，则应在私人居所赠送。如果在公共场合赠送私人礼品不但会遭到对方拒绝，还会给自己和对方带来麻烦。

4．注意送礼的技巧

如果你是从外地到某个城市拜访客户的话，不妨带点家乡的土特产品，可以说是从家乡带过来的，这里买不到，而且东西不多，自己又没花多少钱，请他尝尝鲜。收礼人一般都不会严词拒绝的。如果你事先了解对方的喜好，就可以在对方尚未察觉到你明显的送礼意图的情况下把礼品送出去。

（三）接受或拒绝赠礼的诀窍

在接受或拒绝别人赠送的礼品时，也有一定的诀窍。接受的时候要表现得落落大方，富有涵养，同时要表达你的感谢之意。如果你准备接受别人的礼品，就没有必要再三推辞，心口不一，那样会让人家觉得你这个人不真诚。而且在接受礼品时，如果条件允许，应该当面拆启礼品的包装。特别是在接受外国人赠送的礼品时，尤其需要注意这一点。因为在外国人的观念中，礼品带有包装而收礼人不打开看，就是怠慢了送礼者，是不重视对方所赠送的礼品。

在商务交往中，有时候必须拒绝别人的礼品，或者主观上不想接受他人的礼品，就要了解拒绝的诀窍。

首先，要向对方说明你拒绝的原因。如果什么都不说，就那么冷冷地拒绝了，不但不符合礼仪，而且会得罪送礼者。人家可能会认为你摆架子或嫌弃礼品太廉价。

其次，即使是拒绝了对方的礼品，也要感谢对方的好意，而且，一开口就要先谢谢对方。

再次，如果对方是私下里送礼的，而你又不想接受，你可以告诉对方他送的东西你真的不需要，即使留下来也是浪费，所以让他带回去。如果当时送礼者坚决要留下来，你也可以找机会把礼品送回去给他，然后写张纸条或打个电话表达你的感谢之意，并说明你为什么不能收他的礼品。让对方无言反驳，也不好意思再登门送礼。

最后有一点非常重要，不管你用任何接口拒绝赠礼，都要保持态度的友善，要给对方一个台阶下，不能对对方加以谴责、质疑、质问或谩骂，这是最基本的个人素养。

第四节　商务礼仪训练项目设计

一、阅读与思考

1．情景回放

时间：2022年冬。

地点：杭州市某楼盘售楼中心贵宾室。

三位女士走向贵宾厅，敲了敲门。只见一位男士坐在电脑旁边，一位女士仰面斜躺在沙发上，羽绒服短外套敞开着，一只脚落在地面上，一只脚跷在沙发边上，见有人敲门，理了理后脑勺零乱的头发，慢腾腾地起身，有气无力地问道："什么事？"

三位女士见状，都皱起了眉头，其中一位面露不悦之色："这是什么贵宾室，贵宾室的接待人员就这样？"

2．提出讨论问题：

（1）来宾的抱怨是否有理？

（2）贵宾室的接待人员存在什么问题？

（3）讨论步骤安排。

① 分组讨论，时间约 5 分钟。

② 选出持有不同意见的小组代表在班级交流，发言时间约 10 分钟。

③ 教师根据学生讨论发言情况总结，时间约 5 分钟。

二、行为综合训练项目

（一）项目一

1．实训目的

通过商务接待拜访礼仪的学习，要求学生了解接待计划的基本内容，掌握接待策划方案的撰写方法和技巧。

2．情景回放

张先生是中国知名的金盾广告有限公司的总裁，应××市国际圣诞鲜花礼品有限公司（简称国际圣诞）的邀请，他和公司创意部经理王先生及助手孙小姐一行三人将于 6 月 17 日上午 11：00 到达杭州市。他们来××市的目的是举办一个专门的广告创意说明会，向国际圣诞及其他相关政府部门和企业介绍金盾广告公司的管理经验和广告创意方法。说明会定于 6 月 18 日（周六）下午 2：30 在国际圣诞大楼四层 428 报告厅举办，他们拟于 6 月 20 日星期一的晚上回上海。张先生毕业于国外知名大学传媒专业，原籍四川，博士学位，约 50 岁，身体健康。王先生毕业于农科专业，硕士学位，约 45 岁。孙小姐是一位刚从艺术学院毕业不久的大学生，27 岁左右。张先生此次是第一次来××市，国际圣诞公司决定除了举办说明会，还安排张先生一行参观国际圣诞公司总部大楼、鲜花基地和一个礼品专卖店，并在他们回去之前举办一次宴请活动，答谢他们传授相关经验。国际圣诞公司的鲜花基地离公司总部约 45 分钟的车程，礼品专卖店位于公司大楼一层临街铺面，礼品专卖店的经理是张应文先生。国际圣诞公司的副总经理蓝女士将陪同参观，国际圣诞公司的董事长陈女士将负责设宴招待。

3．实训要求

假如你是国际圣诞公司的总经理助理，此次专门负责策划和组织这几次接待活动，要求你把这几个活动的策划方案写出来，在策划中要充分考虑时间安排、饮食、禁忌、位次排序等。

4．实训方式

（1）学生分为若干个小组，每个小组成员合作分工写一份接待方案。

（2）每个小组将接待方案制作成PPT，在全班学生面前进行交流。

5．实训评价

（1）学生相互纠错，相互评价，完善接待方案。

（2）教师总结性评价。

（二）项目二

1．实训目标

通过实训掌握接待、拜访过程中的礼仪。

2．实训背景

角色

张明：男，45岁，新达公司总经理。

赵雪：女，27岁，新达公司总经理秘书。

王芳：女，29岁，风尚传媒文化公司企划部业务员。

地点：新达公司。

道具：2张名片。

3．实训内容

上午9：50风尚传媒文化公司企划部业务员王芳来到新达公司，之前约定10点跟新达公司总经理张明面谈新达公司参展上海世博会宣传策划一事。秘书赵雪将王芳领到总经理办公室，并为二人作介绍，二人握手，并交换名片。

根据实训背景，演练接待客人的全过程。

4．实训要求

（1）实训可选择在教室里进行，也可以在模拟的场地中进行。

（2）实训分组进行，每个同学在演练过程中要严肃认真，言行符合礼仪规范。

（3）三位同学根据角色要求分别扮演总经理、秘书、业务员，分别表演上门洽谈、被介绍、握手、交换名片（王芳）；接待、介绍（赵雪）；被介绍、握手、交换名片（张明）。

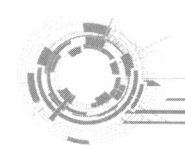

本章小结

商务日常交往能力是衡量一个人能否适应现代开放社会的标准之一，是一个人获得事业成功的必要条件。在各种商务场合中得体、正确的礼仪，不但令人愉快与信任，还有助于与商业伙伴建立广泛、牢固的合作关系。你若想驰骋商场、事业成功，就必须学会商务交往礼仪，掌握商务交往技巧。

第六章 商务专题活动礼仪

名人名言

善气迎人，亲如兄弟；恶气迎人，害于戈兵。

——管仲

本章学习目标

知识目标

1. 了解各种商务专题活动的定义和目的。
2. 掌握策划各种商务专题活动、媒体宣传活动的具体操作步骤及要求。
3. 了解展览会的含义及步骤，掌握展览会的礼仪要求。
4. 掌握商务谈判的程序和技巧，以及谈判的礼节。

能力目标

1. 培养商务专题活动实施的应变技能、传播与沟通技能。
2. 掌握商务广告策划的方法。
3. 运用商务谈判技巧，模拟商务谈判操作规程。

先导案例

历代汽车"进步大游行"

美国通用汽车公司在某新型汽车发明周年纪念之际，举办了历代汽车"进步大游行"活动。那一天，在纽约的主要马路上排满了各种式样的老爷车，由穿着考究礼服的司机拿着起动摇柄，开着晃晃悠悠的老爷车，长龙式地从纽约驶向其他城市。一路上，所有行人都好奇地驻足相望，热闹非凡。这次周年纪念活动搞得非常成功，不仅使人们对汽车发展史有较深刻、系统的了解，宣扬了通用汽车公司在汽车发展史上所作的贡献，而且使人们对该公司所生产的新型汽车有了"最现代化"的认识，扩大了通用汽车公司的社会上的影响。

【课堂思考】

1. 在通用的历代汽车"进步大游行"活动中，通用汽车能够取得社会效益和经济效益双赢的原因是什么？
2. 本次活动中，通用汽车真正要实现的商务专题活动目标是什么？

第一节 商务专题活动策划

商务工作宣传离不开商务专题活动和媒体宣传，商务专题活动的主旨在于塑造组织形象，提升组织知名度、美誉度，是商务活动的重要内容。商务专题活动和媒体宣传对于组织的发展需要各有所长，在商务活动宣传中应整合运用。

一、商务专题活动及其策划

商务专题活动，是指组织为了达到特定的目的，以塑造组织形象为目标，集中人力、物力、财力而有计划、有步骤地开展的专门性活动，是商务活动的重要组成部分。

社会组织通过各种各样的专题活动，以达到强化宣传的效果，提高组织知名度、美誉度，从而在公众面前塑造一个完整而美好的组织形象。

（一）商务专题活动策划的内容

商务专题活动策划是对商务专题活动的 5W 进行策划。5W 既何事（What）、何时（When）、何地（Where）、何人（Who）及为什么（Why）五方面。

"What"即商务专题活动的表现形式。根据其活动内容的不同，大致可以分为庆典活动、赞助活动、展览会、对外开放参观、宴请、联谊活动等。

"When"即商务专题活动策划的时机。应善于分析，掌握好专题活动开展时机。

"Where"即商务专题活动的举办地点。选取事件发生地，目标公众所在地，公交便利、人口流动较多的地点，以地利为佳。

"Who"即参与商务主体活动的人员及规模。以扩大影响为最终目的，以经济成效为原则，根据专题活动的需要来确定人员及规模。

"Why"即创造良好的策划氛围。为专题活动的展开进行必要的预告、铺垫、宣传、广告，使活动能形成良好的氛围。

（二）商务专题活动策划的要求

（1）诚信可靠。商务专题活动策划要保证举办者的动机单纯、可靠，而不带商业欺诈成分，不设圈套，不隐瞒事实真相，不引人误入歧途。

（2）引人注意。商务专题活动策划应富有文化内涵，抓住大众心理，同时具有启发性和趣味性，能引人注意，引起人的心理共鸣。

（3）新颖别致。商务专题活动策划切忌步人后尘、一味模仿，而要独辟蹊径，花样更新，以形式上的多样和内容上的奇特显示其特色。

（4）影响力大。所策划的活动要有一定的影响力，影响力越大，活动就越成功。

（5）切实可行。不搞花架子，从实际出发，充分体现可行性。在活动经费的消耗上要保证举办单位的承受能力和投入产出比。

除了满足以上要求，还要注意明确策划专题活动的目的，制定详细、可行的策划方案；要设计新颖的活动形式；组织精明能干的活动团队；编制预算，控制经费开支；注意好时间的安排；加强活动前期宣传等。

二、典型商务专题活动策划

（一）庆典活动

庆典活动是围绕重大事件或重大节日而举行的庆祝活动仪式。对于一个组织来说，有许多值得纪念的日子，如周年纪念、开业典礼、奠基典礼、剪彩与揭幕仪式等。凡是遇到了这些日子，都是组织在公众面前亮相从而扩大组织声誉和影响的极好机会。因此，很多组织都非常重视这些纪念日，并利用这些日子展开一系列的商务宣传攻势。

1. 庆典活动的类型

庆典活动的种类很多，有为了纪念某一节日、纪念日而举行的，有为了庆祝某一成就、获得某一荣誉而举行的，有为了庆祝组织机构的成立而召开的，更多的是为一个工程、项目的动工、竣工、开业、结业而举行的。庆典活动一般要举行典礼或仪式。

（1）开幕（开业）典礼。指单位机构成立创建、企业开始正式营业时隆重举行的庆祝仪式。这类典礼的目的是扩大宣传，树立组织机构的形象。

（2）周年纪念日庆典。指组织成立多少周年时所开展的庆祝活动，如企业成立周年纪念日。这类庆典活动一般定时举行，通常结合当前的中心任务组织，起庆祝性、纪念性作用。

（3）其他纪念日特别庆典。指组织遇到某一具有"里程碑"性质的事件而举行的活动，如某市荣获"国家卫生城市称号"，某企业荣获"住建部评定装饰施工一级和设计甲级企业"，某轿车厂"第 100 万辆轿车下线"，某电视机厂"超大屏幕彩色电视机开发研制成功"等。

（4）节庆活动。指组织在社会公众重要节日时举行或参与的庆典活动，如国庆、元旦、春节、建军节、"三八"妇女节、青年节等。

无论是哪种类型的庆典活动，其主旨都是一样的，即要做到气氛喜庆，场面隆重，参与者情绪热烈，活动形式灵活，并符合较高的礼仪水准。只有这样的庆典活动，才能给公众留下深刻的印象，因为它们向公众展示了组织的综合能力、社交水平及文化素养，有助于塑造良好的组织形象。

2. 庆典活动的组织策划

庆典活动要取得成功并收到预期效果，必须对庆典活动进行认真的策划和严密的组织，以下环节是需要加以重视的。

（1）制定庆典活动方案。每个庆典活动，必须制定一个活动方案，包括典礼的名称、规格规模、邀请范围、时间地点、典礼形式、基本程序、主持人、筹备工作、经费安排等。庆典活动要执行国家有关规定，重大庆典活动一般要报上一级机关审批，如县一级举办重大庆典活动，要报市委、市政府审批并报省委、省政府办公厅备案。其他庆典活动要经有关领导审批。

（2）确定参加活动的对象。庆典活动要邀请有关领导、知名人士、行业及社区公众代表、新闻记者参加。应邀人员一般是各界代表、与活动主题相关的有关人士。一旦确定人员，应当及早发出邀请，并准确掌握来宾的情况。

（3）安排庆典活动程序。合理安排庆典程序，一般包括：重要来宾留言、题字；主持人宣布活动开始；奏国歌或奏乐，介绍重要来宾；领导人致辞和来宾代表讲话；剪彩、参观活动等。有时还应安排座谈、宴请、文艺节目等活动。

（4）现场布置和物资准备。庆典现场的布置，根据庆典内容确定，一般包括音响、音像设备，会场、舞台或现场的横幅、标语、彩旗、鲜花、气球等。需要剪彩的，还要准备缎带、剪刀、手套、托盘。

（5）安排接待工作。要有专门的礼宾接待人员。重要来宾的接待，要由有关负责人亲自完成。要安排专门的接待室，以便正式开始前让来宾休息、交谈。要有专人引导入场、签到、留言、剪彩等。

（6）后勤保障和安全保卫工作。要做好庆典活动的后勤保障工作，包括茶水供应、纪念品发放、现场秩序维护和安全保卫工作。

【案例6-1】

气度非凡的周大福"生日"

11月18日，著名珠宝品牌周大福在北京798艺术区隆重举行80周年品牌华诞盛典。周大福集团主席郑裕彤博士携周大福品牌高层，与主流时尚媒体及时尚演艺名流等近800人共襄盛举，共同见证品牌发展的辉煌时刻。当晚，周大福珠宝更呈现超过亿元的经典珠宝作品。盛典还专设慈善竞拍环节，并将拍卖全部款项转交中华慈善总会周大福慈善基金，用于助学项目的开展。

【案例评析】周大福利用80周年华诞之机，通过各种活动在公众中打造周大福"真诚、永恒"的品牌信念。在本次庆典活动过程中，不仅扩大了周大福的社会影响，对内也增强了全体员工对企业的自豪感和荣誉感，对外显示了企业的实力和发展前景。

3．组织庆典要注意问题

庆典活动的策划组织，要注意以下问题。

（1）适时。庆典活动有一个适时举行的问题。选择好时机，可以为典礼增色不少，增强活动的效果。如企业庆典活动通常要把企业时机、市场时机结合起来考虑，使庆典活动与市场时机相契合。有些典礼的时间是固定的，如节日、纪念日，这些庆典一般只能提前，不能推后。有些庆典则要选择时机，如开业、竣工等典礼，除了要筹备好，还要考虑有关领导能否出席、气候及前后节庆情况等因素。

（2）适度。庆典活动是一种礼仪性活动。我国有关方面专门作出规定，要严格控制，认真执行申报制度。同时要有精品意识，典礼过多、过滥，会影响庆典活动的质量和效果。典礼的规模、形式还要和单位、项目情况大体相符，工程不大，却弄一个特大规模的庆典，只会成为笑柄。

（3）隆重。庆典是一种热烈庄重的仪式，需要一定的隆重程度。这样既可以鼓舞人心，又可以扩大影响。在现场布置、形式选择、程序安排等环节下功夫，努力营造隆重热烈的气氛。同时还要力求有创意，一般化的庆典活动，无法留给人深刻印象，不可能取得效果。

（4）节俭。庆典活动既要隆重热烈，又要简朴务实。从规模、规格上要严格控制，邀请人员的级别、数目要适当，不能一味追求"高、大、全"。在项目、程序上尽量从简，可以省去的一些环节，就应当坚决省去。要奉行"少花钱，多办事"的原则，不能摆排场讲阔气，铺张浪费。

（二）赞助活动

赞助活动是社会组织通过提供资金、物质、人员来支持某项社会福利、公益和慈善事业或社会活动，以赢得政府、社区及相关公众的支持，创造组织生存和发展的良好环境，获得一定形象传播效应的商务专题活动。

组织通过赞助活动，一方面是为了表达爱心，承担社会责任，关心社会公益事业，树立起良好的组织形象；另一方面也是一次十分有效的宣传机会，而且这比之商业广告更具说服力，是种种广告形式所无可比拟的。搞好赞助活动，对于组织而言，能进一步扩大知名度、增强信任度、提高美誉度。

1．赞助活动的类型

（1）赞助体育活动。这是组织赞助活动中最常见的一种形式。赞助体育活动的优势在于吸引力大，影响面广，感染力强，因此，许多组织赞助体育活动较为常见，被称为"体育公关"。赞助体育活动形式很多，主要有捐赠、组建俱乐部、以组织名义举办体育比赛等。比如奥运会赞助商仅中国企业就有统一、伊利、恒源祥、搜狐、联想、海尔等，国外的企业有三星、可口可乐等；长虹赞助中国乒乓球队，联邦快递赞助中国羽毛球队；还有一些企业赞助中国的一些联赛，CBA联赛、乒乓联赛、中超等，并组建了以赞助商冠名的俱乐部。

（2）赞助文化艺术活动。近年来由组织赞助电影、电视、戏剧、音乐会、展览、知识竞赛等文化活动越来越多见，这也是提高组织知名度和美誉度的有效公关策略和途径。比如奥迪赞助朗朗的"最美的华人之声"大型公益交响音乐会。

（3）赞助教育事业。赞助教育事业主要是赞助学校教学设施、设定奖学金、帮困基金、捐赠图书资料、投资办学、合作进行产学研究等。比如中国香港"船王"包玉刚、"传媒大王"邵逸夫等都在内地高校投资设立了以其名字命名的图书馆、科学馆，提供奖学金等。宁波的大红鹰集团、华茂集团都曾经投入巨资赞助甚至组建学校，这里追求的首先不是利益的回报，而是支持教育事业的发展。

（4）赞助社会公益事业。赞助社会的各种公益事业主要包括社会公共设施的投入建设，如出资修建马路、天桥、公园、路标等。这一方面可以为政府减轻建设压力，赢得政府公众的信赖；另一方面又能为市民带来方便，赢得市民的好感。

（5）赞助社会福利事业。赞助社会福利事业主要包括为社会上各种需要社会照料与温暖的人，如军属、残疾病人、孤寡老人，社会福利机关，如敬老院、儿童福利院提供物资、经费帮助，并开展各项服务活动。此外，还包括赈灾救济活动等。这类赞助活动是组织塑造爱心形象的重要而有效的途径。

2．赞助活动的操作

（1）赞助活动的原则。

① 合法原则。合法原则是开展赞助活动的基本要求，组织开展赞助活动必须遵守国家的政策法规。

② 社会效益原则。组织所赞助的活动必须有积极的社会进步意义和广泛的社会影响力，所赞助的对象必须有可靠及良好的社会背景和社会信誉。

③ 传播效果原则。赞助本身是一种直接提供金钱或物质来进行的传播活动，因此必须讲究传播效果。所赞助的项目应有利于扩大本组织的知名度和美誉度，同时还要分析公众及新闻界对有关赞助项目的关注程度。

④ 量力而行原则。参与赞助活动必须考虑所赞助项目的费用是否合理，以及本组织的经济承受能力，切忌"打肿脸充胖子"。

⑤ 自愿原则。赞助必须是一种自觉的、主动的行为，以赞助方愿意提供赞助为前提。

（2）赞助活动的程序。

① 赞助研究。了解赞助对象的基本情况、确定组织赞助的方向和政策、分析赞助的成本、可能获得的效果。

② 制订计划。在赞助研究的基础上，组织应制订出相应的赞助计划，包括赞助的目的、赞助对象的范围、赞助费用的预算、赞助形式、赞助实施的具体步骤和时机等内容。赞助应控制范围，防止赞助规模超过组织的承受能力，要做到有的放矢。

③ 审核和评定。确定可行性，赞助的具体方式、款项、时机等，从而制定出此项赞助活动的具体实施方案。

④ 具体实施。对赞助计划的具体项目，应指定专人负责，充分运用各种商务技巧，尽量扩大组织的社会影响。

⑤ 检验效果。赞助活动完成后，应对赞助的效果进行调查测定，并对照计划检查完成情况，写出报告存档，为以后的赞助研究提供参考资料。

（3）赞助活动的注意事项。赞助活动的策划是一门艺术，并不是组织的任何赞助活动都会取得预期的效果，因此，在策划赞助活动时要注意以下需要几点。

① 赞助要符合本组织的特点。一般来讲，组织应有针对性地选择赞助内容。

② 赞助活动要适时。比如，根据不同的节庆日来选择赞助活动的对象。此外，结合组织的开业、周年庆、新年节庆等日子进行公益赞助活动，也更能引起公众的注意。

③ 要优先对各种慈善事业、社会福利事业和活动、公共设施、教育事业进行赞助。

④ 要注意留存一部分机动款项，作为遇到临时、重大活动时的备用款。

⑤ 特别行业的赞助活动要注意赞助的特殊性。如美国的万宝路集团赞助F1赛车运动、探险活动、西部片拍摄等，均在公众心目中留下了良好而深刻的印象。

（三）展览会

展览会是通过实物的展示和示范表演来展示社会组织的成果和风貌的商务专题活动。展览会有极强的直观性和真实感，不仅会加深参观者的印象，大大提高组织和产品在参观者心目中的可信度，而且还可以吸引众多新闻媒介的关注，取得更大的宣传效果。

1. 展览会的类型

展览会的类型很多，组织要根据自己的情况和目标，恰当地选择展览会的类型，以收到更好的效果。根据不同的角度，展览会可以划分为以下不同的类型，如下表所示。

分类标准	类别	特点	展览会实例
展览的性质	展销会	既"展"且"销"，目的是做实物广告，促进商品销售	"迎春节吃穿用商品大展销"
	宣传展览会	只"展"不"销"，目的是宣传一种观念、思想、成就等	"国际图书博览会"
展览的内容范围	综合性展览会（横向展览会）	全面介绍一个国家、地区或组织的情况，要求内容全面	"广州中国出口商品交易会"（广交会）
	专题性展览会（纵向展览会）	围绕某一专题、专业或产品举办的展览会，要求主题突出，内容集中，有一定的深度	"苏杭丝绸服饰展销会"
展览举办场地	室内展览会	显得较为隆重，且不受天气影响，举办时间灵活，长短皆宜，但设计布置复杂，花费较大	"浙江投资贸易洽谈会"
	露天展览会	布置工作简单，花费较少，但受天气影响大，从而会影响展览效果	"国际狩猎和运动器材露天展览会"
展览的规模	大型展览会	通常由专门的单位举办，规模大，参展项目多，举办技术较高	"世界博览会"
	小型展览会	一般由组织自己举办，展出自己的商品	组织最新成就的各项产品、技术和专利
	微型展览会	小型展览会的进一步微缩，一般不在社会上进行商业性展示	商店的橱窗展览、流动的展览车等

2. 展览会的操作

（1）分析参展的必要性和可行性。展览会需要投入较多的人力、物力和财力，因此在举办展览会之前，首先要分析其必要性和可行性。如果不进行科学的分析论证，就有可能造成两个不良后果：一是费用开支过大而得不偿失；二是盲目举办而起不到应有的作用。

（2）确定主题。每个展览会都应有一个明确的主题，并将主题用各种形式反映出来，如主题性口号、主题歌曲、徽标、纪念品等，必须弄清楚是要宣传产品的质量、品种，还是要宣传组织形象；是要提高组织的知名度，还是要消除公众的误解。

（3）选择地点和时机。地点的选择要考虑三个因素：交通是否便利，周围环境是否有利，辅助系统如灯光系统、音响系统、安全系统、卫生系统等是否健全。如果自己组织的展览会，宜选在交通方便，环境适宜，设施齐全的地方。

（4）准备资料，制定预算。准备资料是指准备宣传资料，如设计与制作展览会的会徽、会标及纪念品、说明书、宣传小册子、幻灯片、视频等音像资料，包括展览会的背景资料、前言及结束语、参展品名目录、参展单位目录及展览会平面图等资料的撰写与制作。举办展览会要花费一定的资金，如场地和设备租金、运输费、设计布置费、材料费、传播媒介费、劳务费、宣传资料制作费、通信费等，在制定经费预算时，一般应留出 5%～10%的准备金，以作调剂之用。

（5）培训工作人员。展览会工作人员素质的好坏，掌握展览的技能是否达到标准，对整个展览效果起着关键作用。因此，必须对展览会的工作人员，如讲解员、接待员、服务员、业务洽谈人员等进行培训。培训内容包括公关技能、展览专业知识和专门技能、营销技能、社交礼仪等。

（6）做好展销会的效果测定。为了组织有更好地发展，每举办一次活动都应做事后效果测定工作，可采取问卷调查、统计参观人数、销售利润、有奖问答等多种方式来进行该项工作。

【案例 6-2】

第三届中国国际茶业及茶艺博览会

2013 年 4 月 19 日上午，2013（第三届）中国国际茶业及茶艺博览会在北京开幕。来自国内外的近 300 家茶叶、茶器具和茶工艺品企业参加了展出。此次博览会由农业农村部中国农业国际合作促进会主办，设展面积 10000 平方米，预计将接待观众 10 万人次。

在为期四天的博览会期间，将举办中国名茶推介发布会、第三届中国名茶评比、北京春茶采购节等活动。来自中国的知名茶业企业将在博览会期间，充分展示中国茶业、茶具、茶艺等丰富的茶文化。此外，4 月 21 日将举办第二届锡兰红茶文化节，届时将举行多场中国和斯里兰卡茶文化的交流活动，加强两国茶叶管理机构及企业的沟通和交流。

中国国际茶业及茶艺博览会创办于 2011 年。两年来，秉承"专业、务实、创新"的办展理念，该博览会影响力与日俱增，成长为北方最具影响力的春季茶展，为中国茶业走向世界提供了展示平台。

【案例评析】要搞好展览活动，除了要有良好的客观基础，即企业的优秀成果、优质产品及良好的服务素质，还要注意把握活动的目标公众，分析目标公众的特点和需求，有针对性地设计布展，加强活动的宣传。中国国际茶业及茶艺博览会的成功正是一个极好的说明。

【课堂讨论】重读本案例，谈谈举办博览会的成功秘诀。

（四）对外开放参观

对外开放参观是社会组织通过组织和邀请员工家属、媒体机构及其他相关公众到本组织参观，以此来传递组织信息，让公众更好地了解自己或消除对本组织的某些误解，谋求公众的理解、信任与好感的商务专题活动。

俗话说"百闻不如一见"。对外开放参观活动可以让公众目睹组织的整洁环境、先进的工艺、现代化的厂房设备、科学的管理制度、高素质的人员，以及给社区和社会所做的贡献，还可以通过组织历史等资料向公众立体、全面地展示组织的过去、现在和未来前景。通过这种直接地向来访者展开宣传攻势，以证实组织存在的价值。同时能最直接地了解到公众的看法，做到组织与公众之间的双向沟通，是提高组织知名度和美誉度的最好契机。

1. 对外开放参观的类型

（1）组织按照一定的目的选择一定的时间和参观范围对社会公众进行开放，这种开放有时候限制公众类型，有时候不加限制，公众较为松散。

（2）组织对一定的参观访问代表团开放，这主要是接待性的，公众较为集聚，具有一定的组织性和可控性。

2. 对外开放参观的操作

（1）确定主题。任何一次对外开放参观活动都应先确定一个明确的主题，即通过这次活动希望达到什么样的效果，给参观者留下什么印象。

（2）选择开放时机。组织对外开放时机的选择应以不影响组织的正常工作为标准，同时要考虑选择公众方便的时候开放。另外，要为对外开放参观活动的准备工作留有充足的时间。

（3）安排参观路线。要提前划分好参观线路，制作向导图及标志，标明办公室、餐厅、休息室、医务室、厕所等相关地方。如有保密和安全需要，应注意防止参观者越过所限范围。

（4）做好宣传工作。要想使对外开放参观活动获得成功，最重要的是做好各种宣传工作。应准备一份简单易懂的说明书，发给参观者。参观之前可先放电影、视频或幻灯进行介绍，帮助参观者了解主要概况。然后再由向导陪同参观者沿参观线路作进一步解释和答疑。要搞好环境卫生和参观地点的装饰、场景的布置、实物的陈列等。

（5）做好接待工作。应有专门的接待人员负责登记、讲解、向导等工作。安排合适的休息场所和茶水饮食，赠送有意义的纪念品。有关部门负责人或组织负责人必要时要亲自出场热忱地迎送参观者，介绍本组织的发展情况，感谢来宾光临。

（6）收集公众意见。参观活动结束后，除做好欢送工作外，最为重要的是要竭诚征求大家的意见，收集参观者的建议，整理分析后提交相关部门，有些意见还应在组织予以采纳并确定相应措施后给予答复。

第二节　商务谈判活动

【案例6-3】

智与谋的较量

1987年9月30日，中日双方关于中国进口日本产FP—418型货车损坏赔偿谈判在北京正式举行。双方出席谈判的都是精兵强将，国家主管部门作为我方参加谈判的全权代表。中方在谈判前，进行了仔细的调查研究，并摸清了双方的各种有关情况，制定了数套谈判方案，做到了胸有成竹。双方代表步入豪华的谈判室，彼此见面时，都彬彬有礼、谈笑风生，气氛轻松、自然。然而，在这友好、自然的气氛背后，彼此都感觉到对方不凡，一根根心弦都绷得紧紧的。因为这是关键性的一搏，结局如何，可不是十万、八万人民币的小数目，而是几亿、十几亿人民币的得与失。人民在期待着，国际新闻界、贸易界在关注着，经济权益和政治声誉双重担子压在中方谈判人员的身上。气氛缓和既是战略上的需要，也表现着一个国家的外交礼貌。而在战术上，则来不得半点马虎和差错。此次谈判经过一次次激烈奋战，一次次沉默与冷战，一次次地重新打破僵局，出现新的转机。最终，一起罕见的特大索赔案通过中方谈判人员艰苦的谈判而获得了成功。

【案例评析】 商务谈判是一件非常困难的事情，难就难在谈判双方有着利益冲突和需求差异需要沟通调和。在这种情况下，谈判双方的谈判策略、谈判技巧对谈判成功显得尤为重要。中日关于FP—418型货车损坏赔偿案是一则经典的公关谈判案例，它的成功就是中方代表在有理、有利、有节的谈判技巧下，获得了圆满解决。

【课堂讨论】 从本案例中，你觉得商务谈判与其他谈判相比，具有哪些特点？

一、商务谈判概述

谈判是人们为解决共同关心的问题或为了改变相互关系而进行的相互磋商、协议和讨论。谈判实质上是双方都致力于说服对方接受其要求时所运用的一种交换意见的技能，是人们旨在改变相互关系而进行的一种积极行为，其最终目的是要达成对双方都有利的协议。

商务谈判是指当社会组织的利益与公众利益发生冲突时，组织为了塑造良好形象，协调和改善社会组织之间、社会组织与公众之间关系，争取合作、支持与谅解而进行沟通的过程。它是组织与公众之间的一种特殊的双向沟通方式，是组织在生存和发展过程中不可缺少的一项经常性的商务专题活动。

开展商务谈判的目的是使各方达成一项协议、解决一个问题或做出某种安排，从而消除和避免组织之间、组织与公众之间的纠纷与误解，促使参与谈判各方的共同利益得以实现，塑造和维护组织的良好形象。商务谈判已成为现代组织解决冲突和矛盾的主要手段。

知识链接

谈判在有文字记载的历史中，最早的是公元前 1296 年埃及第十九朝法老二世拉姆西斯与赫梯国王哈图里三世为共同抵御外来侵略而进行的谈判，最后签订了军事同盟条约。我国在公元前 651 年齐桓公主持葵丘之盟，与盟者有宋、鲁、卫、郑、许、曹国国君及国王使者，这个谈判是世界上最早举行的一个多边谈判，并成功地达成协议——"互不侵犯条约"的范例。

近代意义上的谈判，据记载最早的有条约的是 11 世纪中叶欧洲 30 年战争后缔结的"威斯特伐里亚合约"。这个合约是除英国、俄国、波兰外所有欧洲国家都参加的。

随着社会的不断进步，谈判已深入到了人类社会生活的各个领域。从 20 世纪初以来，有证可考的国际上由谈判形成的协议有 4 万多件，且每年以 1100 件的速度递增。

谈判之所以发展如此快，是因为谈判是社会竞争的润滑剂。如《关贸总协定》调整了许多国家间的贸易和经济事务，缓和了竞争。谈判是处理社会人际关系的有效工具，还是保护人类和获取利益的手段。

谈判学的诞生是以 1968 年《谈判的艺术》（尼尔伦伯格著）一书的出版发行为标志的。此后，各种谈判学著作如雨后春笋，层出不穷，讲授"谈判学"的学校也越来越多。美国 20 世纪 70 年代成立了全国性谈判学研究会，其他国家也相继成立类似组织。

（一）商务谈判的特征

1. 互利性

利益发生冲突的社会组织之间、组织与公众之间，之所以能平心静气地坐下来，以和平的方式就各自的利益进行友好、平等的协商，其根本原因是冲突背后隐藏着共同利益。通过商务谈判，各方获得满意的结果。

2. 组织性

组织性是商务谈判不同于一般谈判的一个显著特点。整个谈判从目的、过程到结果均是从组织角度出发的，是一种有计划、有目的的组织行为。

3. 自愿性

商务谈判活动得以进行，总是以各方自愿参加为先决条件的。一方强求另一方进行谈判，必然会导致中途夭折。只有彼此都抱有谈判的愿望，谈判才可能进行下去。

（二）商务谈判的原则

1. 真诚坦率原则

商务谈判中的真诚，是谈判各方要遵守的最重要的谈判原则。在谈判过程中，要做到态度诚恳，以诚待人。谈判内容真实，不弄虚作假，不口是心非。做到真诚坦率，有利于消除误会，化解矛盾，获得谅解，达成协议，收到化干戈为玉帛的效果。

2. 平等相待原则

商务谈判中参与谈判的各方，不论在实力和地位上有多大的差距，彼此在谈判中都享有同等的地位和权利，均应尽相同的责任和义务，谈判者之间的利益是互相依赖、互相促进和互相制约的。谈判各方要自始至终坚持平等相待的原则，切忌以强凌弱，以大压小。

3. 友好协商原则

商务谈判中，各方参加谈判的目的是达到利益的"双赢"，为了争取和维护自身的利益，在谈判中难免会发生争执，甚至是激烈地争论，如何才能做到消除矛盾和维护利益而两全其美呢？只有坚持友好协商的原则，这样才能在谈判中创造和谐的、宽松的氛围。

【案例6-4】

保持温和的态度

在一次商务谈判上，与会诸君各自坚持自己的立场及主张，反复申辩他们的意见是有根据的。并且相互责难，随着又用尖锐、刻薄的语言刺激对方，一时火药味甚浓，使谈判无法正常进行。谈判负责人建议大家休息一下，以便使会场换换新鲜空气。

二十分钟过后，人们激烈的情绪稍稍得以平息，绷紧的神经也稍有松弛，当大伙都回到会议室，那位负责人宣布："在没有继续讨论前，让我们再听一遍刚才的争辩。"于是他很快打开了录音机（刚才在人们没有察觉的情况下，他使用录音机录下了所有参加谈判者的辩论）。于是每个人都仔细地从嘈杂喧嚣的争辩中寻找自己的声音，人们似乎都难以相信自己竟会如此粗暴无礼、失去常态。一位颇具绅士风度的某广告公司经理居然从自己的吵骂中分明听出一句不堪入耳的话，惊骇地摸了一下自己精心梳理过的头发，连连摇头自叹。此时，负责人说道："好了，让我们继续讨论吧！"于是谈判继续进行，并终于达成了共识，收到了预期的效果。

【案例评析】这位负责人其实并没有作实质性的动作，他只是心平气和地让那些参与谈判的人自己领悟，却起到了奇佳的效果。保持温和的态度是谈判者应有的品格，泼妇骂街式的谈判绝不应出现在商务谈判桌上。创造友好协商的谈判氛围是谈判成功的关键所在。

4. 互惠互利原则

借助商务谈判旨在能够满足各方的需求，体现各方的利益。因此，在谈判过程中，必须坚持互惠互利的原则，任何一方不得损人利己，坑害对方利益，要尽可能地追求各方利益的最大化。

【案例6-5】

一句话节省了500万美元

广东玻璃厂和美国欧文斯公司之间,曾就引进美国玻璃生产线进行了一场谈判。双方在全套引进和部分引进的问题上发生了分歧:美国方面坚持要求中国方面全部引进,而中国方面以外汇有限为理由坚持部分引进。谈判陷入了僵局。在这关键时刻,中方厂长对美方的首席代表说:"全世界都知道,美国欧文斯公司的设备是第一流的,技术是第一流的,产品是第一流。如果欧文斯公司帮助我们广东玻璃厂走在中国同类企业的前列,那么,全中国都将知道欧文斯公司。我们厂的确因外汇有限,不能全部引进,这一点务必请美国朋友们谅解。我们也相信美国方面在我们困难的时候会伸出友谊之手。"结果,美方代表接受了中方代表的意见,僵局迎刃而解,谈判顺利地按我方的愿望达成了协议,为国家节约了500万美元的外汇。

【案例评析】一个优秀的谈判者,首先要有商人的精明,要意识到谈判并不是无休止地讨价还价,也不是要蛮横不讲理。谈判应是互惠互利的,没有胜败之定论。能把谈判对手变成朋友,正是老练的谈判家的高招。广东玻璃厂在与美国欧文斯公司进行谈判时,摆事实,讲道理,由互相对立的局面,改变为同心协力的一体。

5. 求同存异原则

商务谈判中,冲突、争论是不可避免的。当谈判各方存在意见分歧时,就要坚持求同存异原则,"求大同、存小异",保证双方的基本权利和要求实现。尤其是组织与公众的利益发生矛盾冲突时,组织在谈判的过程中,为了赢得公众的理解、同情和支持,组织在保证基本利益的基础上,可适当地做些不违背原则的让步。

商务谈判的核心问题是谈判各方在利益上发生了矛盾与冲突,为了维护各自的利益而达成彼此均可接受的协议,这是商务谈判的目的所在。高明的谈判家,总是把谈判的注意力放在利益上,而非矛盾冲突,总是力图透过矛盾的背后,寻找共同的利益。这既是维护自身利益,又是谋求谈判成功的明智之举。

二、商务谈判过程

商务谈判是一项具有很强艺术性的工作,它牵涉的内容和能力都极为广泛,需要商务人员通过实践,积累经验,才能真正做好有关谈判的工作。

商务谈判的过程就其一般而言,大致由准备、洽谈、公证三个阶段构成,其中洽谈阶段即正式谈判过程,是核心阶段。

(一) 准备阶段

要使商务谈判顺利而有效地进行，谈判的任何一方都必须进行认真而充分的谈判准备。所谓"知己知彼，百战不殆"，谈判的准备主要包括对方情况的了解和自我谈判设计两个方面。

1. 对方情况了解

在谈判前，首先要了解和分析即将面对的谈判对象，主要可以从三个方面去了解。

一是了解对方谈判人员的构成和权限。一般而言，对方谈判人员的级别越高，表明对方对谈判越重视，谈判权限越大，谈判达成协议的可能性就越大。根据对方的谈判人员，来确定我方谈判人员和权限。

二是了解对方谈判的真正目的。这有助于谈判双方事先做好应对的策略，打有准备之仗，取得谈判的主动权。

三是了解对方谈判所持的立场、要求。只有这样，才能求同存异，确定己方的利益目标和对谈判应持的立场与态度。

2. 自我谈判设计

根据了解到的对方的情况，有的放矢，做好己方的谈判准备。主要可以从三个方面去设计。

一是明确己方在谈判中的优势与不足，这是制定谈判目标和方案的前提。

二是确定谈判的具体目标，主要可分为期望目标、一般目标、临界目标。期望目标也称理想目标，是指组织在谈判过程中所追求的最高目标，作为与对方讨价还价的筹码，一般实现的可能性不大。一般目标是组织在谈判过程中努力实现的目标。临界目标是组织在谈判过程中可以接受的最低目标，也就是谈判一定要实现的目标，否则宁可谈判破裂。

三是制定谈判方案。根据谈判目标，制定最佳谈判方案和替代方案，使自己在谈判中能做到遇乱不惊，遇变不慌，始终把握谈判的主动权。在谈判方案的制定中，还要注意谈判时间、场地、谈判人员的选择。谈判时间的选择要考虑己方谈判准备的充分程度、谈判人员的情绪状况、谈判的紧迫程度、气候、季节等因素。谈判地点的选择则应尽可能地选择己方单位。谈判人员的选定则要根据谈判的性质、内容和对象来决定。

（二）洽谈阶段

洽谈阶段是商务谈判过程的核心阶段，主要包括导入、概说、明示、交锋、妥协、协议六个阶段。

1. 导入阶段

谈判的导入阶段，标志着商务谈判活动的正式开始。这一阶段的目的主要是让谈判各方相互认识，彼此熟悉，以创造一个有利于谈判的良好氛围。同时，通过前期的接触，确定本次谈判的议程，找到各方关注的焦点，各自都做好相应的准备。

2. 概说阶段

谈判的概说阶段是谈判各方第一次正式的会谈，是真正认识谈判对手及其意图的投石问路时机。谈判各方应简要地亮出自己的基本想法、意图和目的，以求为对方所了解。一般来说，谈判各方此时都较为谨慎，也不会出示关键的资料，只是利用这段时间摸底。

3. 明示阶段

谈判的明示阶段，标志着商务谈判进入了实质性问题的洽谈磋商阶段。在这个阶段，谈判各方会根据前一阶段谈判各方表述的意见，尤其是双方意见存在分歧的地方，进一步明确各自的利益、立场和观点。

4. 交锋阶段

交锋阶段是谈判的必经阶段。谈判各方都会尽力争取自己所需的利益，自然这就会有矛盾，而矛盾的激化就会导致对立状态的出现。这时，谈判双方相互交锋，彼此争论，紧张交涉，讨价还价，各方列举事实和数据，希望对方了解并接受自己的条件。交锋阶段需要谈判各方具有坚强的毅力，付出较大的精力，要求谈判人员具有能言善辩和较强的应变能力。

5. 妥协阶段

交锋结束后，各方便会相互让步，寻求一致，达成妥协。妥协是谈判中不可缺少的组成部分，交锋阶段不可能无休止。只要谈判各方有共同利益，有达成协议的意愿，谈判各方就一定会妥协。当然，妥协是有一定范围和限度的，妥协的原则就是既不放弃自己的立场和利益，又兼顾对方的利益。实践证明，向对方做出某种让步，这是最终获得谈判成功的重要一环。

6. 协议阶段

协议阶段就是把谈判各方经过交锋和妥协基础上形成的共识，用协议的形式予以认可。谈判进入协议阶段，切不可掉以轻心，稍有不慎，谈判仍有可能破裂。尤其是在协议起草、签字时，一定要对协议上的文字做认真、细致、谨慎地斟酌和检查。

（三）公证阶段

公证阶段实际上是商务谈判的善后处理阶段，主要是协议公证。这一阶段虽然过程简单，但作用重大。谈判协议一般都要通过法律部门的公证，使协议的内容对谈判各方均具有法律的约束力。协议公证是减少纠纷、避免起诉、保证协议顺利实施的有效办法之一。

知识链接

有目的地安排座次

座次安排常闹出笑话。有时候，人们过分地强调座次的重要性，尽管也有人喜欢让座次顺其自然，谁想坐哪儿就坐哪儿，但这绝对不可取。

下面有几点提示。

坐在能迅速私下请教的人身旁。

坐在对方主谈手对面。比如说，你是己方谈判团主帅，那你就坐在彼方主帅的对面。如果你想缓和对立的紧张气氛，你可以坐在与谈判桌中央相距两三把椅子的地方。有时候，谈判桌或房间的形状给了你靠近对手的机会，而不是完全的对面而坐。

还应考虑，谁靠门坐，谁离电话最近。如果你希望随时使用电话或者希望不让非工作人员入内，这些都是很有利的位置。靠近电话的人，一般来说，是为了控制电话的使用权；坐在门边的人则可控制人员出入。

窗户的位置和阳光照射的角度也需要认真考虑，尤其当阳光使人烦躁或耀眼的时候。

在老板的办公室里谈判，勿坐你经常坐着受命的那个位子。如果老板和你谈提职问题，则应坐在尽量靠近老板的位子上。沙发是最好的地方，如果老板稳坐在办公桌后面，你要做两件事。

始终站在老板坐着能平视你的地方。

如需坐下时，把椅子挪到桌子的一边，或者尽量挪开原先的位置，以此表明，此次交谈不同于平时老板向你布置工作。

——摘自（美）迈克尔·唐纳逊等《如何进行商务谈判》

三、商务谈判策略和语言技巧

商务谈判是一场心理较量，也是一场集知识、智慧、口才、耐力和团队精神等诸多要素于一体的综合考验。成功的谈判可以使组织受益匪浅，失败的谈判则可能使组织损失巨大。作为一项极具艺术性和技巧性的行为，商务人员必须掌握一定的商务谈判策略和技巧，在组织或参与谈判时，认真对待，精心设计、精心组织，以保证谈判的成功。

（一）商务谈判策略

俗话说得好："知己知彼百战百胜。"谈判桌上风云变幻，谈判者要想左右谈判的局势，就必须做好各项准备工作。这样才能在谈判中随机应变，灵活处理各种突发问题，从而避免谈判中利益冲突的激化。谈判准备过程中，谈判者要在对自身情况进行全面分析的同时，设法全面了解谈判对手的情况。

1. 揣摩策略

商务谈判中，对谈判者来说，最重要的是要了解对方对谈判所抱的态度和所要达到的目的。在谈判前，可以通过搜集对方资料的方式，来揣测对方的目的。在谈判中，则可以通过各种发问的方式来了解对方的谈判目的和态度；也可以通过观察对方谈判人员的表情和动作来揣摩对方的态度、目的与心理活动，从而有效地制定己方的谈判策略。

【案例 6-6】

荷伯购矿

一次，美国谈判家荷伯受人之托，代表一家大公司到俄亥俄州去购买一座煤矿。矿主是一个强硬的谈判对手，在谈判桌上，他开出了煤矿的价格——2600 万美元。荷伯还价是 1500 万美元。

"先生，你不会是在开玩笑吧？"矿主粗声粗气地说。

"绝对不是，但是请你把你的实际售价告诉我们，我们好进行考虑。"

"没有什么好说的，实际售价就是 2600 万美元。"矿主的立场毫不动摇。

谈判继续下去。荷伯出价逐渐升高，但是矿主依然是一副泰山压顶不变色的神态，拒绝做出让步。谈判陷入了僵局。为了查明原因，荷伯只得一顿接一顿地邀请矿主吃饭。一天晚上，矿主终于对荷伯说出了他的真实想法："我兄弟的煤矿卖了 2550 万美元，还有一些附加利益。"荷伯心中顿时豁然开朗："这就是他固守那个价钱的理由。他有别的需要，原来是我们疏忽了。"

掌握了这一个重要的信息，荷伯立即向公司请示，他说："我们首先得搞清楚他兄弟的公司究竟确切得到多少，然后我们才能商量我们的报价。"公司同意了荷伯的意见。不久，谈判顺利达成了协议，最后的价格并没有超过公司的预算，但是付款的方式和附加条件使矿主感到自己远比他的兄弟强。

【案例评析】荷伯购矿经过了漫长而艰巨的谈判，在一无所获的前提之下，面对谈判过程中出现的僵局，他并不气馁，而是反复思考，找出问题的突破口，从而使困难迎刃而解。因此，在谈判过程中，作为一个理智而冷静的谈判家，应该揣摩对方的真实心理，只有这样才能一矢中的，顺利实现自己的谈判目标。

2. 沉默策略

商务谈判是一种双向的交流活动，各方都在认真地捕捉对手的反应，以便于随时调整自己的既定方案。适当地运用沉默策略，常常会令对方难以摸清自己的底细而做出有利于己方的承诺。在谈判桌上保持沉默，目的是要给对手施压，因此需要耐心等待，这样才能在长久的沉默中使对手失去冷静。

当然，在运用沉默策略时，要注意时机的选择、时间的长短等。例如在还价中保持沉默，对手会误以为你默认了价格；又如沉默的时间较短，对手会认为你慑服于他的恐吓，反而增加了他的谈判力量。

【案例 6-7】

刻遵 vs 伊斯美：沉默的胜利

第一次世界大战之后，土耳其与希腊发生了外交冲突。希腊的盟国英国准备教训土耳其，纠集盟国，派出代表前往洛桑与土耳其谈判，企图胁迫土耳其签订不平等条约。英国派出的谈判代表是当时名震四方的外交家刻遵，而土耳其的谈判代表却是其貌不扬的伊斯美。

刻遵并不把伊斯美放在眼里，在谈判伊始就表现出不可一世的嚣张气焰。在他的影响下，其他国家的谈判代表也表现出盛气凌人、以势压人的态度。谈判形势对土耳其非常不利。然而，伊斯美却表现得不卑不亢，从容镇静。每当刻遵在谈判桌上大发雷霆，声色俱厉的时候，伊斯美总是若无其事地坐在那里，静静地听着，保持沉默。而等到刻遵脾气发完了之后，伊斯美就不慌不忙地张开右手，靠在耳边，把身体移近刻遵，温和地说道："阁下您刚才说了什么？我还没明白呢。"意思是请刻遵再重复一遍。

伊斯美就这样以静制动，以柔克刚，在谈判桌上与各国代表苦苦周旋了3个月，最后在不伤大英帝国的面子的同时，取得了谈判桌上的胜利，维护了土耳其的合法权益。

【案例评析】 沉默是话语中短暂的间隙，是一种超越语言力量的高超的传播方式，恰到好处的沉默常常能收到"此时无声胜有声"的谈判效果。

3. 主动策略

商务谈判中，谈判双方都高度紧张，若能在双方辩论谈判议题的过程中，趁对方不留心，迅速出击，控制谈判的议程，那么就会在心理上抢占优势，然后迫使对方按照自己的意图行事。

【案例6-8】

主动出击

A市的一家服务公司苦于没有业务，通过熟人的关系找到了B市的一家企业，愿意对该服务公司进行投资，联合建立一个加工分厂。在这个谈判中，B市的这家企业作为投资方理应占有绝对的优势，服务公司对谈判的态度十分积极。

但是到了谈判的日期，服务公司却临时通知对方，请他们派出代表前往A市洽谈。本来，投资方是可以拒绝的，但他们已经在全厂开过会，对资金、技术、管理方面作了人员安排，所以他们不愿轻易放弃这场谈判，于是投资方如期派出代表到达A市。一连几天，服务公司或不见踪迹，或以各种理由推托，使得谈判不能顺利进行。

投资方代表住在宾馆，开支增大，正焦虑时，谈判对手出现在谈判桌前，但此时的服务公司却没有表现出那副求助于人的面孔。他们找出种种理由，说明该项联营，己方劳民伤财，获益不大，因而没有多大的谈判兴趣。投资方因为远道而来，投入较多，不想空手而归，因此变主动为被动，失去了优越的谈判形势，不得不向对方做出让步。

双方原先协商的意见是：双方各投资50%，因投资方还有技术和管理方面的投入，因此利润分成比例为3∶7，投资方占7成，服务公司占3成。但谈判的最后结果是双方各占一半。这是个出人意料的谈判结果。

【案例评析】服务公司之所以能扭转己方的劣势，变被动为主动，正是因为他们成功地运用了主动出击的谈判谋略，改变了对方对谈判的需求和依赖程度，进而为己方获得了最大的利益。

4. 让步策略

在商务谈判中，当遇到一些棘手的利益冲突问题，而又不能采取其他方式协调时，采用让步策略能够起到非常重要的作用。让步的谈判并不等于是失败的谈判。有经验的谈判者会用对自己不重要的条件去向对方交换对方无所谓，但是对于自己很在意的一些条件。这样的谈判才能是一个双赢的谈判。在使用让步策略时，要把握时机和一定的技巧。一是采用链条式让步法，即避免大起大落，或作一次性巨大让步。二是切忌作无谓的让步。三是对重大问题的让步要慎之又慎，切忌后悔。四是谈判最后一定要作一点让步，既可促使对方的让步，也可表示对对方的友好。

谈判成效如何，往往取决于谈判人员的学识、能力和心理素质。一名合格的谈判人员，除了具备丰富的知识和熟练的技能，还应该具备自信心、果断力、富于冒险精神等心理素质，只有这样才能正视挫折与失败。

C 课堂讨论

你代表一家医疗器械销售公司向某家大型医院洽谈业务，其中一款设备报价是800元，你可以将价格降到720元成交，因此你谈判的空间是80元。如果是你，你会怎样让出这80元？

（二）商务谈判的语言技巧

商务谈判的过程是双方运用语言进行协商的过程。在这个过程中，彼此的心理活动、策略应对、观点的接近与疏远等，都是通过语言反映出来的。因此，语言运用的效果决定着谈判的成败。语言的运用成为实施商务谈判策略的重要手段。

1. 针锋相对的技巧

商务谈判中，双方各自的语言都是表达自己的愿望和要求的，因此谈判语言的针对性要强，要做到有的放矢，要针对不同的谈判内容、谈判场合、谈判对手，有针对性地使用语言，才能保证谈判的成功。

2. 表达婉转的技巧

商务谈判中应当尽量使用委婉语言，这样易于被对方接受。比如，在否决对方要求时，可以这样说："您说得有一定道理，但实际情况稍微有些出入。"然后再不露痕迹地提出自己的观点。这样做既不会有损对方的面子，又可以让对方心平气和地认真倾听你的意见。

3. 灵活应变的技巧

谈判形势的变化是难以预料的，往往会遇到一些意想不到的尴尬事情，要求谈判者具有灵活的语言应变能力，与应急手段相联系，巧妙地摆脱困境。当遇到对手逼你立即做出选择时，你若是说"让我想一想""暂时很难决定"之类的语言，便会被对方认为缺乏主见，从而使自己在心理上处于劣势。此时你可以看看表，然后有礼貌地告诉对方："真对不起，9点钟了，我得出去一下，与一个约定的朋友通电话，请稍等五分钟。"于是，你便很得体地赢得了五分钟的思考时间。

4. 肢体语言的技巧

商务谈判中，谈判者通过姿势、手势、眼神、表情等非发音器官来表达的无声语言，往往在谈判过程中发挥重要的作用，有时可取得意想不到的良好效果。

知识链接

> 中国古代纵横学创始人鬼谷子认为："口者，心之门户也，心者，神之主也。""志、意、喜、欲、思、虑、智、谋皆由门户出入。"可见，人的志向、意志、态度、观点、倾向、谋略都可以从语气中发现。鬼谷子还说："人言者动也，己默者静也，因其言，听其辞。"这是鬼谷子以静制动的观点。在现代谈判中"听"的能力直接反映了谈判者的素质。优秀的谈判者在听对方陈述问题时会表现出极度的耐心。
>
> 我国战国时期的谈判高手淳于髡（kun）就以善听著称于世。有一次，淳于髡被介绍到魏国去见惠王。进宫后，他始终静坐不语。不久，惠王第二次邀请他，他还是一语不发。惠王很生气，把推荐淳于髡的人骂了一顿。
>
> 淳于髡知道了这件事辩解说："第一次与王见面，王好像在想骏马的事情。第二次与王见面，王好像沉浸于歌声中，所以我一句话都不说了。"
>
> 惠王听完心悸不已，说："确实如此啊，第一次我是在想骏马的事情，第二次又沉浸在歌姬的歌声中，完全无视先生的存在，实在对不起！"
>
> 于是，第三次见面时，惠王洗耳恭听淳于髡的高见，据说谈了三天三夜都不觉得厌倦！

总之，商务谈判应是互惠互利的，没有胜败之定论，成功的商务谈判每一方都是胜者，商务谈判应是基于双方或多方的需要，寻求共同最大利益的过程。在这一过程中，每一方都渴望满足直接与间接的需要，但必须顾及对方的需要，商务谈判才能成功。能把商务谈判对手变成朋友，正是成功的商务谈判者的高招。商务谈判并不是一件难事，只要掌握了有关商务谈判礼和技巧，你一定能够成为商务谈判高手。

第三节　商务仪式礼仪

先导案例

专家受聘签约的尴尬

某高校一分院召开校外企业专家受聘签约与产学合作总结大会，学院及企业受聘专家近百名人员参加。会上有一项议程是向受聘专家颁发客座教授证书，由学校领导、党委书记亲自为其颁发证书。

到了颁证时刻，六位受聘专家整齐上台，证书却没有人递送到领导手中，一时冷场，待到证书送上台后，慌乱中发的证书已全然不能对号入座，六位专家只能重新确认写着自己名字的证书，台下一片哗然。

【课堂提问】请根据上述案例谈谈你获得哪些启发？

开业典礼，是指企业开始正式营业的时候郑重举行的庆祝仪式，其目的主要是扩大宣传，树立企业形象，招徕顾客，争取生意兴隆。

一、开业典礼的准备

开业典礼的准备工作，是开业典礼成功的基础工作。凡事预则立，不预则废，准备工作的充分与否至关重要。开业典礼要从以下方面着手做好准备。

1. 做好舆论宣传工作

要运用传播媒介，广泛告知，以引起公众的注意。这种广告的内容一般应包括：开业典礼举行的日期和地点，企业的经营特色，开业时对顾客的馈赠和优待，购物折扣，顾客光临时应乘坐的车次、路线等。应把广告设计得美观、大方，有特色，因为这也是企业形象的一个方面。

2. 注意发送请柬的礼仪

开业典礼是否成功，在很大程度上与参加典礼的主要宾客的身份、职能部门的范围和参加典礼的人数有直接关系。因此，在开业典礼准备工作中，邀请上级领导、知名人士、各职能部门负责人或代表一事是非常重要的。还应多方邀请兄弟企业和关系密切的团体、事业单位、个人及新闻媒介方面的人士等参加。请柬要精美、大方，其形状和大小要根据请柬的内容来决定。其书写内容的一面，须选用白色或象牙色。双折柬的封面颜色可以不限，一般常用红、白、蓝色。请柬的格式如下：

×××先生：

兹订于×月×日（星期×）上午×时，在××处举行××××开业典礼。敬请光临！

××××敬启

写好的请柬放入信封内，须提前几天邮寄给有关单位和个人。重要人物的请柬，最好直接派人送去。

3．做好充分的物资准备

开业典礼的现场布置很重要，能够起到烘托气氛的作用。诸如会标、彩带、气球、鞭炮等喜庆用品要一应备齐。其次是纪念礼品的准备。可准备一些本企业广告宣传品，经营的小商品，带企业标志、地址、电话、经营范围的文具用品或其他日常用品赠送给来宾。物资准备既要隆重，又要得体，过分简单，不会引起重视，达不到宣传效果，甚至给人以匆忙开业、草草了事的印象；庆典规模过大，则送礼品昂贵，又会使人感到哗众取宠，铺张浪费，也有损企业形象。总的原则应该是"热烈、隆重、节俭"。

4．按照约定俗成的形式进行

开业典礼仪式的现场，既可以租用专门的礼堂，也可以在企业内举行，会标多为"×××开业庆典"或"×××开业典礼"。主席台两边可摆放兄弟单位赠送的花篮、牌匾、纪念物品。会场四周可挂彩带、宫灯、放气球等。

5．认真拟定典礼程序

（1）开业典礼开始时，企业主人应向来宾简单致辞，向来宾及祝贺单位表示感谢，并简要介绍本企业的经营特色和经营目标等。

（2）安排上级领导和来宾代表在会上致贺词。整个讲话仪式应紧凑、简洁。为了增强气氛，在宣布开业典礼正式开始时，可奏乐或播放节奏明快的乐曲，在非限制燃放鞭炮的地区，可燃放鞭炮庆贺。

（3）宣布开业典礼完毕后，主人即可引导来宾到企业内参观，边陪同参观，边介绍本企业的主要设施、特色商品、经营打算并征询意见等，以融洽与同行及来宾的关系。也可将来宾请到会客室进行简短的座谈，或请来宾在留言簿上签字、合影留念。

（4）开业典礼仪式结束后，商品零售企业会有大批顾客随主人及来宾一同进入店内。企业应由领导人、部或柜组负责人和营业员一起，恭敬地站在店门迎接顾客光临。

二、签字仪式礼仪

签约仪式，是合作双方或多方经过谈判或协商，就彼此间的洽谈内容达成协议后，由双方正式代表在有关的协议或合同上签字的一种庄严而又隆重的仪式。

（一）签字的种类

一般国家间通过谈判，就政治、军事、经济、科技等某一领域相互达成协议，缔结条约或公约，一般举行签字仪式。当一国领导人访问他国，经双方商定达成共识，发表联合公报有时也举行签字仪式。

各地区、各单位在与国外交往中，通过会谈、谈判，最终达成的有关合作项目的协议、备忘录、合同书等，通常也举行签字仪式。

业务部门之间签订的协议，一般不举行签字仪式。

（二）签字仪式

签字仪式虽然往往时间不长，但由于它涉及各方面关系，同时往往是谈判成功的一个标志，因此一定要筹办得十分认真。以我国为例：双方参加签字的人员进入签字厅。当入座时，其他人员分主方、客方，按身份顺序排列于各方的签字人员座位之后。主签人在签完本国保存的文本后，由助签人员互相传递文本，再在对方保存的文本上签字，然后由双方签字人交换文本，相互握手。有时签字后备有香槟酒，共同举杯庆贺。

1. 布置好签字厅

由于签字的种类不同，各国的风俗习惯不同，我国一般在签字厅内设置长方桌一张，作为签字桌。桌面覆盖墨绿色台呢。签署双边性合同时，桌后放两把椅子，作为双方签字的座位，面对正门主左客右。签署多边性合同时，可以仅放一张座椅，供各方签字人签字时轮流就座；也可以为每位签字人提供座椅。签字人就座时，一般应面对正门。座前摆的是各自的文本，文本上端分别放置签字的文具。国际商务谈判协议的签字桌中间摆一个旗架，悬挂签字国双方的国旗。

2. 确定好签字人员

签字仪式之前，有关各方应事先确定好参加仪式的人员，签字人由签字双方各自确定，双方签字人的身份地位应大致相当。双方参加谈判的全体人员都要出席，共同进入会场，相互致意握手，一起入座。

参加签字的各方，都应设有助签人员，分立在各自一方代表签约人外侧，其余人排列站立在各自一方代表身后。签字时给文本翻页，并指明签字处，防止漏签的事情发生。

3. 做好需要签署的合同文本

由举行签字仪式的主方负责准备待签合同的正式文本。签字完毕后，双方应同时起立，交换文本，并相互握手，祝贺合作成功。其他随行人员则应该以热烈的掌声表示喜悦和祝贺。

（三）签署人及随行人员的座次安排

1. 位次排列

从礼仪上来讲，举行签字仪式时，在力所能及的条件下，一定要郑重其事，认认真真。其中最为引人注目者，当属举行签字仪式时座次的排列方式问题。

一般而言，举行签字仪式时，座次排列的具体方式共有三种基本形式，它们分别适用于不同的具体情况。

（1）并列式。并列式排座，是举行双边签字仪式时最常见的形式。它的基本做法是：签字桌在室内面门横放。双方出席仪式的全体人员在签字桌之后并排排列，双方签字人员居中面门而坐，客方居右，主方居左。

（2）相对式。相对式签字仪式的排座，与并列式签字仪式的排座基本相同。二者之间的主要差别，只是相对式排座将双边参加签字仪式的随员席移至签字人的对面。

（3）主席式。主席式排座，主要适用于多边签字仪式。其操作特点是：签字桌仍须在室内横放，签字席仍须设在桌后面对正门，但只设一个，并且不固定其就座者。举行仪式时，所有各方人员，包括签字人在内，皆应背对正门、面向签字席就座。签字时，各方签字人应以规定的先后顺序依次走上签字席就座签字，然后即应退回原处就座。

2. 基本程序

（1）宣布开始。此时，有关各方人员应先后步入签字厅，在各自既定的位置上正式就位。

（2）签署文件。通常的做法，是首先签署应由己方所保存的文本，然后再签署应由他方所保存的文本。

依照礼仪规范，每位签字人在己方所保留的文本上签字时，应当名列首位。因此，每位签字人均须首先签署将由己方所保存的文本，签在左边首位处，然后再交由他方签字人签署。此种做法，通常称为"轮换制"。它的含义是：在文本签名的具体排列顺序上，应轮流使有关各方均有机会居于首位一次，以示各方完全平等。

（3）交换文本。各方签字人此时应热烈握手，互致祝贺，并互换方才用过的签字笔，以志纪念。全场人员应热烈鼓掌，以表示祝贺之意。

（4）饮酒庆贺。有关各方人员一般应在交换文本后当场饮上一杯香槟酒，并与其他方面的人士一一干杯。这是国际上所通行的增加签字仪式喜庆色彩的一种常规性做法。

三、剪彩仪式礼仪

在剪彩仪式上，最为活跃的，当然是剪彩人员。因此，对剪彩人员必须认真地进行选择，并于事先进行培训。

除主持人之外，剪彩人员主要由剪彩者与助剪者两部分人员构成。下面就分别来介绍一下对于他们的主要礼仪性要求。

在剪彩仪式上担任剪彩者，是一种很高的荣誉。剪彩仪式档次的高低，往往也同剪彩者的身份密切相关。因此，在选定剪彩的人员时，最重要的是要把剪彩者选好。

剪彩者，即在剪彩仪式上持剪刀剪彩之人。根据惯例，剪彩者可以是一个人，也可以是几个人，但是一般不应多于五人。通常，剪彩者多由上级领导、合作伙伴、社会名流、员工代表或客户代表所担任。

确定剪彩者名单，必须是在剪彩仪式正式举行之前。名单一经确定，即应尽早告知对方，使其有所准备。在一般情况下，确定剪彩者时，必须尊重对方个人的意见，切勿勉强对方。需要由数人同时担任剪彩者时，应分别告知每位剪彩者届时他将与何人同担此任。这样做，是对剪彩者的一种尊重。千万不要"临阵磨枪"，在剪彩开始前方才强拉硬拽，临时找人凑数。

必要之时，可在剪彩仪式举行前，将剪彩者集中在一起，告知对方有关的注意事项，并稍事排练。按照常规，剪彩者应着套装、套裙或制服，并将头发梳理整齐，不允许戴帽子，或者戴墨镜，也不允许其穿着便装。

若剪彩者仅为一人，则其剪彩时居中而立即可。若剪彩者不止一人时，则其同时上场剪彩时位次的尊卑就必须予以重视。一般的规矩是：中间高于两侧，右侧高于左侧，距离中间站立者愈远位次便愈低，即主剪者应居于中央的位置。需要说明的是，之所以规定剪彩者的位次"右侧高于左侧"，主要因为这是一项国际惯例，剪彩仪式理当遵守。其实，若剪彩仪式并无外宾参加时，执行我国"左侧高于右侧"的传统做法，亦无不可。

第四节　商务礼仪训练项目设计

一、阅读与思考

（一）案例描述

奥克斯 2008 年商务大会活动

活动策略

冗长的与会嘉宾名单介绍，枯燥的各方领导讲话，常常会使会议现场情绪和氛围变得沉闷。而且奥克斯每年都举行一次商务大会，多数经销商也习以为常。为此，必须营造一个富有变化、层次和节奏感的现场气氛，让经销商对这次大会及其所传播的信息留下深刻印象。我们选择的策略是利用高科技手段实现会场布置和舞美设计的创新。同时，设计了

"A计划"发布、空调新品发布、"奥奥联盟"纪念仪式、激光焰火主题晚会等活动形式，从多个角度演绎大会主题和议题。还根据大会行进环节和节奏策划了相应的主题宣传片、乐队演奏，将平铺直叙的演讲和论坛进程予以分割和衔接，对现场氛围予以烘托和渲染。

传播策略

在商务大会的策划过程中，活动内容和形式的设计不只考虑了现场的经销商，而且考虑了媒体需求，力图在大会特色、风格和摄影效果等方面引起媒体关注，使大会成为媒体热议的空调行业淡季营销亮点。

对商务大会的相关信息进行充分挖掘，从不同角度撰写了4篇新闻稿和1篇评论稿。在媒体组合上，采取了会议或论坛经常使用的网络媒体直播和平面媒体发稿相结合的常规手法。此外，充分利用邀请函、会议手册、视频短片等受控媒体，辅助强化传播效果。设立媒体服务中心，为参会媒体提供多种介质的文字和图片资料，包括新闻稿、背景资料、行业数据等，在宾馆和现场提供便捷的网络服务。通过细致周到的媒体服务，扩大媒体传播效果。

项目实施

8月中旬，向经销商和媒体发送邀请函及新闻背景资料。新闻背景资料从行业趋势、战略转型、营销竞争、渠道模式、奥运营销多个角度阐明商务大会对2008年空调行业淡季可能产生的影响。

9月7日，商务大会在北京稻香湖景酒店召开。政府和行业协会领导，经销商代表，CCTV-2、新华社、人民网、热讯家电网、《市场报》《中国经营报》《第一财经日报》等50多家媒体代表，共500多人出席大会。舞台区由"A""U""X"三个蓝色英文字母组成。运用开合式视频、翻转式栅格、旋转式舞台等现代高科技手段，使整个现场不但大气磅礴，而且还不失现代感的细腻。再加上精心制作的视频短片和开场交响乐演奏，给与会嘉宾带来强烈的视听冲击，引起他们对大会进程的高度关注和期待。

在主题演讲和趋势论坛环节，政府领导、行业领导、经销商代表分别就"有敢""有为""共赢""共生"做主题演讲，探讨空调行业的发展，以及奥克斯13年的创新变革之路。奥克斯集团领导在主题演讲和论坛讨论环节突出介绍了奥克斯在2007年淡季为实现战略转型所做的五大整合和三大提升，全面阐述了"A计划"的内容。

在这两个常规性会议环节中，奥克斯核心信息被反复沟通，准确传达。"A计划"发布仪式采用开合式大屏幕打开的启动方式，奥克斯11位高层领导集体亮相，共同点亮分别代表品牌、技术、网络、服务、团队的五个不同颜色的A字。

空调新品发布现场清新自然，春笛、夏萧、秋笙、冬唢四段幕间曲及相应的舞美变化，营造出春、夏、秋、冬四幕场景，诠释2008年奥克斯空调健康、节能、家居一体化、人性化、时尚化的特征。

"奥奥联盟"纪念仪式以翻日历牌的方式，再现2007年6月12日奥克斯与国家奥林匹克体育中心正式结盟为"独家战略合作伙伴"的时刻，向经销商传递奥克斯抓住奥运营销，实现大品牌崛起的决心。

而晚上的激光焰火主题晚会分为"敢之源""敢之道""敢之情""敢之果"四个篇章。从酒店楼顶平台区发射的"飞火流星"，在夜空中引爆"AUX"，七彩激光和特效礼花炮同时开启。夜幕、湖面、音乐、激光、焰火等元素的交织配合，营造出流光溢彩、神奇绚丽的现场效果。

项目评估

商务大会前期准备充分，现场执行流畅，现场转播和媒体传播效果突出。

大会结束后，就执行效果向30多位经销商进行调查，他们认为现场效果令人耳目一新，激光焰火主题晚会获得一致好评。超过80%的经销商认为奥克斯已经实现了从价格竞争向价值竞争的战略转型，"A计划"被认为鼓舞人心而且切实可行。

媒体传播统计，CCTV-2"全球资讯榜"栏目播发新闻1条，人民网、热讯家电网等对大会做了文字直播，平面媒体发稿200多篇。4篇新闻稿和1篇评论稿全部成功发稿，以这些稿件标题作为关键词在百度进行搜索，截至2008年4月14日，搜索结果合计798条。商务大会不但提升了奥克斯品牌形象，而且为2008年奥克斯空调营销成功地树立了一个战略高地和传播高地。

（二）提出问题

1. 奥克斯2008年商务大会活动是怎样把一系列商务活动整合在一起并不断推向高潮的？

2. 从现代企业的商务活动策划与创意要考虑的因素进行分析，奥克斯这一系列活动的成功之处主要体现在哪些方面？

3. 开展商务活动应如何"运势"？

（三）讨论步骤

1. 针对本案例材料进行分组讨论；

2. 每个小组组长总结小组讨论情况，并选出自己小组讨论最充分的问题在班级交流；

3. 教师根据学生讨论发言情况点评总结。

二、行为综合训练项目

项目一：通达文化传播总公司所属的江阳传播公司，拟联合所在城市的5所高等院校举办国际秘书节庆祝活动，向总公司请示，总公司认为这项活动很有意义，同意举行，要求江阳传播公司认真策划，有效协调，拟写出具体可行的庆典活动方案。

1. 认真阅读材料，仔细分析，领会意图；

2．小组撰写本次商务活动策划方案，并由一名成员准备班级的主题发言；

3．团队分工合作，最后形成一份完整的庆典活动方案。

项目二：西安市第一机床厂厂长在美国洛杉矶同美国威林顿公司进行推销机床的谈判。双方在价格问题的协商上陷入了僵持的状态。这时我方获得情报：威林顿公司原与其他供货商签订的合同不能实现，因为美国提高了关税使得对方迟迟不肯发货。而威林顿公司又与自己的客户签订了供货合同，对方要货甚急，威林顿公司陷入了被动的境地。我方根据这个情报，在接下来的谈判中沉着应对，威林顿公司终于沉不住气，在订货合同上购买了 150 台中国机床。假设你是西安市第一机床厂商务部的一名职员，厂长要求你代表本公司与美国威林顿公司就推销机床项目进行一次商务谈判。

1．根据班级人数，进行分组，一般 4～6 人一组，两组一场，模拟商务谈判中的甲方和乙方；

2．布置谈判场地，营造出谈判所需要的现场气氛；

3．谈判中，要严格遵守谈判原则、围绕指定主题进行谈判（导入－概说－明示－交锋－妥协－协议）；

4．教师评点学生的模拟谈判，对相关的基本技能操练进行指导；

5．评分标准：小组自我评分占 30%，学生互评占 30%，教师评分占 40%。

本章小结

商务活动具有专业性强，操作方法具体、细致、实用等特点。因此，本章着重介绍庆典、赞助、展览会、对外开放参观等商务专题活动、商务谈判等实务操作的方法和技巧。引导学生全面系统地掌握商务专题活动的基本理论，了解各类不同商务专题活动策划的特点，把握方法和技巧，并能对实际的商务专题活动进行策划。

第七章
涉外商务礼仪

本章学习目标

知识目标

1. 掌握涉外商务礼仪的基本原则。
2. 了解东西方文化差异。
3. 了解主要国家的文化风俗与禁忌。

关键术语

涉外礼仪 礼仪习俗 禁忌 文化差异

随着市场经济的进一步发展和国际交往的日益频繁，与国际商务人士开展商务沟通已经十分普遍。能否正确理解并运用涉外商务礼仪关系到国家、民族和个人的形象。涉外商务礼仪是融洽商务交往双方、促进友好往来和展示个人风采的重要工具。

第一节 涉外商务礼仪概述

一、涉外商务礼仪的含义

在礼仪界，按应用范围而言，礼仪可分为政务礼仪、商务礼仪、服务礼仪、社交礼仪与涉外礼仪。其中商务礼仪主要指的是在商务活动中体现相互尊重的行为准则，是礼仪在商务活动过程中的具体运用。它指明了商务活动中商务人员在仪容仪表和言谈举止方面的基本要求。而涉外礼仪没有过多指明政务与商务等内容上的差别，而是着眼于沟通的国际性问题。它指明了我们在参与国际往来中的行为规范。

基于以上理解，我们认为，涉外商务礼仪是指人们在国际范围内开展广泛的商务沟通过程中所需要遵循的行为规范，是礼仪在国际商务沟通过程中的具体运用。由于国际商务沟通的频繁性等原因，涉外商务沟通者对该领域的知识给予了充分的关注。更由于国际上不同国家与民族文化差异的显著性及涉外商务沟通场合意外频繁发生，学界对这方面的研究比以往更为重视。

二、涉外商务礼仪的基本原则

在跨文化商务沟通过程中，我们主要应遵循如下基本原则：相互尊重原则、求同存异原则、入乡随俗原则、尊重隐私原则、适度把握原则、平等交流原则、谨慎对待原则、适应差异原则。

在涉外商务沟通中，不同国家和民族的人对于礼仪的理解差异很大。为了更好地进行商务交往，尽可能避免由于不同文化、制度等差异引起的一系列问题，结合各国的礼仪习惯与风俗禁忌，涉外礼仪需要遵循以下八大原则。

（一）遵守惯例，互利互惠

在涉外商务沟通中，我们经常会发生由于不同文化而导致的行为习惯不同甚至有所冲突的情况。该原则主要解决商务沟通者应该如何正确对待他国风俗及本国特点的问题。一般而言，在各种交际活动方面，往往存在一定的行动惯例，值得商务沟通者共同遵循。这是双方开展有效商务交流的基本要求，它指明沟通双方在沟通中具有自身独特做法的同时要尊重其他国家及其民族的风俗习惯，切实做到互惠互利。另外，互惠互利也表明了沟通双方要加强角色互换，善于站在对方的角度思考问题。

> **【案例 7-1】**
>
> **尊重客人的信仰**
>
> 在一次印度官方代表团前来我国某城市进行友好访问时，为了表示我方的诚意，有关方面做了积极的准备，就连印度代表团下榻的饭店里，也专门换上了舒适的牛皮沙发。可是，在我方的外事官员事先进行例行检查时，这些崭新的牛皮沙发却被责令立即撤换掉。原来，印度人大多信仰印度教，而印度教是敬牛、爱牛、奉牛为神的，因此，无论如何都不应当请印度人坐牛皮沙发。这个事例表明，旅游服务人员是很有必要掌握一些宗教礼仪。

（二）保守机密，维护形象

在涉外交往过程中，沟通者尽管在开展业务交往中仅代表某一商务主体，但同时也代表一定的国家与民族。这样的角色就要求沟通者要注意保守国家和组织机密，维护国家、民族、组织形象，具体体现在商务沟通者应具备坚定的政治立场，严格遵守组织纪律，严格遵守和执行请示报告制度，维护国家、民族和组织利益。自然，如果沟通者在这样的过程中不善于很好地把握涉外礼仪，在与他人交往过程中难免会出现一些相对尴尬或者不和谐的场面，那必然将影响个体形象。然而在其中更重要的是必然影响特定国家、民族和组织的社会形象。从该角度出发，沟通者在涉外交往中要时刻注意个人言谈举止、服饰仪容。

（三）入乡随俗，求同存异

该原则很好地回答了我们在涉外沟通中该遵守何种礼仪为好的问题。由于各国家和民族都有各自的具体进程与发展轨迹，它们在宗教、语言、文化、风俗习惯等方面具有不同差异是很显然的。这样的差异实在难以强求统一。如果我们能够在涉外交往中注意尊重对方的特有习俗，就更容易增进双方沟通与理解，有助于促进商务沟通的顺利进行。

该原则要求商务沟通者在涉外沟通的礼仪方面做到：在身为客人时讲究"客随主便"，在身为东道主时讲究"主随客变"。在商务交流中，我们都要充分了解对方的风俗习惯，在遵守国际惯例的前提下取得共识，加强沟通。一般情况下，沟通者应无条件地尊重对方，不对沟通对象的风俗习惯妄加非议。另外，我们需要了解对象的民族禁忌与宗教禁忌，尽可能避免不有意地"触犯"对方，造成过多的猜忌与不信任，从而影响双方的有效沟通。

（四）言谈谨慎，尊重隐私

鉴于涉外商务沟通很容易涉及国家机密及组织的商业机密等内容，再加上不合适的言谈会涉及对方的文化差异和风俗禁忌等内容，商务沟通者在沟通中务必注意言谈谨慎。比如在涉外交往中，称呼的运用就特别富有技巧。"部长阁下""总统阁下""大使先生阁下""将军阁下"等常用在对地位高的政府官员、外交使节、军队中的高级将领身上，然而这样的称呼在美国、墨西哥、德国等国家并不常用，而是常称"先生"。在涉外沟通中，言谈稍有不慎，常可能会贻笑大方。

不得打探个人隐私，是现代人文明程度的重要标志之一。尊重个人隐私已逐渐成为一项国际社会交往的惯例。尊重隐私，是指在涉外交往时，一定要注意对对方的个人隐私权予以尊重，即凡涉及对方个人隐私的一切问题，都应该自觉地、有意地予以回避。由于东西方的民族文化差异很大，不同国家在饮食、服饰、风俗、喜好等各方面具有严格的规定与禁忌，为了更和谐地加强商务来往，沟通者务必了解对方国家及民族的文化差异，不轻易触及对方隐私。这里包含的隐私有收入支出、年龄大小、恋爱婚姻、健康状况、个人经历、生活习惯、宗教信仰、家庭住址等，这些内容在国际交往中均被外方人士看作"不可告人"的"绝对隐私"。除了不问对方隐私，我们还要做到保护隐私。保护隐私，特指在国际社会交往中应尽力不传播、不泄露隐私问题，即沟通者要主动采取必要措施去维护个人隐私。

【案例7-2】

"谈笑风生"中的话不投机

一天，刚参加工作不久的孙小姐被派到外地去出差。在卧铺车厢内，她碰到了一位来华旅游的美国姑娘。由于对方首先向孙小姐打了一个招呼，孙小姐觉得不与人家寒暄几句实在显得不够友善，便操着一口流利的英语，大大方方地随口与对方聊了起来。

在交谈之中，孙小姐有点没话找话地询问对方："你今年多大岁数呢？"不料人家所答非所问地予以搪塞："你猜猜看。"孙小姐觉得没趣，转而又问："到了你这个岁数，你一定结婚了吧？"这一回，那位美国小姐的反应更令孙小姐出乎意料：对方居然转过头去，再也不搭理她了。一直到下车，她们两个人再也没有说上一句话。

【案例点评】本案例中，孙小姐没有做到在涉外交往中"尊重隐私"，导致双方的"话不投机"。在国外，不宜向他人打探个人隐私。按照常规，对方是有权利拒绝回答自己的隐私的。

（五）注重公德，爱护环境

社会公德是指在人类长期社会实践中逐渐形成的、要求每个社会公民在履行社会义务或涉及社会公众利益的活动中应当遵循的道德准则。社会公德要求人们自觉遵守，并依靠社会舆论的力量维护，任何人违反了都要受到舆论的谴责。社会主义社会公德既保护社会利益，也保护个人的合法利益。这不仅在国内商务沟通中需要严格遵守，也适用于涉外商务沟通场合。公德的内容很广泛，可延伸到职业道德、家庭美德等内容。

爱护环境则指的是来自各国家与民族的人有义务爱惜与保护人类赖以生存的环境。这不仅体现为爱护环境的意识，更侧重于爱护环境的行动。具体包括：不虐待动物、不随地吐痰、不损坏公物、不损毁自然、不随意吸烟、不乱扔废弃物、不随意制造噪声、不随意堆放私人物品。

（六）尊重妇女，女士优先

纵观世界各国，绝大多数的国家都认为，"女士优先"是国际社会公认的"第一礼俗"。一般而言，女性在同等状况下更应受到尊重。为了体现绅士风度，男士要主动对女性表现出关心、保护和照顾。在日常生活中，演讲场合先说"女士们"再说"先生们"，进餐时服务员上菜的顺序是先女后男，男女同行时女右男左（右边尊贵），男士为女性提包撑伞，人们在上车时让女士先行，下车时男士要为女士先打开车门等行为，都充分体现了该原则。

"尊重妇女、女士优先"原则还要求，在尊重、照顾、体谅、关心、保护女性方面，男士们对所有的女性都一视同仁，不因女性的形象、财富与职务职称等发生明显变化。

【案例 7-3】

到底应该为谁先开门？

在一个秋高气爽的日子里，迎宾员小贺着一身剪裁得体的新制服，第一次独立地走上了迎宾员的岗位。一辆白色高级轿车向饭店驶来，司机熟练而准确地将车停靠在饭店豪华大转门的雨棚下。小贺看到后排坐着两位男士、前排副驾驶座上坐着一位身材较高的外国女宾。小贺一步上前，以优雅姿态和职业性动作，先为后排客人打开车门，做好护顶关好车门后，小贺迅速走向前门，准备以同样的礼仪迎接那位女宾下车。在整个过程中，小贺在服务中目视客人，礼貌亲切地问候，动作麻利而规范、一气呵成。可是，很明显，那位女宾满脸不悦，这使小贺茫然不知所措。通常后排座为上座，一般凡有身份者皆在此就座。优先为重要客人提供服务是饭店服务程序的常规，这位女宾为什么不悦？小贺错在哪里？

【案例点评】 案例中的迎宾员小贺由于未能按照国际上通行的做法先打开女宾的车门，致使那位外国女宾不悦。如果小贺能够了解这一原则，完全可以避免这一不必要的尴尬。

（七）行止有序，以右为尊

"行止有序"要求我们在涉外商务沟通中要特别注重行为的先后顺序，如男士与女士行为的先后、主人与客人行为的先后、握手时先伸手者与响应者的差别、乘车时的位置安排、坐电梯时的进出顺序等。如果沟通者在这方面不能很好面对，则有可能在商务交流中带来一系列的尴尬，直接影响沟通双方的深入交流。因为这些行为的把握将涉及尊严、尊卑、贵贱等内容，而这些内容的不合适处理将导致交往"秩序"的混乱。

"以右为尊"原则要求我们在国际商务交流中遵循国际惯例，坚持"以右为上，以左为下；以右为尊，以左为卑"。人们普遍能接受在并排站立或行走、就座的时候，右高左低。其实这一原则普遍适用于政治磋商、商务往来、文化交流、私人接触、社交应酬等。但凡在这些场合需要排定位置体现主次尊卑，"以右为尊"都是普遍适用的。因此，在涉外商务沟通中，我们需要做到：主人应主动居左，而让客人居右；男士主动居左，请女士居右；晚辈居左，请长辈居右；职位较低者居左，职位较高者居右。

在非并排排列的谈判场合，"以右为尊"的原则仍然有效。在正式谈判时，有两种情况。一是谈判桌竖放，判断主次则以面向室内时的右侧为上座，以左侧为下座；二若谈判桌横放，则以面向正门为上，以背向正门为下，但在同侧并列的座次中，在主谈者右侧的位次高于其左侧的位次。

（八）热情合理，谦虚有度

该原则要求涉外沟通者在坚持自身特色与尊重对方文化的同时，在礼仪行为上做到得体、合理、适度，尽可能做到不卑不亢。"热情合理"要求人们在国际交往过程中直接同外国人打交道时，一方面要做到待人要热情而友好，还要注意把握好待人热情友好的具体分寸。否则就会事与愿违，过犹不及。具体而言，热情合理将体现在"关心有度""批评有度""距离有度""举止有度"。"谦虚有度"则是在对待自我评价时应该遵循的一个基本原则，要求自身做到不一味地自吹自擂和自我标榜的同时，也没有过多必要在对方面前自我贬低，给多方过于谦虚和客套的感觉。在涉外交往中，我们要切记一点，那就是我们不仅代表个人，更代表一定的国家、民族和组织，因而我们在涉外沟通中要做到行为从容得体，堂堂正正。我们没有必要在外国人面前表现得畏惧自卑，低三下四，也不应该表现得自大狂傲，放肆嚣张。

阅读材料

谦虚也有错的时候

一位英国老妇到中国游览观光，对接待她的导游小姐评价颇高，认为她服务态度好，语言水平也很高，便夸奖导游小姐说："你的英语讲得好极了！"小姐马上回应说："我的英语讲得不好。"英国老妇一听生气了，"英语是我的母语，难道我不知道英语该怎么说？"老妇生气的原因无疑是导游小姐忽视东西方礼仪的差异所致。西方人讲究一是一，二是二，而东方人讲究的是谦虚，凡事不张扬。

第二节　东西方文化及礼仪差异

一、文化与礼仪的关系

"人无礼则不立，事无礼则不成，国无礼则不宁。"礼仪是属于社会的。社会之外无所谓礼仪。礼仪，是社会文明全面的直接和间接的表现，是整个社会文明与社会秩序的基础。从某种意义上讲，礼仪是一种处世理念与行为规范。不同的国家拥有不同的社会背景，拥有不同的文化内涵，包括诸多的风俗习惯、宗教信仰、喜好特点等。礼仪与风俗文化、宗教信仰等相互交融，是文化的基本表现工具。一定的文化背景是特定个体及其人群行为的礼仪基础。

文化是人类在社会历史发展过程中的活动方式及活动所创造的物质产品和精神产品的总和。在当今的世界，文化的多样性特别明显。在全球化过程中，各个不同国家与民族的文化相互促进，彼此交融，呈现了多元化和谐发展的局面。正是因为各个国家和民族都有自身的独特历史与地理文化，在礼仪规范上，它们在国际惯例之外呈现出明显的差异。

从本质上讲，文化没有高低贵贱之分，这就意味着我们要平等对待各种不同的文化。同样，礼仪没有统一固定的标准，因而我们需要正视东西方文化的差异，平等对待各国的礼仪习俗，抱着沟通的态度了解对方风俗习惯及民族禁忌，在国际沟通中才不至于"失礼"。我们既要保持自身国家及其民族的文化和礼仪特色，也要尊重对方文化和礼仪价值。

因而，从以上可知，了解对方文化可以更好地理解对方的礼仪行为，了解对方的发展历程可以熟知对方的文化内涵及由此产生的礼仪禁忌。入乡随俗、求同存异正是尊重对方文化传统及其礼仪特色的重要体现。

二、东西方文化的差异

在跨文化沟通中，东西方文化的差异是十分明显的。比如在饮食中，中国人习惯用筷子，喜欢吃纤维类蔬菜；西方人习惯用刀叉，喜欢吃肉。在处事时，东方人在对待不同意见时一般讲究以理服人，以德服人，西方人则喜欢在投票中遵循少数服从多数的原则。

为了更好地在跨文化沟通中把握涉外礼仪规范，我们有必要更好地了解东西方文化的差异。

（一）东方文化与西方文化

对处于不同地理位置的国家而言，东方和西方是一个相对的地理概念。但近代以来，

175

人们形成了一个基于东方概念的共识：东方指的是欧洲以东的地区（以亚洲为主），主要包括中国、日本、朝鲜，以及东南亚、阿拉伯等国家和地区。在现代，东西方又增加了意识形态的内容，增加了政治和经济的含义。本书中，我们认为，东方文化近现代以中华文化为代表，古代以华夏文化为代表，此外包括相近与相关的印度文化、日本文化、东南亚文化及部分非洲地区的历史传统文化等。西方文化近现代主要以西欧、北美文化为代表，古代主要以古罗马、古希腊文化为代表，包括西方世界中共同的标准、价值观、风俗习惯等。

（二）东西方文化的主要差异

1. 整体个体之差异

由于各自不同发展历史等原因，不同的政治、经济、社会环境造就了不同的文化观念。在当今世界上，明显存在东方文化的整体性、综合性与西方文化的个体性。西方强调的个体性特征强调个体自由度的发挥，看重自由与权力，比如美国人崇尚英雄主义和个人主义，而东方人讲究"仁孝"，注重与社会、自然的和谐相处，讲究在集体中和平相处。东方人更看重集体利益，包括家族和国家利益，主张把个人利益和集体利益、国家利益联系在一起，富于爱国和献身精神。而西方人更重视个体利益，追求人权，认为如果连个体利益都无法保障，集体利益无从谈起。值得指明的是，西方文化的个人主义并非一个贬义的词语，包括自主抉择、自力更生、尊重他人、尊重隐私等内容。

但是，尽管两种观念有明显差异，却都是提高社会系统功效的重要因素。两种观念可以进行有效融合与互补。近年来，西方国家倡导"团队精神"，采取"国有化"和"社会保障体系"等正是东方文化向西方文化的渗透。

2. 义利关系之差异

在东方，重义轻利或义利兼顾是十分普遍的一种文化观念，然而在重利轻义的西方文化氛围中，这有点不可思议。在西方，人们大多生活得比较现实，特别注重各种利益的实现。从某种角度看，他们更加"务实"而不"虚伪"，自我意识更为强烈。正因为彼此对"利"与"义"的重要性认识上存在差异，东西方人在相互谦让方面明显会产生不同。比如，中国人觉得谦让是交往的一种美德，而西方人或许会因为追逐自身某方面的利益而"干脆"地舍弃"义气"之类的东西。

3. 思维方式之差异

相对于西方人思维方式的直观性，东方文化在思维方式上则往往包含意会成分。也就是说，和东方人相关的很多交往场合，人们喜欢采用暗示或其他一些不是特别直接的思维与表达方式，留给对方更多的想象空间，"此时无声胜有声"是东方人相处的一种特有境界，常常在一定情况下取得特殊的效果。然而，这样的行为对于西方人而言显得有些深奥，令人不太容易接受。他们往往会认为东方人的思维方式不够坦诚，不愿意直抒胸臆。在商务谈判中，西方人喜欢开门见山，且在谈判中不喜欢停下或保持沉默，而是习惯于速战速决。

4. 法治观念之差异

在东西方文化的碰撞中，我们可很明显地感觉到，中国人提倡自我完善，主张用礼、道德来约束自身（自律），而不提倡用法律法规来约束人。而西方人提倡随心所欲，习惯"以法制己"（他律）。因而，在日常沟通中，东方人对于"人治"更为习惯，习惯于"长官意志"，偶尔还会出现"人治大于法治"的现象。而在西方更为普遍的是法制的权威感更为明显，法治行为更为盛行。

5. 求同求异之差异

多年来，东方人特别是中国人讲究"和为贵"或"天人合一"，注重"和谐管理"，这是东方文化中求同思维的重要体现。相较之下，西方人更喜欢标新立异。在这样的思路之下，东方人更加强调整体作用，喜欢"求同"，西方人以细节分析见长，突出个体作用，喜欢"求异"。比如，东西方文化差异在日常涉外礼仪中体现得很明显。比如在征求正餐用中餐还是用西餐时，西方人会有明确的回答，而东方会以"客随主便"等原因选择多数人的意向作为自身选择，这样的选择在西方人看来有些不可思议，觉得难以理解。

6. 感情表达之差异

在情感表达上，西方人相对较直接与大胆，而东方人的感情表达更为细腻与含蓄。例如，在西方，无论关系亲疏，"感谢""劳驾""请"和"对不起"挂在嘴边。称谓时重在平等亲近，多为直呼其名，远近皆宜，不管辈分与尊卑，亲切自然得体。在东方文化中，商务公事使用"感谢""劳驾""请"和"对不起"等，但是关系密切的家人朋友亲戚不用，以避免距离感。称谓时重在尊敬，上对下或双方平等时直呼其名，下对上必须以"关系""职位"称之。

由上可知，东西方文化之间的差异十分明显，而文化的差异必将产生东西方在涉外礼仪上的差别，具体体现为餐饮礼仪、服饰礼仪、见面礼仪、交谈礼仪及其爱好禁忌等的不同。当前，我们正处在思想大活络、观念大碰撞、文化大交融的时代，中西方的文化差异的碰撞不可避免。在当今世界经济全球化程度日益加深的情况下，东西方文化的互补与融合是开展现代商务交往的重要基础。商务人士要想成功地进行国际商务交往，就必须从文化层面理解和认识国际商务礼仪，及时调整自身礼仪行为，避免产生误会，促进国际商务活动的顺利开展。

三、东西方礼仪的差异

东方礼仪主要指中国、日本、朝鲜、泰国、新加坡等为代表的亚洲国家所代表的具有东方民族特点的礼仪文化。西方礼仪主要指流传于欧洲、北美各国的礼仪文化。

由于地理位置的不同和文化因素的影响等原因，东西方礼仪存在明显的差异，主要体现在以下六方面。

1. 在看待血缘亲情方面

东方人重视家族和血缘关系，家庭观念根深蒂固。在他们的视野中，人际关系中最稳定的是血缘关系。在这一方面，西方人更看重利益关系，胜过家庭血缘关系，因而独立意识明显，强调个性自由，追求个人利益的倾向十分明显。

2. 在遵守时间观念方面

东方人在时间的把握上不够理想，不少人觉得不遵守时间无关紧要，因而经常可以看见参加会议迟到或上课迟到的情况，也经常可以看见教师无故拖堂、领导发言累赘等现象。其实，这些时间观念比较淡漠的情况都是不够尊重他人时间的表现。

相对而言，西方人比较守时，做事注重效率。西方人惜时如金，约好的时间不能随意改变。西方人的工作时间与业余时间分明，休假时间一般不打电话或谈论工作。在西方人看来，不守时是一个人责任感不强的表现。不守时的人往往更加缺少合作的空间。因而在涉外商务活动中，一定要注意守时，预先的约定要设法努力遵守，以免失去沟通的机会。

3. 在对待隐私问题方面

东方人强调群体，注重和谐的人际关系。因而从注重共性拥有的角度，东方人喜欢嘘寒问暖，彼此寒暄。在多数东方人的理念中。这是富有人情味的表现。

西方人强调个性自由，认为"个人的尊严神圣不可侵犯"。因而，不可随意打听个人的收入、婚姻等隐私内容，不然会被认为是失礼的行为。当然，他们也比较尊重对方的隐私权。

4. 在具体表达方式方面

东方人以"让"为礼，凡事都要礼让三分，显得较为含蓄和谦逊。面对夸奖，东方人特别是中国人常常会说"过奖了""惭愧""我还差得很远"等字眼，表示自己的谦虚。对于自身及其家人，东方人会用特定的称呼如"鄙人""不才""舍弟"等。

西方人强调实用，表达率直、坦诚。面对别人真诚的赞美或赞扬，西方人往往会用"谢谢"来表示接受对方的美意。

5. 在商务礼品馈赠方面

东方人特别是在中国，人际交往特别讲究礼数，重视礼尚往来。生活中，送礼的名目繁多。节假日及婚丧嫁娶、生日、提职、加薪等往往都会有送礼行为。中国人及日本人在送礼时也费尽心机、精心挑选，但在收礼人面前却总是谦虚而恭敬地说"微薄之礼不成敬意，请笑纳"之类的话。东方人在收礼时，通常会客气地推辞一番。接过礼品后，一般不当面拆看礼物，唯恐对方因礼物过轻或不尽如人意而难堪，或显得自己重利轻义，有失礼貌。

西方人在送礼时强调务实，在讲究礼貌的基础上力求简洁便利，反对繁文缛节、过分客套造作。西方人一般不轻易送礼给别人，除非相互之间建立了较为稳固的人际关系。西方人在送礼形式上比东方人简单。一般情况下，他们既不送过于贵重的礼品，也不送廉价的物品，但却重视礼品包装，讲究礼品的文化格调与艺术品位。西方人送礼时，总是向收礼人直截了当地说明"这是我精心为你挑选的礼物，希望你喜欢"，或者说"这是最好的礼物"之类的话。西方人一般不推辞别人的礼物，接受礼物时先对送礼者表示感谢，接过礼物后总是当面拆看礼物，并对礼物赞扬一番。

6. 在对待老龄的态度方面

东方礼仪一般是老者、尊者优先，凡事讲究论资排辈。东方尊老爱老的传统特别明显。

西方礼仪崇尚自由平等，在礼仪中，等级的强调没有东方礼仪那么突出，而且西方人独立意识强，不愿老，不服老，特别忌讳"老"。

第三节　各国礼仪风俗及禁忌

俗话说，"百里不同风，千里不同俗"。它往往指的是同一国家内不同省份和地区的礼仪及习俗差异。可想而知，对于不同国家和民族，礼仪及习俗的差异将会更加明显。商务人士要想在跨文化沟通中有成功的表现，要想避免在重要场合失礼，尽可能不引起对方反感导致涉外商务沟通的失败，就必须要了解重要国家的商务礼仪及其一些禁忌。

考虑到涉外商务交往的频繁程度、在世界商务领域的重要程度等因素，这里主要介绍美国、俄罗斯、日本、韩国、英国、加拿大、德国、法国等重要国家的部分礼仪风俗及禁忌。

一、美国礼仪风俗及禁忌

美国位于北美洲中部，是世界上最热门的一个移民国家，聚集了世界上150多个民族。美国居民57%信奉基督教，28%信奉天主教，其主要的礼仪风俗及其禁忌如下。

（1）服饰礼仪。美国人平时穿着注重舒服感，讲究个性，喜欢运动装和休闲装。但在正式场合，相应规矩明显增多。在上班或赴宴等场合，美国人喜欢穿正规的衣服，女士在办公室以裙装为主，尽可能避免穿牛仔裤。参加丧事要着黑色或素色的衣服。

（2）餐饮礼仪。美国人喜欢在家中宴请朋友。对于菜肴，美国人偏甜，喜欢少盐味，忌咸，忌油腻，不喜欢过烫过热的菜肴，不喜欢清蒸和红烩菜肴，喜欢牛肉、鸡肉、鱼肉、火鸡肉，不喜欢猪肉、蛇肉、鸽肉等。在酒水和饮料方面，美国人喜欢喝冰啤酒、可口可乐、冰水、威士忌、白兰地、冰矿泉水等。和美国人一起进餐，要注意尽可能不要发出声响，不替别人夹菜，不劝酒。他们不愿意和抽烟人在一起进餐，不喜欢人在自己餐碟里剩下食物。

（3）见面礼仪。美国人日常见面相对随意，朋友间不拘泥于礼节，见面时常用"Hello"表示问候。见面时喜欢直呼其名以缩短彼此距离，而不是用"先生""小姐"等称呼，一般只是对法官、医生、高级官员、教授等用头衔相称。正式场合讲究礼节，握手是最普通的见面礼。在与美国人握手时，眼睛不能盯着其他地方看，否则会被视为傲慢和不礼貌。男子之间见面都是握手，如果关系很熟，妇女之间、男女之间都可亲吻面颊。为避免麻烦，男子不要向妇女赠送衣物、香水和化妆品。美国人不随便送礼，赠送礼物有严格规定。

（4）交谈礼仪。美国人时间观念强，约会要事先约定时间。在公共场合，美国人特别谦让女士，处处让女士优先。美国人在日常生活中喜欢开玩笑，但与其进行商务洽谈时说话必须慎重，因为他会认为你说话算数。美国人忌讳被询问年龄、婚姻、收入、宗教信仰、物品价值等个人私事。注重谈话的"个人空间"，一般保持50cm距离为宜。

（5）其他喜好与禁忌。美国人对山楂花与玫瑰花非常偏爱。在动物中，美国人普遍爱狗。美国人最喜爱的色彩是象征着纯洁的白色，但忌讳将白色百合花作为礼物送人。此外，美国人还喜欢蓝色和黄色，忌讳常用于丧葬的黑色。美国人忌讳别人冲他伸舌头，这常被视为侮辱人；忌讳"星期五"和数字"13"（灾难的象征）；美国人不喜欢蝙蝠（被认为是凶神恶煞的象征），因而不能向美国人介绍印有蝙蝠图案的旅游产品；忌讳在街上走路啪啪作响；忌用一根火柴为三个人点烟；黑猫从面前经过和打破镜子被看作凶兆。

知识链接

世界各地教师节

委内瑞拉：1月15日。

泰国：1月16日。

蒙古国：2月的第一个星期日，确定于1967年。

苏丹：2月24日，确定于1971年。

捷克斯洛伐克：3月28日。

也门：4月16日。

葡萄牙：5月18日，确定于1899年。

韩国：5月25日。

德国：6月12日。

朝鲜：9月5日。

印度：9月5日。

中国：9月10日。

美国：9月28日。

波兰：10月14日。

俄罗斯：每年10月的第一个周日。

法国：12月25日。

二、俄罗斯礼仪风俗及禁忌

俄罗斯由苏联发展而来，地跨欧亚两洲，位于欧洲东部和亚洲大陆的北部，以热情、豪放、勇敢、耿直而著称于世。俄罗斯疆域辽阔，人口众多，资源特别丰富，主要的宗教信仰为东正教。

（1）服饰礼仪。由于自身特定的政治与多民族原因，俄罗斯有属于本民族并明显区别于其他欧洲国家的民族服饰和服饰礼仪。典型的民族服装：男子是斜襟长袖衬衣，在领口和下摆有绣花，穿时在衬衣外面系一根腰带，裤子稍肥。在寒冷季节一般穿厚呢子外衣或毛皮外衣，头戴毡帽，脚穿高筒皮靴。女子服装一般是用麻布做的有垫肩的长衬衣。在俄罗斯的北部和中部地区，已出嫁的女子在衬衣外面要穿一件无袖长衣——"萨拉方"，在南部地区则穿一种手工编的带有方格图案的毛料裙子。在俄罗斯民间，已婚妇女必须戴以白色为主的头巾，未婚姑娘则不戴头巾，但常戴帽子。在城市里，俄罗斯目前多穿西装或套裙，俄罗斯妇女往往还要穿一条连衣裙。

（2）餐饮礼仪。俄罗斯人喜欢喝烈性酒伏特加，而且一般酒量都大，啤酒大多当饮料喝。妇女爱喝酸牛奶和果子汁。俄罗斯人喜欢喝红茶并有加柠檬和糖的习惯，不喜绿茶。主食大多数是以黑麦、小麦面粉制成的面包。黑面包是俄罗斯人爱吃之物。俄罗斯人不吃某些海物（乌贼、海蜇、海参）和木耳。早餐较简单，中餐与晚餐较讲究。俄罗斯人将手放在喉部，表明已经吃饱。

（3）见面礼仪。俄罗斯人与初次会面的人行握手礼。对熟悉的人尤其是在久别重逢时则大多要与对方热情拥抱，有时还会与对方互吻双颊。俄罗斯人对称呼很有讲究，过去惯以"同志"称呼他人。除与老年人打交道外，该称呼现在已不再流行，在正式场合采用"先生""小姐""夫人"之类的称呼。对有一定地位的人，最好以其职务、学衔、军衔相称。忌讳以左手接触别人，或以之递送物品。

（4）交谈礼仪。与俄罗斯人交谈时，一定要避免谈及有关政治矛盾、经济难题、宗教矛盾、民族纠纷等问题。在服务性场所，一般给小费。俄公共场所禁止吸烟，不许随地吐痰。假如你与俄罗斯人在一个较正式场合认识和交谈，应努力记住对方全名，既要称呼他的名字还要加上父姓，以示尊敬和客气。让烟时，一般要递上烟盒让其自取，不能只给一支。忌讳用一根火柴替三人点烟。

（5）其他喜好及禁忌。俄罗斯人视向日葵为"光明的象征"，称其为"太阳花"；拜访俄罗斯人时，送给女士的鲜花宜为单数；俄罗斯人偏爱数字"7"（成功、美满的预兆）；上厕所的代语是"对不起，请等一下"，或说"对不起，我去打个电话，请等一等"；不能送他人尖利的东西，如刀、别针等物；不能送别人手帕，因为送手帕预示着分离；忌在家里和公共场所吹口哨（口哨声会招鬼魂）。

三、日本礼仪风俗及禁忌

日本位于亚洲东部，是个注重礼仪的国家。大和族是日本的主要民族，主要宗教是神道教、佛教和基督教。

（1）服饰礼仪。交际场合穿着比较讲究，在正式场合通常穿西式服装。和服是日本民族的传统服装。在民间交往中，有时穿和服，配布袜、木屐或草屐。和服的色彩、图案、款式、面料，都象征着一定地位与身份。每逢节日或婚丧嫁娶，均根据不同的场合穿各式不同和服。

（2）餐饮礼仪。日本人非常喜欢喝酒，但无互相敬酒的习惯。喜欢喝茶，讲究"和、敬、清、寂"四规的茶道。斟茶时，日本人的礼貌习惯是以斟至八成满为最恭敬客人。一般不吃肥肉和猪内脏，也有些人不吃羊肉和鸭子；招待客人忌讳将饭盛得过满过多，不可一勺就盛好一碗；忌讳客人吃饭一碗就够（象征无缘）；忌讳用餐过程中整理衣服或用手抚摸、整理头发（不卫生和不礼貌的举止）；使用筷子时忌把筷子放在碗碟上。

（3）见面礼仪。日本人等级观念很强，见面常用敬语与谦语。初次见面的问候礼，鞠躬30°，告别礼是45°。与日本人初次见面一般不握手，但有互相交换名片的习惯。在日本讲究送礼，也讲究还礼。送、收礼的人互不见面，一般都通过运输公司服务员完成。送礼时，喜欢送成双成对的礼物，如一对笔、两瓶酒。礼品包装纸也有讲究，忌选黑白色（代表丧事），忌选绿色（不祥），宜用红色，最好用花色纸。进入日本人住宅时必须脱鞋。窥视主人家的厨房是不礼貌的行为。在日本，没有请同事到家与全家人交往的习惯。日本人从来不把工作带到家里，妻子也以不参与丈夫的事业为美德。

（4）交谈礼仪。日本人有极强的时间观念，因此约会时要准时。接待客人不是在办公室，而是在会议室、接待室。日本人吸烟，但不用香烟招待客人。日本不流行宴会，商界人士没有携带夫人出席宴会的习惯。商界的宴会是在大宾馆举行的鸡尾酒会。在与日本人交谈时，不要边说边指手画脚，别人讲话时切忌插话打断。

（5）其他喜好及禁忌。日本人送礼时敬重数字7，忌讳"9"和"4"（日语发音分别为"苦"和"死"），不喜欢偶数（8除外），不喜欢13，忌讳3人合影。安排食宿要避开4层楼4号房间4号餐桌。商务活动以春季与秋季为宜，忌讳2月与8月（营业淡季）。送花给日本人时，别送白花（象征死亡），也不能把玫瑰和盆栽植物送给病人。喜爱白色与黄色，讨厌绿色与紫色（都具有不祥与悲伤的含义）。喜欢樱花，商品忌用荷花（妖花）、狐狸（贪婪）、獾子（狡诈）等图案。菊花和有菊花图案的东西不能作为礼物相送，因为那是皇室家族的标志，别人不敢接受。最喜欢的动物是象征长寿的仙鹤与龟，最讨厌碧眼的波斯猫（预示将有不吉利的事情发生）。忌讳别人打听收入，女性忌讳别人打听其年龄、婚姻等。

四、韩国礼仪风俗及禁忌

韩国位于亚洲东北部，素有"礼仪之邦"和"君子之国"的称号。韩国人主要信奉佛教，佛教徒约占全国总人数的三分之一。尊敬师长，孝顺父母是该国重要的传统习俗。韩国的农历节日和我国差不多，也有春节、清明节、端午节、中秋节。

（1）服饰礼仪。韩国人穿衣相对庄重保守，不会过于前卫。韩国人传统服装是：男子一般上身穿袄，下身穿宽大的长裆裤；女子一般是上穿短袄，下穿齐胸的长裙。商务活动中，韩国人男子穿深色西装、系领带，女士着装优雅大方，讲究整洁、朴素和庄重。

（2）餐饮礼仪。主食主要是米饭、冷面，菜肴有泡菜、烤牛肉、人参鸡等。饮食以酸辣为主要特点，对泡菜情有独钟，有"没有泡菜，吃饭没味"之说。对韩国人饮食而言，汤必不可少。韩国男子酒量都不错，也喜欢劝酒，比较喜欢烧酒、清酒、啤酒，往往来者不拒，妇女多不饮酒。与人相处时，抽烟要征求他人同意。韩国人喜欢喝茶和咖啡。通常不喝稀粥，不喜欢喝清汤。吃饭时，一般用筷子，基于环保，韩国人只提供铁餐具。喝茶或喝酒时，主人常以1、3、5、7的数字来敬酒、敬茶、布菜，并忌讳利用双数停杯罢盏。

（3）见面礼仪。在社交礼仪上，韩国常用点头或鞠躬作为见面的礼节，一般不采用握手。初次见面时，经常交换名片。在称呼上多使用敬语和尊称，很少会直接称呼对方的名字。赠送礼品时，最好选择是鲜花、酒类和工艺品。民族自尊心很强，反对崇洋媚外，倡导使用国货。韩国人讲究严格的男尊女卑，进入房间时女人不可走在男人前，女人须帮助男人脱下外套。坐下时，女人要主动坐在男子后面。不可在男子面前高声谈论。双方见面的时候，女性总会先向男性行鞠躬礼、致以问候。男女同座的时候，往往也是男性在上座，女性在下座。如有礼物交换，送礼者要用双手将礼物呈送至对方面前，收礼者应用左手支撑右臂或右腕，以示尊重。

（4）交谈礼仪。韩国人讲究预约，时间观念较强。业务洽谈，往往在旅馆的咖啡室或附近类似的地方举行。需要称呼国家或民族时，应称"韩国"或"韩国人"。不易谈论的话题是政治腐败、经济危机、意识形态等。

（5）其他喜好及禁忌。韩国人珍爱白色。忌讳数字是"4"和"13"，楼房的编号严忌出现"4"字，医院、军队绝不用"4"字编号。

五、英国礼仪风俗及禁忌

英国位于欧洲，由英格兰、威尔士、苏格兰和北爱尔兰组成。英国人在正式场合注重礼节，崇尚"绅士风度"和"淑女风范"。

（1）服饰礼仪。英国人仪表整洁、服饰得体和举止有方。过去英国人赴宴的绅士行头为燕尾服，头戴高帽，手持文明棍，现在常穿西装，打传统保守式领带。女士着深色套裙或素雅的连衣裙。

（2）餐饮礼仪。英国人用餐讲究情调、气氛、座次、服饰等礼节。英国人喜欢喝酒，特别是葡萄酒、威士忌或啤酒，一般不喝烈性酒，酒吧比比皆是。偏好牛肉，喜欢喝茶，特喜红茶。早餐不谈生意，午餐比较简单，对晚餐比较重视，宴会一般都在晚餐进行。

（3）见面礼仪。握手礼是交际活动中使用最多的见面礼节。英国人见面不像美国人随便以"Hello"打招呼，也不像法国人非要拥抱或亲吻。由于英国天气多变，谈论天气是双方见面打开话匣子的最好方式。体育、动物、历史、建筑和园艺等也是安全的交流话题。英国人为人谨慎保守，待人接物较为含蓄。见面时忌讳用同一根火柴连续点燃两支香烟。一般不要邀请朋友到家中，但一旦受到邀请则应欣然前往，并记住给女士带上一束鲜花或巧克力。给英国女士送花宜送单数，不送双数和 13 枝。英国人喜欢当面打开礼物，并表示谢意。

（4）交谈礼仪。英国人时间观念性极强，遵守诺言。上年纪的英国人，喜欢别人称呼其世袭爵位或荣誉的头衔。至少，也要郑重地称"阁下"或"先生""小姐""夫人"。非工作时间一般不进行公事活动，就餐时谈公事视为大忌而令人生厌。与英国商人交往需要慢慢接近，不能操之过急。英国人商务往来比较注重信用，做事有耐心。商务活动最好避开圣诞节以及复活节前后两周，一年中适宜的商务时间是 2～6 月，9 月中旬～11 月。交谈不要谈及私事、家事、收入、宗教等问题，一般也不涉及政治和有关皇室的话题，也不要谈论北爱尔兰、金钱和价格等内容。

（5）其他喜好及禁忌。英国人喜爱玫瑰、月季、蔷薇花，忌讳百合花和菊花（死亡的象征）；宠爱狗和猫等动物，厌恶黑猫，不喜欢大象。偏爱蓝色、红色与白色（国旗的主要色彩），对墨绿色相对反感；在图案方面的禁忌甚多，如大象（蠢笨的象征）、孔雀（祸鸟）、猫头鹰等；忌讳的数字"13"与"星期五"，当二者碰在一起时，不少英国人会觉得大难临头；在英国，动手拍打别人，跷"二郎腿"，右手拇指与食指构成"V"形时手背向外，都是失礼的动作。

六、加拿大礼仪风俗及禁忌

加拿大位于北美洲，面积居全世界第二位，是世界上人口密度最小的国家之一。加拿大为移民国家，英裔居民占 42%，法裔居民占 27%。加拿大人中信奉天主教的居民占 47.3%，信奉基督教的居民占 41.2%。

（1）服饰礼仪。在非正式场合，加拿大人穿着随意，常着夹衫、圆领衫、便装裤等。在正式场合着装比较整洁、讲究。男子穿西装，女子穿裙服。女子服装不太讲究面料，但讲究款式新颖、颜色协调、舒适方便。服装颜色不宜太显眼，款式不能过于奇异。

（2）餐饮礼仪。加拿大人饮食以肉类、蔬菜为主，面食、米饭为辅。口味清淡，偏甜酸，不喜欢太咸。忌食动物内脏、脚爪和肥肉，不食辣食品及怪味腥味食品。喜欢饮酒，喜喝白兰地、香槟、啤酒、威士忌、葡萄酒等。早餐比较简单，午餐带饭或用快餐，晚餐为正餐，比较丰盛。

（3）见面礼仪。加拿大人朴实、随和友善、热情好客，见面和分手一般握手致意。熟人之间用拥抱礼和亲吻礼。喜欢直呼其名。

（4）交谈礼仪。加拿大人时间观念强。公务约会一般在餐馆。加拿大人喜欢谈经济文化发展、天气、体育、旅游、风俗等话题，不能询问年龄、收入、家庭状况、婚姻状况等私人问题。不喜欢将加拿大与美国相比，不谈政治、种族、宗教等社会敏感问题。商务谈判中要集中精力，切忌心不在焉。

（5）其他喜好及禁忌。送礼应有目的，不随便送礼。送礼讲究包装，一般用彩色礼品纸包裹，礼品上附有签名贺卡。接受者应当面打开并致谢。加拿大人常以家宴款待客人。上门作客时应随带一瓶酒、一盒糖、一束鲜花等作为礼物。作为礼物的酒要在宴请时使用。由于白色百合花用于丧礼，不能用作一般礼品。忌讳黑色与紫色。在家不吹口哨，不讲不吉利的事情，加拿大人忌讳数字13和星期五。忌说"老"字，养老院称"保育院"，老人称"高龄公民"。

七、德国礼仪风俗及禁忌

德国位于欧洲中部，德意志人占95%左右，另有少量丹麦人、索布族人。其中，有50%的人信奉基督教，有45%的人信奉天主教，另有少数人信奉东正教和犹太教。

（1）服饰礼仪。德国人举止端庄，讲究风度。不喜欢花哨的服装，注重衣冠的整洁，穿西装一定要系领带。在赴宴或看文艺演出时男士常穿深色礼服，女士则穿长裙并略施粉黛。商务活动中，德国商人讲究穿着打扮。一般男士穿深色的三件套西装，打领带，并穿深色鞋袜。女士穿长过膝盖的套裙或连衣裙，并配以高筒袜，化淡妆。不允许女士在商务场合穿低胸、紧身、透明的性感上装和超短裙，不允许佩戴过多首饰（不超过3件）。

（2）餐饮礼仪。德国人爱吃油腻食品，且口味偏重，爱吃香肠、火腿、土豆，爱饮啤酒，但在吃饭待客方面都崇尚节俭。吃饭时和喝酒时不能大声交谈，更不要嘴里发出啧啧的声音。在宴会上和用餐时，注重以右为上的传统和女士优先的原则。举办大型宴会一般在两周前发出请帖。宴请宾客时，桌上摆满酒杯盘子等。用餐讲究餐具的质量和齐备，有个重要习俗是吃鱼的刀叉不能用来吃别的。

（3）见面礼仪。礼貌用语是德国人日常生活中的润滑剂。"早上好""晚上好"和"晚安"是德国人不可缺少的日常词汇。见面与告别时要握手致意，特别是熟人、朋友和亲人见面时常见的是"Hello"加拥抱。德国人年龄越大越讲究礼数，年轻人相对放松些。亲吻礼多用于夫妻、情侣之间，并未广泛使用。在一般情况下，切勿直呼德国人的名字，应称其全称或仅称其姓。德国人对职衔、学衔、军衔看得比较重。注意卫生，和其交往时一定要注意干净。给德国人赠送礼品务须审慎，尽量选择有民族特色、带文化味的东西。

（4）交谈礼仪。德国人对工作严肃认真，一丝不苟，思考深刻敏锐。对工作的时间观念很强，迟到或过早都被视为不懂礼。谈生意时一般使用商业名片。德国不但货物品质好，服务质量也属上乘。交谈时可谈论个人爱好、足球之类，不要涉及打垒球、篮球或美式橄榄球，也不要涉及关于二战和希特勒的问题。与德国人交谈时，称"您"表示尊重，称"你"则表示地位平等，关系密切。

（5）其他喜好及禁忌。德国人忌讳"13""星期五"和"666"。德国人较现实，送花时最好不要送具有浪漫意义的玫瑰花。忌讳在公共场合窃窃私语，不喜欢他人过问自己私事。不要给德国女士送玫瑰、香水和内衣（都有特殊意思），玫瑰表示"爱"，香水与内衣表示"亲近"，即使女性之间也不宜互赠。忌讳将刀、剪、餐刀、餐叉等餐具送人（意味着"断交"）。忌讳茶色、黑色、红色和深蓝色。

阅读材料

德国更崇尚博士头衔

博士头衔在德国极受尊重。留德10年的学术大师季羡林曾写道，德国社会非常重视学衔，说话必须称呼对方的头衔。对方是教授，必须呼之为"教授先生"；对方是博士，必须呼之为"博士先生"。"不这样，就显得有点不礼貌。"

季羡林在《我的女房东》里说，通过了博士口试后，当天晚上，女房东突然笑着问他："我从今以后是不是要叫你'博士先生'？"季羡林慌忙拒绝后女房东才照旧叫他"季先生"。

在德国萨尔大学获得法学硕士、法学博士学位的清华大学法学院教授、国际私法与比较法研究中心主任陈卫佐告诉中国青年报记者，这一传统在德国依然根深蒂固。德国前总理默克尔拥有物理学博士头衔，德国民众一般都尊称她为默克尔博士。

"恐怕没有哪个国家比德国更为崇尚博士头衔，拥有博士头衔的人可以永远将头衔放在名字前，印在护照和其他证件上。"陈卫佐说，"如果你是博士，那么，你的银行卡、保险卡、交通卡上都可以印上'Dr.'的字样。如果拥有两个博士头衔，还会并排印上两个'Dr.'。"

八、法国礼仪风俗及禁忌

法国位于欧洲西部，法国主要宗教是天主教，其次是基督新教、东正教、伊斯兰教和犹太教。

（1）服饰礼仪。法国的男士和女士穿戴极为讲究。"巴黎式样"道出了法国人的时尚与流行。在正式场合，法国人通常要穿西装、套裙或连衣裙，颜色多为蓝色、灰色或黑色，质地则多为纯毛。出席庆典仪式时，一般要穿礼服。男士所穿的多为配以蝴蝶结的燕尾服，或是黑色西装套装；女士所穿的则多为连衣裙式的单色大礼服或小礼服。

（2）餐饮礼仪。法国大餐的盛名远扬海外。法国人一年到头离不开酒，但贪杯而不过量。除早餐外，顿顿离不开酒，习惯于饭前用开胃酒疏通肠胃，饭后借科涅克（白兰地）之类的烈性酒以消食。佐餐时，吃肉类配红葡萄酒，吃鱼虾等海味时配白葡萄酒；玫瑰红葡萄酒既可用于吃鱼，也可用于下肉。女士爱用玫瑰红以显示口味清淡，不嗜烈物。法国人不仅看菜下酒，还讲究喝什么酒用什么杯子。法国人在餐桌上敬酒先敬女后敬男。绝大多数人在餐桌上饮不碰杯，食无声响。

（3）见面礼仪。法国人爱好社交，善于交际，大都爽朗热情，善于雄辩，高谈阔论。在人际交往中法国人一般以握手为礼，在男女之间、女士之间见面时，还常以亲面颊或贴面来代替相互间的握手。法国人有男性互吻的习俗，两个男人见面，一般要当众在对方面颊上分别亲一下。在法国一定的社会阶层中，"吻手礼"颇为流行。施吻手礼时，注意嘴不要触到女士的手，也不能吻戴手套的手，不能在公共场合吻手，更不得吻少女的手。走路、进屋、入座，都要让妇女先行。如果初次见面就送礼，法国人会认为你不善交际，甚至认为粗俗。

（4）交谈礼仪。与法国人谈生意一定要守时，否则不会被原谅。与法国人交谈时，如能讲几句法语，一定会使对方热情有加。交谈时喜欢相互站得较近，耸肩膀一般具有高兴的含义。一般纪律较差，不大喜欢集体行动。法国人在交谈时习惯于用手势来表达或强调自己的意思，如表示"是我"这个概念时，用拇指指胸膛，拇指朝下表示坏和差的意思。

（5）其他喜好及禁忌。法国人非常喜爱鸢尾花。送花时支数不能是双数，不要送菊花、杜鹃花及黄色花。不要送带有仙鹤图案的礼物。法国人忌讳核桃，忌用黑桃图案。送花时要格外小心，不同的花有不同含义。玫瑰花表示爱情，男人不能送红玫瑰给已婚女子；郁金香表示爱慕之情；兰花表示虔诚；百合花表示尊敬；紫丁香表示我的心是属于你；白丁香表示我们相爱吧；红茶花表示我觉得你最美丽等。法国人视鲜艳色彩为高贵，认为蓝色是宁静和忠诚的色彩，粉红色是积极向上的色彩，厌恶墨绿色。法国人视马为勇敢的象征，视孔雀为恶鸟。法国人认为"13"及"星期五"都是不吉利的。不愿意别人打听其政治倾向、工资待遇及个人私事。

此外，我们还需要重点关注以下国家的礼仪风俗及禁忌，包括亚洲的新加坡、伊朗、蒙古国等国家，欧洲的意大利、希腊等国家，大洋洲的澳大利亚、新西兰等国家，美洲的巴西、阿根廷、墨西哥、委内瑞拉等国家，非洲的埃塞俄比亚、南非、埃及等国家。

Y 阅读材料

外事礼仪颜色禁忌

1. 日本人认为绿色是不吉利的象征，所以忌用绿色；
2. 巴西人以棕黄色为凶丧之色；

3. 欧美许多国家以黑色为丧礼的颜色，表示对死者的悼念和尊敬；
4. 埃塞俄比亚人以穿淡黄色的服装表示对死者的深切哀悼；
5. 叙利亚人也将黄色视为死亡之色；
6. 巴基斯坦忌黄色是因为那是僧侣的专用服色；
7. 委内瑞拉用黄色作医务标志；
8. 蓝色在埃及人眼里是恶魔的象征；
9. 比利时人最忌蓝色，如遇有不吉利的事，都穿蓝色衣服；
10. 土耳其人认为花色是凶兆，因此在布置房间、客厅时绝对禁用花色，好用素色。

外事礼仪花卉禁忌

1. 德国人认为郁金香是没有感情的花；
2. 日本人认为荷花是不吉祥之物，意味着祭奠；
3. 菊花在意大利和南美洲各国被认为是"妖花"，只能用于墓地与灵前；
4. 在法国，黄色的花被认为是不忠诚的表示；
5. 绛紫色的花在巴西一般用于葬礼；
6. 在国际交际场合，忌用菊花、杜鹃花、石竹花、黄色的花献给客人，已成为惯例；
7. 在欧美被邀请到朋友家去做客，献花给夫人是件愉快的事，但在阿拉伯国家则违反了礼仪。

本章小结

涉外商务礼仪是指人们在国际范围内开展广泛的商务沟通过程中所需要遵循的行为规范，是礼仪在国际商务沟通过程中的具体运用。由于不同国家和民族的人对礼仪的理解差异很大，我们在涉外礼仪方面需遵循以下八大原则：遵守惯例，互利互惠；保守机密，维护形象；入乡随俗，求同存异；言谈谨慎，尊重隐私；注重公德，爱护环境；尊重妇女，女士优先；行止有序，以右为尊；热情合理，谦虚有度。

文化与礼仪密切相关。东西方文化差异很大，体现在整体个体之差异、义利关系之差异、思维方式之差异、法治观念之差异、求同求异之差异及感情表达之差异。

不同国家和民族，礼仪及习俗的差异特别明显。鉴于国家特点与商务活动的频繁程度，商务沟通者特别需要关注美国、俄罗斯、日本、韩国、英国、加拿大、德国与法国等国家的礼仪习俗及喜好禁忌。

思考练习

1. 什么是涉外商务礼仪？涉外商务礼仪需要遵循哪些基本准则？
2. 东西方文化的主要差异体现在哪些方面？
3. 谈谈你对美国与俄罗斯主要礼仪风俗与禁忌的认识。